Carsten Jahnke
Die Hanse

Reclam

RECLAMS UNIVERSAL-BIBLIOTHEK Nr. 19206

Gestaltung: Cornelia Feyll, Friedrich Forssman
Gesamtherstellung: Reclam, Ditzingen. Printed in Germany 2014
RECLAM, UNIVERSAL-BIBLIOTHEK und
RECLAMS UNIVERSAL-BIBLIOTHEK sind eingetragene Marken
der Philipp Reclam jun. GmbH & Co. KG, Stuttgart
ISBN 978-3-15-019206-1

Auch als E-Book erhältlich

www.reclam.de

Inhalt

1 Einleitung 7
Eine Hansedefinition im Mittelalter? 7
Das Bild der Hanse im 19. und 20. Jahrhundert 12
Ein neues Bild der Hanse 20

2 Die Anfänge der Hanse 25
Die Voraussetzungen 28
Einige zentrale Ereignisse 31
Die »Kaufleute der Hanse aus Deutschland« im Norden Europas 37
Entwicklungen im Inneren 46
Die deutsche Hanse 50

3 Die Waren der Hanse 58
Die Waren aus dem Ostseeraum 58
Waren des Nordseeraumes 81
Waren, die im Hanseraum produziert wurden 92

4 Wie funktionierte der hansische Handel? 97
Die hansische Lösung: Das Netzwerk 102
Wie werde ich ein Kaufmann? 110
Wie werde ich erfolgreich, und wie bleibe ich es? 113
Handelshäuser und Kaufmannsdynastien? 115

5 Die Hanse als Institution und Organisation 118
Von den Kontoren zur Deutschen Hanse 118
Die Hansetage 120
Die Mitglieder der Hanse 128
Die Kontore 132
Die Deutsche Hanse: Ein Staat im Staate? 161

6 Die Entwicklung der Hanse 165
Von der Kaufmanns- zur Städtehanse 165
»Hansekriege«? Die Kriege gegen Waldemar Atterdag von Dänemark als Beispiel 167
Die Hanse und Piraten 175
Die Hanse als Machtfaktor? 180
Die Hanse im Wandel: Wirtschaft und Politik im 15. Jahrhundert 182

7 Die Hanse, ein Auslaufmodell? 195

8 Nicht mehr hansisch, dafür hanseatisch: Das Weiterleben alter Traditionen in neuem Gewand in Lübeck, Hamburg und Bremen 209

9 Die Hanse: Versuch einer Bilanz 213

Anhang
Anmerkungen 223
Literaturhinweise 235

1 Einleitung

In Deutschland kennen wohl die meisten Menschen die Hanse, und für viele, wenn nicht die meisten von ihnen, ist die Hanse etwas sehr Positives. Nicht nur Städte nennen sich stolz Hansestädte, auch Unternehmen von der Lufthansa bis zu Hansaplast, von Hansano bis zum Hansataxi und selbst Pizzabäcker und Fußballvereine nehmen die Hanse für sich in Anspruch. Bei so viel Präsenz müsste es ja eigentlich klar sein, was dieser Begriff bedeutet, müsste es eine Erklärung dafür geben, was die Hanse eigentlich war.

Doch schaut man in die Forschungsliteratur zu diesem Thema und befragt man Historiker hierzu, wird schnell deutlich, dass bei der Hanse nur eines klar ist: nämlich das, was sie nicht war. Die Hanse war keine machtvolle monopolistische Firma, sie war kein Staat im Staate, sie hatte keine eigene Armee oder Flotte und besaß auch nur so viel Macht, wie ihre Mitglieder ihr geben wollten und konnten. Im Grunde genommen ist die Hanse auf den ersten Blick recht undurchschaubar – und das nicht erst für die Menschen im 21. Jahrhundert, sondern bereits auch für ihre Zeitgenossen.

Eine Hansedefinition im Mittelalter?

Wir sind es heute gewöhnt, dass Organisationen sich selbst definieren, sei es, dass sie sich eine Satzung geben oder dass sie erklären, was sie sind und was sie wollen. Ähnliches gab es im Mittelalter auch. Gilden hatten ihre Statuten, der König, der Adel und die Städte ihre Gesetze, und selbst die

Kirche nutzte eine Eigendefinition. Und die Hanse? Die hatte nichts. Es gibt keine Satzung, die erklärt, was die Hanse ist und was sie zu tun und zu lassen hat, ja es gibt und gab nicht einmal ein offizielles Verzeichnis aller Mitglieder dieser Organisation, und selbst der Name »die Hanse« oder »die deutsche Hanse« erscheint erst im 14. Jahrhundert. Was war die Hanse dann?

Die Frage nach der Struktur und der Organisation der Hanse ist nicht neu. Schon im Mittelalter wurde sie gestellt – und nicht beantwortet. Allein der Name ist mehrdeutig. »Hanse« war im Anfang, im 11. und 12. Jahrhundert, nichts spezifisch Deutsches und eigentlich auch nichts Politisches. Eine »Hanse« nannte man einen Zusammenschluss von Kaufleuten im Ausland, und das Wort bedeutete nichts anderes als Schar oder Gruppe (lat. *cohors*). Diese Kaufleute, die Hansen, versprachen sich gegenseitig Hilfe, sei es bei Reisen, bei Rechtsfällen, Verhandlungen mit ausländischen Herrschern oder sei es bei handgreiflichen Auseinandersetzungen. Gleichzeitig entrichteten die Kaufleute an einigen Orten für das Recht, Handel treiben zu dürfen, eine Abgabe, die ebenfalls »Hanse« genannt wurde. Hansen waren daher eigentlich die meisten europäischen Kaufleute im Ausland, und so kennen wir z. B. aus dem 12. Jahrhundert die »Hanse« der Kaufleute aus Saint-Omer oder die flämische Hanse in London. Wie später noch zu zeigen sein wird, bildeten auch die Kaufleute aus den späteren »Hansestädten« Hansen im Ausland, und z. B. die Stadt Lübeck ließ sich dieses Recht noch 1275 vom Kaiser ausdrücklich bestätigen. Die »deutsche Hanse« ist also keine Organisation, die etwas Neues, nie Dagewesenes darstellte, sondern sie entstand langsam, und ihr wurde ein

Begriff zugeteilt, der sich über einen langen Zeitraum entwickelt hatte.

Diese langsame Entwicklung ist wohl daran schuld, dass es keine einheitliche Satzung gab. Die Hanse war ein Zweckbündnis, dessen Teilnehmer ihm freiwillig beitraten, da sie sich davon einen Vorteil versprachen. Im Gegenzug wurde von ihnen verlangt, dass sie sich solidarisch verhielten und dass man zum Wohle des gemeinen Besten einen Einsatz leistete. Diese Freiwilligkeit und die Freiheit aller Mitglieder ist das Grundprinzip der Hanse im Mittelalter. Gleich wem die Kaufleute und ihre Städte unterstanden, dem Kaiser, Bischöfen oder weltlichen Herren, in Fragen des Handels und der Handelspolitik agierten sie zusammen, über Herrschaftsgrenzen hinweg, und konnten, solange sie das gleiche Ziel verfolgten, ihre wirtschaftliche Macht auch als politisches Druckmittel einsetzen.

Aber gerade diese Freiheit und Freiwilligkeit war auch das größte Problem der »deutschen Hanse«. Waren einige Mitglieder an einer Entscheidung nicht interessiert oder gar anderer Ansicht, so nahmen sie an Entschlüssen einfach nicht teil, verzögerten, verwarfen oder ignorierten sie. Niemand konnte sie zwingen, sich an Abmachungen zu halten, die nicht in ihrem eigenen Interesse lagen.

Dieses Verhalten verursachte schon im Mittelalter Irritationen, vor allem dann, wenn man mit Herrschern verhandelte, die ein sehr klares und definiertes Staatsverständnis besaßen wie z. B. der englische König. Mit diesem hatten hansische Unterhändler 1437 ein Abkommen geschlossen, was allerdings den Interessen der Stadt Danzig widersprach, die das Abkommen nicht anerkannte. Der König nun, verärgert über den offensichtlichen Vertragsbruch, schickte seine Boten nach Lübeck, um den Sachverhalt und die innere Struktur »der Hanse« zu ergründen.

Was mussten die Boten erleben? Zunächst einmal sagten einige Städte ihr Kommen zu dem Treffen ab, da das Thema ihnen zu heikel war. Andere Boten reisten wieder ab, da wichtige Städte nicht da waren, wieder andere ließen sich vertreten, und die Stadt Lübeck erklärte, sie könne niemanden zwingen, da sie niemandes König sei. Das Ganze war für die Engländer so verwirrend, dass sie erst einmal Auskunft darüber verlangten, wer denn nun mit ihnen verhandeln werde. Danach ließen sie anfragen, wer denn nun überhaupt in der Hanse sei und wer berechtigt sei, ein Abkommen zu schließen, also mit wem man sich da einließe. Darauf wollten und konnten die Vertreter der Hanse keine Antwort geben, ein Eklat war vorprogrammiert.

Bei den Verhandlungen in den Jahren nach 1437 wird das Problem deutlich, mit dem wir uns auch heute herumschlagen. Auf der einen Seite stand der englische König mit seinem mehr als berechtigten Wunsch zu erfahren, wer der Verhandlungspartner ist, welche Strukturen oder Hierarchien beim Gegenüber existieren, ob und wer eine Prokura besitzt und welche Sicherheiten vorhanden sind, dass dieser Vertrag auch eingehalten werde. Diese Fragen sind für uns auch selbstverständlich. Mit wem haben wir es zu tun? Hat unser Verhandlungspartner das Recht, mit uns einen Vertrag zu schließen? Für wen gelten die Vertragsbedingungen? Alle diese Fragen setzen eine klare innere Struktur der Gegenseite voraus.

Für die »Hanse« aber waren sie nicht von Interesse, ja sie widerstrebten eigentlich ihrer inneren Struktur. Man wollte an einem Ort Handel treiben und dafür die besten Bedingungen aushandeln. Hier konnte man gemeinsam agieren und Bedingungen festsetzen und Verträge aushandeln. Sobald aber die Angelegenheiten zu Hause oder nur Angelegenheiten einzelner Städte tangiert wurden, wurde die Sache heikel. Hier mussten das eigene Interesse, die Machtverhältnisse und äußeren Umstände mit in Betracht gezogen werden – und hier besaßen die gemeinhansischen Interessen viel weniger Gewicht als im Ausland. Aus Sicht der Kaufleute und ihrer Städte konnte es durchaus vorteilhaft sein, sich in der Hanse zu engagieren. Dann hielt man sich nolens volens an die gemeinsame Linie. War aber das Verhältnis zum Stadtherrn wichtiger als der Auslandshandel oder waren andere Handelsrichtungen bedeutender, so hielt man sich nicht daran, ignorierte oder verzögerte die Sache. Das bedeutete aber nicht, dass man bei der nächsten Gelegenheit nicht doch wieder auf die Hanse zurückgriff.

Für die am römischen, abstrakten Recht geschulten Juristen des Mittelalters stellte dieser Zustand ein Unding dar, für sie war »die Hanse« nicht Fleisch noch Fisch. Für sie – und für die meisten ihrer handelspolitischen Gegner – war die Hanse ein Krokodil, ein Monster, das man nie ganz zu Gesicht bekam, das scharf beißen konnte, aber schwer zu fangen war. Die Hanse war theoretisch nicht zu fassen, und dennoch war sie nur zu real, sie konnte nie zu einer Entscheidung gelangen oder wiederum schnell zuschlagen. So frustrierend dieses für uns ist, so frustrierend muss es auch für die Fürsten und Politiker im Mittelalter gewesen sein.

Das Bild der Hanse im 19. und 20. Jahrhundert

Die Hanse hat nicht nur den Menschen im Mittelalter Kopfzerbrechen bereitet. Auch heutige Historiker beißen sich immer wieder an ihr die Zähne aus. Und das liegt nicht nur an ihrer undurchschaubaren Struktur.

So langsam wie die Hanse im 14. Jahrhundert entstanden war, so langsam ging sie auch im 16. und 17. Jahrhundert unter. Sie zerbarst nicht in einem großen Knall oder in einem großen Konkurs, sondern sie schlief ein, da sie keinen ökonomischen Nutzen mehr erfüllte. Aber dennoch lebte der Name der Hanse in einigen Städten, vor allem in Hamburg, Lübeck und Bremen, weiter. Wir unterscheiden hierbei zwischen »hansisch« für die Zeit bis zum 17. Jahrhundert und »hanseatisch« für die Zeit danach.

Am Beginn des 19. Jahrhunderts war die Erinnerung an die Hanse aber weitestgehend verblasst. Und so erklärt der erste »Hansehistoriker« G. F. Satorius, Freiherr von Waltershausen, 1802 in seinem Buch zur Hanse freimütig, dass er sich dieses Gegenstandes angenommen habe, da er in den Wirren der Revolutionszeit nichts Unpolitischeres habe finden können »als diese harmlose halbvergessene Antiquität«. Aber schon in der nach seinem Tode erschienenen zweiten Auflage seines Werks von 1830 ist das Unpolitische völlig verschwunden. Der Herausgeber, Johann Martin Lappenberg, führt über die Ursprünge der Hanse aus, dass es »vor allem der Mangel an Einheit der Nation gewesen [sei], welcher die Städte des nördlichen Deutschlands, wie früher Italiens, groß gemacht hat, und jene zu der Entstehung der Verfassungen und Vereine führen musste, welche den kräftigen Sinn der Bürger nährten«. Dann setzt er die Bürger in einen Gegensatz zu den Fürsten, die ihr Geld in teuren Kriegen verschwendeten.

Schon hier, 1830, wird eine Tendenz deutlich, die die Hansegeschichte bis heute als Fluch verfolgt: Jede Generation betrachtet diese Organisation unter den politischen Voraussetzungen ihrer eigenen Zeit. Das Jahr 1830 ist die Zeit der Nationalisierung Deutschlands und gleichzeitig das Vorspiel zur bürgerlichen Revolution von 1848. In diesem Kontext ist die Hanse das Sinnbild des aufstrebenden, soliden Bürgers, der durch Fleiß und Arbeitssinn die stolzen Städte des Mittelalters erschuf – und das trotz pausenloser Kriege, die durch verschwenderische Fürsten angezettelt wurden und die armen Bürger bedrückten. Gleichzeitig wird die Hanse zu einem Garant der Einheit der Nation in einer Zeit, in der die Fürsten aus Eigeninteresse das Wohl des Ganzen, nämlich Deutschlands, vergessen hatten. In diesem Bild der Hanse konnten sich viele Bürger des deutschen Biedermeier wiederfinden. Die Hanse wurde somit zu einem Geschichtsmythos des deutschen Einheitsgedankens.

Dieser Entwurf von Johann Martin Lappenberg, der einen großen Einfluss auf die Hansegeschichte ausüben sollte, wurde dann in den folgenden Jahrzehnten weiterentwickelt. Insbesondere die Ereignisse von 1848, die sogenannten Einigungskriege bis 1870/71 und die folgende Flottenpolitik Kaiser Wilhelms II. boten für die Hansegeschichte eine große Chance, die genutzt wurde.

Die 1848 ausbrechenden Kriege um Schleswig-Holstein zeigten den nationalen Kreisen in Deutschland u.a., dass man nicht nur eine geeinte Nation brauchte, sondern diese auch mit einer starken Flotte versehen müsste, um den

»Feinden« im Ausland die Stärke Deutschlands in Erinnerung zu bringen. In diesem Zusammenhang bot sich die Hanse als passendes Geschichtsbild an. In der vermittelten Vorstellung war sie nicht nur bürgerlich und explizit nichtadlig, sondern zeigt auch Stärke zur See: »Solange es eine kraftvolle deutsche Hanse gab, gab es auch eine gefürchtete deutsche Seemacht«, wie ein Greifswalder Professor 1853 schrieb. Die Hanse vereinte nach diesem Bild die zersplitterten deutschen Städte und Länder im Sinne einer größeren Sache. Und so nimmt es nicht wunder, dass das Flaggschiff der neuen deutschen Flotte 1848 den Namen »Hansa« erhielt.

Diese Ideen wurden dann mit der preußischen Reichseinigung noch verstärkt. Während sich 1870 im Westen der Krieg gegen Frankreich anbahnte, wurde in Stralsund am 14. Mai 1870 der 500. Jahrestag des Stralsunder Friedens, eines angeblich militärischen Erfolges der Hanse, gefeiert. In diesem Zusammenhang gründeten Historiker den noch heute bestehenden »Hansischen Geschichtsverein«, in dem die »althansische Waffengenossenschaft« in eine »neuhansische Studiengenossenschaft« umgewandelt werden sollte, so ein zeitgenössisches Zitat. Gleichzeitig erschien im selben Jahr der erste Band der sogenannten »Hanserecesse«, einer Sammlung von Akten und Urkunden, die mit der Geschichte der Hanse in Verbindung gebracht wurden. 1876 wurde diese Reihe durch das »Hansische Urkundenbuch« ergänzt, welches vor allem Privaturkunden »hansischer« Kaufleute sammelt.

Die führenden Historiker folgten dem eingeschlagenen Weg und stellten die Hanse in den Dienst der neuen Nation. Die Hanse wurde nach 1870 explizit als deutscher

Erfolg zur See dargestellt: Bürgerlich, in Gedanken protestantisch und erfolgreich überrollten die deutschen Kaufleute ihre Konkurrenten aus dem Norden und aus England und waren somit ein bedeutendes Vorbild für die Bürger im neuen Deutschen Reich. In diesem Zusammenhang wurde vor allem der militärische Aspekt der Hanse herausgestrichen. Die Hanse war in erster Linie eines: eine erfolgreiche Seemacht.

Dieser Gedanke wurde dann noch vertieft, als Kaiser Wilhelm II. mit seiner Flottenpolitik am Ende des 19. Jahrhunderts England herausfordern wollte. Auch hierzu wurden historische Vorbilder gesucht und in der Hanse gefunden: Die deutsche Flottenpolitik müsse dort einsetzen, wo in alter Zeit die »Hansa« aufgehört habe, so Wilhelm II. Dieser Gedanke wurde von den Historikern vermittelt, in Schulbüchern verbreitet und von einer breiten Öffentlichkeit, vor allem des Bürgertums, getragen, die ihre Stellung mit dem Mythos Hanse verband und die deutsche Flotte feierte.

Diese gedankliche Verbindung von bürgerlichem Stolz, alter »hansischer« Tradition und Stärke zur See überlebte dann auch den Sturz des Kaiserreiches, war die Hanse doch als Verteidigung bürgerlicher Freiheiten und als Aspekt der Einheit Deutschlands in schwerer Zeit propagiert worden. In diese Zeit fällt so u. a. die Gründung der Lufthansa 1926, die den Hansebegriff als positives Werbesignal verwendete. Auch die Hansa-Lloyd-Automobile, die es bis 1931 gab, sind hier zu nennen. Und selbst die Ende der 1920er Jahre geplante Bundesautobahn 1 erhielt den Namen »Hansalinie«.

Allerdings wurde der Gedanke der stolzen und zur See

fahrenden Hanse gleichzeitig auch von konservativen und nationalen Kreisen in Deutschland weiterentwickelt und mit NS-Gedankengut verwoben. Die militärische Seemacht Hanse wurde am Ende der 1920er Jahre und dann verstärkt nach 1933 zur »erobernden Macht im Osten«, die eine Sendung zu erfüllen habe. In dieser Gedankenwelt waren die hansischen Kaufleute die Vollstrecker des »Blut-und-Boden-Gedankens« zur See, die mit ihren Schiffen maßgeblich zur »Kolonisierung des deutschen Ostens« beigetragen haben. Gleichzeitig wurden Parallelen zwischen der hansischen Wirtschaft und der europäischen »Großraumplanung« unter Hitler gezogen. Dieses Gedankengut wurde auch von einigen führenden hansischen Historikern dieser Zeit vertreten, weiterentwickelt und so stark propagiert, dass es über lange Zeit einen bleibenden Einfluss, nicht nur in Deutschland, sondern auch im Ausland, ausüben sollte. In diesem Bild wurde die »deutsche Hansekogge« zum Sinnbild der deutschen Überlegenheit zur See und der »Kultivierung« oder »Kolonisierung« der Ostküste des Ostseeraumes – ein Mythos, der in abgeschwächter Form auch heute noch weiterlebt.

Nach dem Zusammenbruch des Dritten Reiches war das national verzerrte Weltbild selbstverständlich nicht mehr zeitgemäß, aber die Idee des überlegenen deutschen Kaufmannes existierte fort. Anstatt militärischer Macht nahmen die Forscher nach 1945 die wirtschaftliche Potenz der Hanse in den Blick. Angesichts des sich gerade vollziehenden Wiederaufbaus und des Wirtschaftswunders überraschte es niemanden, dass die deutschen Kaufleute schon im Mittelalter die erfolgreichsten Geschäftemacher ihrer Zeit gewesen sein sollten, innovativ, konsequent und erfolgreich. Dabei konnten sich sowohl Forscher im Westteil wie im Ostteil Deutschlands auf die Hanse stützen. Während man in der DDR vor allem auf die Wirtschafts-, Sozial- und Stadtgeschichte in europäischer Dimension schaute und dieses marxistisch verbrämte, wurde in der Bundesrepublik die Hanse in der Öffentlichkeit ihres historischen Kerns entledigt. Gleichzeitig wurde sie zu einem Sondergebiet der Geschichtsforschung, welches kaum einen Zusammenhang zur allgemeinen Geschichte aufwies.

In der Öffentlichkeit entfaltete die Hanse ein positives Bild, das diffus irgendetwas mit Mittelalter, Koggen und stolzen (und dicken) Kaufleuten zu tun hatte und das sich besonders zu Werbezwecken eignet. So tragen Biersorten, Pflaster, Essendienste, Versicherungen, ja selbst kirchliche Rundschreiben Namen mit Hansebezug, wie der Historiker Thomas Hill in einer Untersuchung zeigen konnte.[1]

Gleichzeitig fand in der öffentlichen Meinung aber auch eine Bedeutungsverschiebung statt. Feierte man im 19. und beginnenden 20. Jahrhundert den stolzen Kaufmann und seinen Gewerbefleiß, so verblasste dieses Bild nun. Der Kaufmann wurde zu einem diffusen Nebenobjekt, zum glanzvollen Hintergrundbild, und andere Aspekte, z. B. der Kampf Arm gegen Reich, rückten mehr in den Vordergrund. Ein gutes Beispiel hierfür ist Klaus Störtebeker. Huldigte man in Hamburg im 19. Jahrhundert noch Simon von Utrecht, demjenigen Kaufmann und Ratsherrn, der Störtebeker fing und seinem Spuk ein Ende setzte, so ist sein Name heute vergessen. Stattdessen lockt Klaus Störtebeker mit seinen Abenteuern, in Ausstellungen wie in Festspielen.

Einen erneuten Boom erlebte die Hanse dann seit 1962, als man in Bremen bei Ausbaggerungsarbeiten in der

Weser ein mittelalterliches Schiff fand, das, als Hansekogge deklariert, nicht nur gerettet und ausgestellt wurde, sondern in zahlreichen Nachbauten heute auf Hafenfesten und Rundfahrten eine Besucherattraktion darstellt und das Mittelalter anschaulich macht.

Nach dem Ende des Kalten Krieges und der Wiedervereinigung wurde das Hansebild einer erneuten Revision unterzogen. In den Beiträgen der 1980er und 1990er Jahre fungiert die Hanse nun als Vorgänger der europäischen Union, in der einzelne, selbständige Mitglieder zum Zwecke des gemeinen Großen zusammen agierten, trotz aller Gegensätze. Die Parallelen zur europäischen Wirtschaftsunion dieser Zeit, mit ihrer Fokussierung auf wirtschaftliche Fragen, sind dabei augenfällig. Dabei befruchteten sich die Geschichtsschreibung und die Politik gegenseitig. So propagierte der damalige Ministerpräsident Schleswig-Holsteins Björn Engholm zwischen 1988 und 1992 eine »neue Hanse« und meinte damit eine friedliche Zusammenarbeit der Ostseeanrainer. Die Entwicklung dieser Idee sollte aber zeigen, dass die Vorstellung einer »neuen Hanse« wegen der deutschen Dominanz im Ausland auf keine Sympathie stieß. Bei den Ostseeanrainern, so z. B. in Norwegen, wurde und wird die Hanse noch immer mit deutscher Unterdrückung und Ausbeutung gleichgesetzt. Die Enthistorisierung des Hansebegriffs, die in Deutschland stattgefunden hatte, wurde in Skandinavien nicht verstanden. Der Begriff der Hanse erwies sich in diesem Zusammenhang als glatter Fehlgriff.

Gleichzeitig wurde am Ende des 20. Jahrhunderts versucht, der Hanse durch große Ausstellungen wieder mehr historische Präsenz zu verschaffen. Der Blickpunkt lag nun nicht mehr im militärischen Aspekt, sondern bei Fragen der Bündnisse, des Handels, der Waren und des Kulturtransfers in alle Richtungen. Und auch der europäische Aspekt rückt nun mehr in den Vordergrund. »Um den grenzüberschreitenden Hansegedanken, die geschichtlichen Erfahrungen der Zusammenarbeit, die Gedanken und den Geist der europäischen Städte und Gemeinden wieder zu beleben, das Selbstbewusstsein der Hansestädte zu fördern und die Zusammenarbeit zwischen diesen Städten und Gemeinden zu entwickeln, wurde der Hansetag der Neuzeit eingeführt«, wie es in einer Beschreibung der seit 1994 durchgeführten Festveranstaltungen heißt. Die Hanse dient hierbei als Anlass für international besuchte Volksfeste mit leicht mittelalterlichem Anstrich, ohne dass auf den historischen Kern näher eingegangen wird.

In der Geschichtsforschung gab es seit den 1990er Jahren eine Rückbesinnung auf die Quellen. So wird jetzt in zahlreichen Einzelstudien die Geschichte einzelner Teilaspekte neu untersucht. Gleichzeitig versucht man, teilweise mit Hilfe von sozialgeschichtlichen Ansätzen, sich über den Kern der Hanse klar zu werden. Hierbei steht die Geschichtsforschung einer starken Erwartungshaltung der Öffentlichkeit gegenüber. In Fernsehsendungen und populärwissenschaftlichen Magazinen fahren noch heute Hansekaufleute mit ihren Koggen auf Kriegszug gegen fremde Herrscher, vornehmlich in Dänemark. Die Hanse ist noch immer eine »Supermacht«. Aber was die Hanse eigentlich war, ist unter Fachleuten noch immer umstritten.

Insofern können wir heute vor allem konstatieren, was die Hanse nicht war. Sie war kein Garant der deutschen Einheit oder Nation, und sie hat auch nur bedingt eine irgendwie geartete »deutsche« Kultur exportiert. Sie war vor allem auch keine militärische Seemacht, die die Feinde Deutschlands in die Knie zwang. Sie war wohl auch nur bedingt ein Vorgänger der Europäischen Union oder der europäischen Integration.

Die Hanse entwickelte sich aus einer bestimmten Situation heraus. Sie konnte über einhundert Jahre auf die Herausforderungen der Zeit reagieren, um dann sukzessiv in einem weiteren Jahrhundert ihren Einfluss und ihre Aufgaben zu verlieren.

Ein neues Bild der Hanse

Heute versuchen wir, uns der Hanse mit Analyseinstrumenten der Wirtschafts- und Sozialgeschichte zu nähern, um so eine theoretische Definition der Hanse zu finden. Wir beschreiben die Hanse damit mehr in ihrer Funktion denn in ihrem historischen Zusammenhang. Diese Vorgehensweise erleichtert den Zugang zum Phänomen Hanse und hilft, Ereignisse und Entwicklungen zu beschreiben und besser zu verstehen.

Nach heutiger Definition ist die Hanse eine Einrichtung, die man mit den Begriffen ›Institution‹ und ›Organisation‹ bezeichnet. Eine Institution ist eine Einrichtung, die es in unserem Fall Kaufleuten ermöglicht, Zeit und Geld zu sparen. Ein Kaufmann, der eine Ware von A nach B bringt und dort verkauft, berechnet nicht nur die Differenz zwischen Einkaufspreis und Verkaufspreis, sondern muss noch eine Reihe anderer Faktoren einkalkulieren. So kostet natürlich der Transport, das Ein- und Ausschiffen der Waren genauso etwas wie die Miete eines Verkaufsstands. Weiterhin fallen

Kosten für Übernachtungen und für die Unterbringung der Ware an. Das sind für uns sehr einleuchtende Kostenfaktoren. Daneben gibt es aber auch eine Reihe von indirekten Faktoren, die ebenso in Geld zu berechnen sind. So muss der Kaufmann dafür Sorge tragen, dass er weiß, wo er Ware verkaufen bzw. kaufen kann, dass er beim Einkauf der Ware nicht betrogen wird, dass er die Qualität und die Menge der Ware genau kennt. Ebenso muss er dafür sorgen, dass er ein Schiff zum Transport zur Verfügung hat, dass dieses nicht überfallen wird, und vor allem dafür, dass er auf dem fremden Markt überhaupt Handel treiben darf, dass man ihm dort die Ware nicht einfach wegnimmt, ihn mit hohen Zöllen und Abgaben belegt oder ihn betrügt. Alle diese Aufgaben könnte der Kaufmann allein erledigen. Das heißt, er könnte jede Tonne auspacken und die Ware genau kontrollieren, er könnte Soldaten mieten, die ihn und die Ware begleiten, und er könnte mit dem fremden Herrscher verhandeln (und ihn bestechen), so dass er Schutz und Handelsrechte auf dem fremden Markt erhält. Allerdings käme ein solcher Kaufmann nicht weit, da auch seine Zeit Geld kostet und die Kosten für die Soldaten, die Bestechung des fremden Herrschers und seiner Höflinge und alles andere die Gewinne zumeist weit übersteigen würden.

Wenn der Kaufmann sich aber mit anderen Kaufleuten zusammenschlösse, würde er viele dieser Aufgaben auf die Gruppe übertragen können und somit Zeit und Geld sparen. Diese Art des Zusammenschlusses und die daraus folgenden Einrichtungen nennt man eine Institution. Institutionen versuchen z. B., Marktorte festzulegen oder die Produktionsqualität zu regeln und zu sichern. Damit erspart man den Kaufleuten z. B. die Aufwendungen für das Kontrollieren jeder einzelnen Ware oder das Suchen von Verkaufsplätzen. Institutionen versuchten, die Sicherheit auf den Transportwegen zu gewährleisten, und sie verhandelten mit fremden Herrschern (und bestachen sie), dass diese ihren Mitgliedern Rechte und Sicherheiten gewährten, so dass die Kaufleute auf fremden Märkten Handel treiben konnten. Die Mitgliedschaft in einer Institution ersparte dem Kaufmann so eine Menge Zeit und Unkosten. Zwar musste er für die Mitgliedschaft in irgendeiner Form bezahlen, aber der gewährte Schutz und die gewährten Vorteile überstiegen in der Endsumme die Aufwendungen, die der Kaufmann für die Mitgliedschaft aufbringen musste.

Institutionen wie die Hanse waren erst einmal freiwillige und lose Zusammenschlüsse. Sie konnten und können sich aber weiterentwickeln, feste Verfahrenswege, ein Sekretariat, eine feste Leitung, eine feste Kasse usw. erhalten. In einem solchen Fall sprechen wir davon, dass sich eine Institution in eine Organisation entwickelt.

Die Hanse war eine solche Institution im wirtschaftswissenschaftlichen Sinne. Allerdings war die Mitgliedschaft in dieser Institution freiwillig, und das ist der zweite wichtige Punkt.

Am Anfang, im 13. und 14. Jahrhundert, waren es einzelne Kaufleute, die sich freiwillig zusammenschlossen, um so besser und stärker agieren zu können. Später wurden diese Kaufleute dann durch die Regierungen (die Räte) ihrer Heimatstädte vertreten. Man nennt dieses gemeinhin den Übergang von der Kaufmanns- zur Städtehanse. Aber auch die Städte waren freiwillig in der Hanse. Das heißt, einige Städte, die sehr an dem durch die Hanse vertretenen Handel interessiert waren, bildeten den Kern dieser Institution. Andere Städte, die nur teilweise oder temporär ein Interesse am Handel der Hanse besaßen, konnten sich dieser Institution bedienen, wenn es opportun war; sie konnten ihr aber auch fernbleiben, wenn es politisch oder ökonomisch für sie besser war. Dieses Prinzip benennt man mit dem soziologischen Fachbegriff eines Loosly Coupled Model (Angelo Pichierri).[2]

Die Freiwilligkeit und Lockerheit des Zusammenschlusses führten dazu, dass Beschlüsse nur gemeinsam gefasst werden konnten. Nur wenn die Mitglieder auch davon überzeugt waren, dass ein Beschluss für sie von Vorteil war, führten sie ihn auch aus. Das heißt, dass Beschlüsse nur dann eine Wirkung hatten, wenn die Mitglieder dieses auch wollten. Zwingen konnte die Hanse keines ihrer Mitglieder. Diese Offenheit in den Beziehungen machte es dann auch möglich, dass verschiedenste Städte Mitglieder der Hanse sein konnten, unabhängig von ihrem Status oder ihrem Stadtherrn.

Allerdings galt auch eine gewisse Solidarität. Städte, die einen Beschluss nicht ausführen konnten oder wollten, blieben den Verhandlungen fern oder verzögerten eine Antwort. Eine offene Konfrontation war selten, da man in anderen Bereichen durchaus wieder aufeinander angewiesen war und man an vielen Orten des Auslandes Privilegien gemeinsam erhalten hatte und diese auch gemeinsam verteidigen musste. Insofern war die Hanse meistenteils damit beschäftigt, in einem schwerfälligen und langsamen Prozess eine Einigung unter ihren Mitgliedern zu erzielen.

Sollte man die Hanse also heute definieren, so handelte es sich bei ihr um eine lose organisierte, wirtschaftliche Institution auf freiwilliger und solidarischer Basis.

Wie noch zu zeigen sein wird, konnte die Hanse zur Durchsetzung ihrer Ziele auch militärische Schritte androhen oder durchführen. Hierzu mussten aber eigentlich alle Mitglieder gleichzeitig betroffen und interessiert sein – und das geschah in der gesamten Geschichte der Hanse niemals.

Auch die militärische Macht der Hanse war nur freiwillig und solidarisch organisiert. Kein Hansemitglied konnte dazu gezwungen werden, die Mitglieder mussten es wollen und darin einen Nutzen für die eigene Stadt oder ihre Interessen in der Gemeinschaft sehen, sollten sie Geld, Soldaten oder Schiffe zur Verfügung stellen.

Die Hanse gewann ihre Schlagkraft durch die gesammelte wirtschaftliche Macht ihrer Mitglieder. Und das entspricht ebenfalls dem Institutionencharakter. Sie konnte versuchen, durch Boykott oder andere Maßnahmen, ihre Interessen (d.h. die Interessen ihre Mitglieder) durchzusetzen. Das galt im übrigen auch im Inneren. Sollte sich ein Mitglied unsolidarisch verhalten, konnte es »verhanst«, d.h. aus der Gemeinschaft der Institution ausgeschlossen werden. Damit gingen die verhanste Stadt und ihre Kaufleute aller Vorteile verlustig, die die Institution erworben oder geschaffen hatte. Einige Städte, wie z.B. Köln oder Bremen, haben das kühl abgewogen und sich so gegen die Hanse entschieden, wenn es ihren eigenen Interessen eher entsprach.

Die Hanse war also eine Institution, die durch die Ballung von Interessen und ökonomischen Möglichkeiten Macht, politisch wie wirtschaftlich, ausüben konnte. Sie besaß aber nur so lange Macht, solange es ihre Mitglieder auch wollten.

2 Die Anfänge der Hanse

Um die Hanse verstehen zu können, muss man weit in die Geschichte zurückgehen. Die Hanse – wie alle anderen Einrichtungen auch – entstand nicht aus heiterem Himmel, sondern hatte ihre Vorgeschichte. Diese Vorgeschichte reicht weit bis ins 8. oder 9. Jahrhundert zurück. Spätestens in dieser Zeit, aber wahrscheinlich noch früher, werden erstmals wieder nach der Antike Reisen ausländischer Kaufleute im nördlichen Europa in den Quellen sichtbar. Diese Kaufleute durchquerten mit ihren Waren viele Länder und versorgten sie mit allen möglichen lebenswichtigen, aber auch mit Luxuswaren. So wurde z. B. Bernstein von der Ostseeküste nach Aquileia gebracht, wo sich ein bedeutendes Verarbeitungszentrum befand, oder Sklaven, die aus Sachsen und Skandinavien geraubt worden waren, wurden durch das Reich Karls des Großen nach Ägypten transportiert.

Besonders gut kennen wir den Handel zwischen dem Reich Karls des Großen und dem Königreich Britannien. Hier war es 790 zu dem ersten bekannten Handelsembargo des Mittelalters gekommen, als Karl versuchte, König Offa von Britannien durch ein Handelsembargo politisch zu erpressen. Wichtig ist hierbei, dass Karl kein Embargo über englische Handelswaren aussprach, sondern über englische Kaufleute. Das war nur möglich, da Karl die englischen Kaufleute von anderen unterscheiden konnte. Die englischen Kaufleute hatten nämlich früher einen Vertrag mit dem König geschlossen, der sie gegen eine regelmäßige Pauschalabgabe von allen Zöllen im Reich befreite. Damit nun nicht jeder Kaufmann behaupten konnte, er sei Engländer und müsse deshalb keinen Zoll zahlen, wurde schon zu Zeiten Karls des Großen ein Kontrollsystem eingeführt, welches die fremden Kaufleute bestimmten Regionen oder Herrschern zuordnete.

Dieses Kontrollsystem ermöglichte es dann auch, dass verschiedene Gruppen unterschiedliche Zölle zu entrichten hatten und verschiedene Freiheiten besaßen. Bei diesen Freiheiten handelte es sich vor allem darum, in welchem Verhältnis man zum fremden Herrscher stand, wie man und wie viel man für seinen Schutz bezahlte, wo man seine Waren verkaufen und kaufen und vor allem, wie lange man sich in einem fremden Reich aufhalten durfte. Schaut man z. B. in die besonders gut dokumentierten englischen Regelungen, so zeigt sich, dass z. B. in der Stadt London die Kaufleute aus Flandern, der Normandie und Frankreich am Stadttor ihre Waren vorzeigen mussten, so dass der König für sich und seinen Hof Waren aussuchen und – für einen von ihm festgelegten Preis – kaufen konnte. Kaufleute aus Lüttich oder Nivelles brauchten diese Prozedur nicht mehr über sich ergehen zu lassen, sie zahlten stattdessen eine Extraabgabe. Aber alle Kaufleute aus diesen Ländern wurden gezwungen, nur bei Londonern, den sogenannten Hôstelliers, zu wohnen, die sie überwachten und beaufsichtigten, und sie mussten spätestens nach 30 Tagen die Stadt wieder verlassen, gleich, ob ihre Geschäfte abgeschlossen waren oder nicht.

Besser erging es den Kaufleuten, die einen direkten Schutzbrief des Kaisers vorweisen konnten. Sie durften frei in der Stadt wohnen, aber nicht, wenn sie aus Bremen oder Tiel kamen. Und noch besser waren dänische Kaufleute gestellt, von denen es kurz und bündig heißt, sie dürften das ganze Jahr über frei in London wohnen und auf allen Märkten innerhalb der Stadt und in ganz England frei handeln. Schon diese kurze Aufzählung macht deutlich, wie vielschichtig und kompliziert Fernhandel in der Zeit vom 9. bis zum 12. Jahrhundert gewesen ist.

Dabei berührten diese Punkte einen ganz wichtigen Aspekt nicht: nämlich die Rechtssicherheit fremder Kaufleute im Ausland. Im großen und ganzen kann man nämlich erst einmal davon ausgehen, dass Fremde im Ausland gar keinen Rechtsschutz genossen. Das bedeutet, dass sie selbst für ihre Sicherheit sorgen mussten. Die Gilde der dänischen Auslandskaufleute legt so u.a. noch um 1200 fest, dass sich ihre Mitglieder im Ausland gegenseitig schützen und retten sollten, bis hin zu der Regelung, dass, wenn ein Gildebruder im Ausland einen Mann eines fremden Herrschers getötet habe, die Brüder ihm ein Schiff (wenn der Mord am Meer stattgefunden habe) oder aber ihr eigenes Pferd zur Verfügung stellen mussten, damit er fliehen könne. Kaufleute im Fernhandel waren immer gezwungen, sich physisch zu verteidigen – und da war es am besten, wenn man sich von vornherein zu einer Gruppe zusammenschloss. Diese Reisegruppe hieß in den nordischen Sprachen ›félag‹ (Handelsgemeinschaft), im Gotischen und Althochdeutschen aber ›hansa‹ (streitbare Schar).

Wenn man sich nach außen verteidigen wollte, setzte das natürlich einen inneren Zusammenhalt und eine innere Organisation voraus. So schlossen sich daher vornehmlich Kaufleute zusammen, die aus einer Stadt oder einer Region kamen, da diese sich eher vertrauten, und sie wählten einen Anführer, einen sogenannten Hansegrafen oder Ältermann. Gleichzeitig gaben sie sich innere Regeln und versuchten, Streitigkeiten innerhalb der Gruppe auch dort zu schlichten. Alle diese Punkte werden so z. B. schon 799 in einem Dokument aus Regensburg erwähnt, und die Funktionen blieben über die Zeit hin erhalten.

Regelmäßiger Handel im Ausland, vor allem auf ausländischen Märkten, setzt im allgemeinen ein friedliches Verhältnis mit den Herrschern dieser Märkte voraus. Die ›Hansen‹ begannen daher, selbständig Verträge mit den Herrschern auszuhandeln. Diese Verträge betrafen das sichere Geleit zu und von den Märkten, die Handelsrechte und vor allem Schlichtungen von Streitigkeiten, die natürlich ohne Mord und Totschlag vonstattengehen sollten. Hierfür bezahlten sie eine Abgabe, die ebenfalls ›hansa‹ genannt wurde.

Generell kann man daher sagen, dass bis zum Ende des 12. Jahrhunderts alle europäischen Kaufleute im Ausland wirtschaftliche ›Institutionen‹, sogenannte ›Hansen‹, bildeten, um so ihre Position und ihre Rechtssicherheit auf den fremden Märkten zu sichern und letztendlich Zeit und Kosten zu sparen.

Die Voraussetzungen

In der Zeit vom ausgehenden 11. bis zur Mitte des 14. Jahrhunderts geschahen dann einige Entwicklungen parallel zueinander, die zur Verengung des Begriffs ›Hanse‹ auf eine Gruppe nord- und mitteldeutscher Kaufleute führten.

Erstens entwickelten sich einige Städte, vor allem in Westfalen, aber auch in Skandinavien, zu regelrechten Handelszentren, deren Einwohner über einen solchen Reichtum und Kontakte verfügten, dass sich dieses auch politisch nutzen ließ. Beispiele hierfür sind u.a. Soest, dessen Kaufleute regelmäßig nach Russland fuhren, oder Köln, welches stark im Handel nach England und Skandinavien engagiert war, oder Schleswig, dessen Kaufleute einen Handel von Russland nach Südfrankreich betrieben. Die Kölner Kaufleute unterstützten so z.B. 1175 den englischen König in seinem Bemühen, eine kaiserlich-päpstliche Allianz gegen sich aufzubrechen, und wurden im Gegenzug mit Handelsrechten in England belohnt.

Zweitens eroberten norddeutsche Fürsten seit der Mitte des 12. Jahrhunderts immer weitere Teile des slawischen Territoriums, zuerst in Holstein, später in Mecklenburg, Pommern und letztendlich durch den Deutschen Orden in Preußen und Pomerellen. Diese Gebiete waren weder menschenleer noch unkultiviert. Die Fürsten fanden dort alte Handelszentren vor, die über internationale Kontakte verfügten.

Ein Großteil dieser alten Handelszentren wurde von den Eroberern mit einer neuen Rechtsform versehen, sie wurden zu einer ›Stadt‹. Dieser Stadtwerdungsprozess wird 1225 bei der Gründung der Stadt Parchim in Mecklenburg von dem dortigen Fürsten anschaulich beschrieben: »Wir haben im Land Parchim eine Stadt errichtet und wir haben der Stadt die Rechte und das Gericht gegeben, welche für die Siedler und Erbauer der Stadt passend, gut und nützlich sind.« Weiterhin wurde verfügt, dass »alle Einwohner von Parchim nur noch vor das Gericht gestellt werden können, welches Mannrecht (Stadtrecht) heißt und dass niemand mehr vor die Gerichte, welche Markding (Landgericht) oder Lehnsrecht heißen, zitiert werden kann«. Diese kurze Beschreibung macht zweierlei deutlich: zum einen, dass eine Stadt vor allem ein Rechtsraum ist, und zum anderen, dass sowohl die Bauern der umliegenden Gegenden wie auch die dem Lehnsrecht unterstellten Ritter (Ministeriale) zu den ersten Siedlern der neuen Städte gehörten. Der letzte Punkt ist wichtig, da die Ministerialen in den Städten zu Kaufleuten wurden und dem Handel mit ihrem Geld neue Ressourcen zuführten.

Ein Großteil der Städte, der später den seefahrenden Teil der ›Deutschen Hanse‹ ausmachen sollte, wurde in dieser Phase auf diese Art umgestaltet, allen voran Lübeck (slawisch Liubice), aber auch Wismar, Rostock, Stralsund, Kolberg, Danzig oder Reval. Ein durchgehendes Charakteristikum dieser Städte ist nicht nur, dass sie alle eine Rechtsform besitzen, die sie vom Umland unterscheidet, sondern dass die Einwohner durch einen (Bürger-)Eid miteinander verbunden waren und dass die Verwaltung der Städte mehr und mehr von den Bürgern selbst ausgeübt wurde.

Drittens schritt die Christianisierung Europas immer weiter voran. Die Unterstellung weiter Teile Westeuropas unter die katholische Kirche führte nicht nur zur Schaffung eines wie auch immer gearteten »Kulturraumes«, sondern vor allem auch dazu, dass der Bedarf an einer Reihe von Konsumgütern überproportional stieg. Zu diesen Gütern gehörten insbesondere Wachs, das zur Beleuchtung der Altäre gebraucht wurde, und Fastenspeisen in Form von Trocken- und Salzfisch, die jeder gute Christ an mindestens 180 Tagen im Jahr essen sollte. Die erhöhte Nachfrage nach diesen Gütern führte dazu, dass gerade der Ostseeraum und zentrale Teile Westeuropas enger zusammenwuchsen.

Ökonomisch gesehen führt das Zusammenwachsen von Produktions- und Konsumgebieten zu einem erhöhten Umsatz und gesteigerten Gewinnmöglichkeiten. Die Christianisierung brachte deshalb einen direkten Anreiz, den Handel im Ostseeraum und über den Ostseeraum hinaus nach Osten zu verstärken. In genau dieser Situation wurden die neuen Städte gegründet, und sie übernahmen eine wichtige Vermittlerfunktion zwischen Nord- und Osteuropa und Zentral- und Westeuropa.

Einige zentrale Ereignisse

In älteren Darstellungen zur Geschichte der Hanse beginnt alles mit der sogenannten »Gründung« Lübecks durch Herzog Heinrich den Löwen im Jahr 1159. Dieser Zusammenhang kann heute nicht mehr hergestellt werden. Allerdings kommt der Stadt an der Trave die wichtige Katalysatorrolle zu, Ereignisse vorangetrieben zu haben, die dann letztendlich zur Entstehung der Hanse führten.

Im Norden des Heiligen Römischen Reiches handelten Kaufleute seit der Zeit Karls des Großen u.a. von Bardowick aus, einer Grenzstation nördlich von Lüneburg. Von hier aus brachten sie Salz aus Lüneburg in den Ostseeraum und Fisch, Wachs und Pelze aus dem Ostseeraum in den Süden. Der nächste und am besten zu erreichende Hafen von Bardowick aus war das slawische Liubice. Nachdem Heinrich der Löwe und sein Vasall Adolf von Schauenburg Liubice erobert hatten, machten sie die alte slawische Siedlung zu einer neuen Stadt. Die Kaufleute aus Bardowick zogen daraufhin von der ehemaligen Grenzstation ans Meer um, da sie nun näher bei ihren Lieferanten waren. Gleichzeitig zogen niederadlige Ministeriale in die neue Stadt und führten dem Handel Geld zu. Lübeck entwickelte damit im

Laufe des 12. Jahrhunderts eine Vermittlerrolle zwischen dem östlichen Sachsen und Westfalen und dem Ostseeraum – allerdings nicht zwischen dem Ostsee- und dem Nordseeraum.

Die frühen Lübecker Kaufleute waren die neuesten und am wenigsten etablierten Mitspieler auf dem Markt im Ostseeraum. Andere, wie Dänen, Schweden, Gotländer, Slawen oder Russen, hatten hier schon seit Jahrhunderten Handel getrieben, und den Lübeckern blieb nur die Juniorrolle. Dieses wird deutlich, wenn man sich die frühen Urkunden im Zusammenhang mit der Stadt Lübeck anschaut. Sowohl die Zollprivilegien als auch die Chroniken und Urkunden zeigen, dass Heinrich der Löwe alles tat, um die Fremden in seine neue Stadt zu locken, damit den Lübeckern genügend Handelswaren, aber auch Schiffe zur Verfügung standen, um ihren Handel auch außerhalb der Stadt treiben zu können.

Exkurs: Lübeck und die Hanse

In der älteren, vor allem deutschen Hanseforschung wird die Gründung der Hanse implizit oder explizit mit der angeblichen »Gründung« Lübecks durch Heinrich den Löwen 1159 in Verbindung gebracht. Nach diesem Bild, das noch bis ins 21. Jahrhundert nachwirkte, kamen die deutschen »Gründer« Lübecks gewissermaßen mit dem Koggen unter dem Arm ans Meer und überrollten alle anderen Kaufleute in diesem Raum innerhalb weniger Monate. Dieses Bild ist falsch und entspricht weder den Quellen noch dem neuesten Stand der Forschung.[1] Die Wirkungsmacht dieser Vorstellung erklärt sich vor allem daraus, dass einer der bedeutendsten deutschen Hanseforscher des 20. Jahrhunderts, Fritz Rörig, zwischen 1920 und 1940 die These entwickelt hatte, dass die Hanse als Idee schon vor der Gründung Lübecks existiert habe und sich dann mit der Gründung manifestierte. Dieser Gedanke entsprach den nationalen Wunsch- oder Wahnvorstellungen einer deutschen Übermacht zur See und im Ostseeraum dieser Zeit. Der Einfluss Fritz Rörigs auf die deutsche Forschung war so groß, dass diese Vorstellungen noch sehr lange tradiert und nicht hinterfragt wurden und sich deshalb implizit in den meisten Werken zur Hanse auch heute noch wiederfinden.

Der einzige Vorteil, den die Stadt an der Trave besaß, war ihre gute Anbindung an die wachsenden Absatzmärkte im Süden, d.h. ins östliche Westfalen und nach Sachsen. Ein großer Absatzmarkt verschaffte den Kaufleuten bessere Verkaufschancen. Sie bekamen damit die Möglichkeit, mehr Waren umzusetzen, wodurch sich ihre wirtschaftliche Macht erhöhte. Allerdings sollte es einhundert Jahre dauern, bis die Stadt Lübeck wirtschaftlich wirklich so machtvoll wurde, dass sie beginnen konnte, andere Städte vom Markt zu verdrängen.

Lübecker Kaufleute können seit Ende des 12. Jahrhunderts auf den Märkten, vor allem im Ostseeraum, vereinzelt aber auch im Westen nachgewiesen werden. Gleichzeitig übernahmen die Kaufleute in der Stadt eine führende Rolle. 1188 kam Lübecks sächsischer Stadtherr in einen Konflikt mit dem Kaiser. Die Stadt wurde belagert, und die

Einwohner waren gezwungen, selbst die Initiative zu ergreifen. In dieser Situation können wir zum ersten Mal erkennen, dass die Kaufleute und die Stadtführung zusammenwuchsen. (Die Stadt entschied sich im übrigen für die Seite des Kaisers und wurde mit einem Privileg belohnt.)

Im Jahr 1201 kam es dann zur entscheidenden Weichenstellung. Die dänischen Könige expandierten mit ihrem Reich nach Süden und eroberten u.a. Holstein und Pommern, und König Knut VI. warf nun ein Auge auf Lübeck. Im Spätherbst 1201 hatten sich die Lübecker Kaufleute mit ihrer gesamten Flotte auf der Halbinsel Falsterbo am Eingang des Öresunds versammelt, um dort ihr Salz abzusetzen und Salzheringe einzukaufen. Knut VI. nahm dort die gesamte Lübecker Kaufmannschaft gefangen und setzte der Stadt das Schwert an die Brust: entweder eine Übergabe der Stadt an das Königreich Dänemark oder aber die gesamte lübische Flotte werde den Herbststürmen überlassen und die Kaufleute bleiben in Gefangenschaft. In dieser Situation entschieden sich die Lübecker für eine Eingliederung in das Königreich Dänemark. Der Lübecker Chronist dieser Zeit berichtet hierbei von offenen Diskussionen in der Stadt, wie man mit dieser Situation umgehen solle. In seinem Bericht werden zwei Dinge besonders deutlich: zum einen, dass die führenden Kaufleute in der Stadt den Ton angaben, und zum anderen, dass durchaus auch rationale, wirtschaftliche Gründe für eine Eingliederung Lübecks in das Königreich Dänemark sprachen.

Lübeck wurde 1201 eine dänische Stadt und blieb bis 1226/27 unter der Herrschaft des dänischen Königs. Genau in dieser Zeit wurden die Grundlagen gelegt, die zur Bildung der deutschen Hanse führen sollten. Die nun dänischen Lübecker konnten sich von ihrem neuen Herrn einiges versprechen, da die Könige traditionell sehr stark am Handel und vor allen an ihren Kaufleuten interessiert waren. So hielt Knut VI. z. B. selbst Anteile an einem Schiff, das aus Russland Wachs und Pelz exportieren sollte,[2] und die Handelsorganisation der dänischen Kaufleute im Ausland, die St.-Knuts-Gilde, war schon im letzten Drittel des 12. Jahrhunderts unter direkten königlichen Schutz gestellt worden. Diesen Schutz sollten die Lübecker nun auch genießen, d. h., ihre Handelsreisen in den Norden und Osten, aber auch nach England wurden jetzt wesentlich leichter.

Dies sieht man in London besonders deutlich. Vor 1201 musste jeder Lübecker Kaufmann, der nach London reisen wollte, einen Schutzbrief des sächsischen Herzogs mitbringen, musste seine Waren dem königlichen Zöllner vorzeigen, einen Teil dem König abgeben und durfte sich nur eine begrenzte Zeit in der Stadt aufhalten. Als Dänen konnten die Lübecker nun nach altem Recht nicht nur unbehelligt einreisen, sondern auch unbegrenzt und frei in der Stadt wohnen, und sie durften dort und auf allen englischen Märkten auch völlig frei Handel treiben. Das war eine ungeheure Verbesserung der lübischen Position im Ausland. Um dieses Ergebnis zu sichern, schlossen die dänischen Kaufleute in dieser Zeit Abkommen mit dem englischen König und der Stadt London. So versprachen sie u. a., dass sie für den Unterhalt und die Bewachung des Bischoftores (Bishopsgate) aufkommen wollten und damit einen Teil der Stadtverteidigung übernehmen würden.

Ähnliche Verbesserungen ergaben sich auch auf den wichtigsten Absatzmärkten für lübisch-lüneburgisches Salz im Ostseeraum, für den Einkauf von Heringen und für den Handel gen Osten. Der lübische Handel profitierte also sehr von der neuen Situation, und der Reichtum der lübischen Kaufleute wuchs.

Gleichzeitig schuf das starke dänische Königtum Frieden und Sicherheit in Holstein, und zwar in einem solchen Maße, dass lübische Kaufleute vermehrt begannen, über Land nach Hamburg zu ziehen, und umgekehrt Hamburger über Lübeck in den Ostseeraum reisten. Die Handelsrichtung Lübecks veränderte sich daher. Als man die Stadt nach 1159 neu geplant hatte, verlief die Hauptverkehrsachse von Nord nach Süd, d.h. von der Ostsee (vom Burgtor) in Richtung Bardowick. Nun baute man am späteren Holstentor eine Brücke, die den Verkehr nach Westen, in Richtung Hamburg, lenkte. Lübeck entwickelte sich genau in dieser Zeit von einem sächsischen Brückenkopf am Meer zu einer der wichtigsten Transitstationen auf dem Weg zwischen Ost- und Nordsee.

Allerdings waren nicht alle Lübecker zufrieden mit ihrer Situation als Dänen. Und diese Unzufriedenheit wuchs dermaßen, dass es 1226/27 zu einer Rebellion gegen den Stadtherrn kam. Die Rebellen wussten dabei zu genau, welche Vorteile für sie auf dem Spiel standen, und sie versuchten, dem zu begegnen. Als sich die Situation zuspitzte und auf einen Krieg hinauslief, engagierten die Lübecker den Domherrn Marold, der ihnen ihre alten Rechte, die sie 1188 vom Kaiser erhalten hatten, »modernisieren«, d.h. verfälschen, sollte. Unter anderem schrieb Marold dabei in das neue Privileg, dass die Lübecker in London nun frei bei den Kölner und Tieler Kaufleuten unterkommen und deren Rechte in der Stadt nutzen sollten. Hiermit wäre die Stellung der Lübecker in London zwar schlechter gewesen als zum Abfassungszeitpunkt, aber immer noch besser als vor 1201. Als Marold fertig war, zerstörten die Lübecker das Dokument von 1188 und schickten eine Delegation zum Kaiser, der ihnen ihre »Rechte« nach Zahlung einer entsprechenden Summe bestätigte.[3]

Womit die Lübecker allerdings nicht gerechnet hatten, war die Tatsache, dass die Kölner und Tieler den Worten des Kaisers nicht folgen wollten und die Lübecker in England nicht an ihren Rechten partizipieren ließen. Nach 1227 standen die Lübecker also ohne Privilegien im Ausland da, und von nun an setzten sie alles daran, ihre Situation im Ausland zu verbessern.

Die »Kaufleute der Hanse aus Deutschland« im Norden Europas

In London z.B. konkurrierten die Lübecker mit zahlreichen anderen Kaufleuten aus den verschiedensten Teilen Europas. Unter diesen hatten es die Kölner, neben den Dänen, besonders weit gebracht, besaßen sie doch spätestens seit 1157 ähnliche Rechte in der Stadt wie die Engländer.[4] Aber auch Tieler oder Bremer Kaufleute handelten dort, und jede Gruppe hatte ihre eigenen, sehr spezifischen Privilegien.

In der Zeit zwischen 1201 und 1227 kamen die Lübecker als Dänen dazu, und es hat den Anschein, als wäre es ihnen gelungen, die dänische Gildehalle in der Stadt unter ihre Kontrolle zu bringen. Zumindest sind sie auch nach 1227 im Besitz dieser Halle, wobei sie allerdings die Verpflichtungen, die mit der Nutzung dieser Halle verbunden waren, in Vergessenheit geraten ließen.

Allerdings war die rechtliche Situation Lübecks, aber auch Hamburgs und anderer Städte, die nach 1200 gegründet wurden, unsicher. Die Lübecker versuchten daher, sich eigene Privilegien zu beschaffen, Privilegien, die möglichst an die Stellung von vor 1227 anknüpfen sollten. Hierzu entwickelten die Lübecker Kaufleute die Strategie, dass sie nicht allein um Sonderrechte kämpften, sondern sich mit Kaufleuten anderer Städte zusammenschlossen. Es sieht so aus, als versuchten alle Teilnehmer, ihre Privilegien mit denen anderer Kaufleute zusammenzuschlagen, um so gemeinsam größere Rechte zu erreichen.

Kristallisationspunkt war dabei die dänische Gildehalle in London. Diese schleichende Privilegienerweiterung, die langsam und fast unmerklich zwischen 1227 und 1275 stattfand, erregte vor allem den Unwillen der Londoner selbst und ihrer Kaufleute. Insbesondere die Tatsache, dass die fremden Kaufleute ihren Verpflichtungen nicht nachkommen wollten, diente als Ausgangspunkt erster Untersuchungen. In diesem Zusammenhang sind vor allem zwei Untersuchungskommissionen von besonderem Interesse. 1275 ließ die Stadt London durch ihre Geschworenen untersuchen, wer für den Unterhalt und die Reparaturen am Bishopsgate verantwortlich sei. Das Ergebnis war eindeutig: Die Dänen hätten vor langer Zeit versprochen, dieses Tor zu verteidigen und zu unterhalten. Daraus ließ sich nun ein Strick drehen. Die Stadt klagte vor dem Parlament, welches 1282 feststellte, dass die »deutschen Kaufleute« nun diese Verpflichtung übernehmen müssten, »für die Freiheiten, die sie in dieser Stadt genössen« (»pro quibusdam libertatibus, quas iidem mercatores habent in ciuitate predicta«). Der Zusammenhang zwischen beiden Aussagen wird deutlich, wenn man gleichzeitig erfährt, dass die Kölner Gildehalle in London (eigentlich) die dänische sei (»ferme des Coloniens, cestassavoir de la saille des Deneis«).

Zwischen 1227 und 1275 waren die fremden Kaufmannsgruppen aus dem Norden des Heiligen Römischen Reiches in London zusammengewachsen. Die Kaufleute hatten ihre einzelnen Privilegien zusammengelegt und daraus ein Korpus entwickelt, dessen Summe besser war als das Recht einzelner Teile. Einige Städte, z. B. Köln, hatten lange gezögert, dieser Entwicklung zu folgen. Und vor allem diese Stadt bewahrte die Erinnerung an die eigenen Rechte, um sie, wenn es für sie günstiger erschien, wieder allein zu reaktivieren. Für andere, z. B. Lübeck und die »neuen« Städte des Ostseeraumes, war diese Entwicklung von vornherein günstiger. Diese Städte hatten nichts zu verlieren.

Der Zusammenschluss der Städte in der Londoner Gildehalle hatte mehrere weitreichende Konsequenzen. Erstens firmierten die Kaufleute, die sich zusammengefunden hatten, nun unter einem neuen Begriff: Von 1282 an waren sie in England die »Kaufleute der Hanse aus Deutschland« (»mercatores de hansa Almanie«). Der Begriff war so neu und ungebräuchlich, dass der Schreiber ihn mit dem Zusatz »das sind die Kaufleute, die aus verschiedenen Teilen Deutschlands in diese Stadt kommen« erklären musste. Hiermit war die Vorform des Begriffs der »deutschen Hanse« geboren. Mit diesem Begriff wurden die Kaufleute vor Ort gedanklich von ihren Heimatorten losgelöst und firmierten nun als eine eigenständig handelnde Gruppe. Diese Loslösung von der Heimat ist der Grund dafür, warum die Hanse im Ausland so schwer zu fassen war. Dieser

Zusammenschluss erfolgte freiwillig, da er einen wirtschaftlichen Vorteil versprach. Ein »Kaufmann der Hanse aus Deutschland« war jeder, der sich vor Ort den Regeln der neuen Gemeinschaft unterwerfen wollte, um in den Genuss ihrer Privilegien zu gelangen, und jeder, den die Gemeinschaft als solchen akzeptierte. Hierzu brauchte man keine Mitgliederlisten und keine Verzeichnisse möglicher Kandidaten.

Zweitens sahen sich die Kaufleute in der Gildehalle von 1282 an gezwungen, gemeinsam um ihre Privilegien zu kämpfen. Nur gemeinsam konnte man das Erreichte verteidigen, und dieses setzte eine gemeinsame Vorgehensweise und eine gemeinsame Organisation voraus. Die Gildehalle der »Hanse der Kaufleute aus Deutschland« hatte sich damit von einer freiwilligen Institution zu einer Organisation in unserem modernen Sinn entwickelt. Das heißt, sie sorgte dafür, dass die handelnden Kaufleute Vorteile im Handel in London erhielten. Hierzu mussten diese zusammenstehen und auch gemeinsam die Kosten tragen, weshalb sie sich eine feste Struktur, eine eigene Kasse und eine feste Leitung gaben. Aber das war besser und billiger, als wenn alle Kaufleute einzeln für ihr Heil hätten sorgen müssen.

Was in London bis 1282 entstand, war aber nicht die »deutsche Hanse« in unserem Sinne. Die Gildehalle, die späterhin der Stalhof genannt wurde, agierte noch bis weit ins 14. Jahrhundert selbständig. Der Stalhof war die selbständige Vertretung der Kaufleute in England, deren Sprachrohr und Verteidiger. Der Stalhof war aber nicht die Hanse.

Während in London die Kaufleute klammheimlich ihre

Privilegien zusammenführten, hatten die gleichen Kaufleute, wenn sie nach Flandern kamen, ganz andere Probleme: Hier hatte nämlich niemand gute Handelsvorteile. Dabei wurde gerade diese Landschaft für die Kaufleute immer interessanter, wurden hier doch die besten Tuche Nordeuropas hergestellt. Es war also von größtem Interesse, den Handel hier und vor allem in der Stadt Brügge durch Privilegien abzusichern.

Die Lübecker und Hamburger hatten in Flandern die gleichen Probleme wie an allen anderen Handelsorten auch: Sie waren die jüngsten und unbedeutendsten Kaufleute in der Region. Die Kölner, die Dortmunder und andere hatten schon seit langer Zeit mit Brügge gehandelt und hatten sich eine gewisse Achtung und ein gewisses Vertrauen erworben, auch wenn sie keine Privilegien erhalten hatten.

In dieser Situation erboten sich die Hamburger und Lübecker 1252, für alle »deutschen« Kaufleute mit der Herrscherin in Flandern über Privilegien zu verhandeln. Sie traten dabei als Vertreter der »Kaufleute des Heiligen Römischen Reiches und seiner Städte, vor allem Kölns, Dortmunds, Soests und Münsters« auf, also der Städte, die schon lange mit Flandern gehandelt hatten. Im Ergebnis erreichten die Hamburger und Lübecker, dass die Gräfin für alle Kaufleute zusammen Privilegien ausstellte. Diese sollten zwar vor allem vorrangig von Köln, Dortmund, Soest und Münster besiegelt werden, denn diese Städte kannte sie, sollten aber für alle Kaufleute gelten. Damit die Lübecker nicht zu kurz kamen oder gar später ausgeschlossen werden konnten, erfand die lübische Verhandlungsdelegation den Oberbegriff der »Gemeinschaft der Kaufleute des

Römischen Reiches«, ein weiterer Begriff, der in den der Hanse einfließen sollte. Auch dieser Begriff verwischte den Bezug zur Heimatstadt der Kaufleute und schuf einen neuen, unabhängigen Zusammenhalt, der wiederum auf Freiwilligkeit basierte. Wer die Privilegien nutzen wollte, musste sich den Regeln der Gemeinschaft fügen.

Mit den flandrischen Privilegien von 1252 kamen die Kaufleute in Flandern in die gleiche Situation wie in London. Die Verteidigung der Privilegien erforderte eine Zusammenarbeit der Kaufleute vor Ort, unabhängig von regionalen Interessen, und auch eine feste Einrichtung, ähnlich der Gildehalle in London, war hierzu nötig. Das ist die Geburtsstunde des sogenannten Brügger Kontors, der Außenvertretung der nach Flandern handelnden Kaufleute. Der Unterschied zwischen Brügge und London bestand allerdings darin, dass in Flandern die Städte, vertreten durch ihre Räte, in die Beschaffung der Privilegien involviert waren. Dieses führte in der Folge zu einer engen Verknüpfung von städtischer Politik und Kaufmannsinteressen.

Wendet man den Blick weiter nach Norden, so dehnte sich der Handel der norddeutschen Kaufleute seit dem ausgehenden 12. Jahrhundert auch nach Norwegen aus. Hier bekamen die Kaufleute vor allem Stockfisch, und hier konnten sie unter großem Gewinn Getreide und Bier absetzen. Allerdings brachten die billigen Getreidezufuhren aus dem Süden das norwegische Wirtschaftsgefüge ins Wanken. Angesichts der billigen Getreideimporte insbesondere nach Bergen veränderten die Bauern ihre Produktionsgewohnheiten, was wiederum zu einer steigenden Abhängigkeit von den Importen führte.

Der norwegische König geriet hierüber seit den 1260ern

zunehmend mit den deutschen Kaufleuten in Konflikt, ein Konflikt, der 1284 eskalierte. In dieser Situation schlossen sich die nach Norwegen handelnden Kaufleute zusammen und verhängten gemeinsam ein Embargo über Norwegen.

Auch hier war das Ergebnis nach vielen Verwirrungen letztendlich, dass die Städte gemeinsame Privilegien erhielten, die sie nur gemeinsam verteidigen konnten. Die Verteidigung dieser Rechte und die daraus resultierende Organisation sollten sich dann ab den 1360er Jahren im Kontor von Bergen herauskristallisieren.

Weiter im Osten folgten die neuen Kaufleute einem Weg, den ihnen die skandinavischen, slawischen und russischen Kaufleute gebahnt hatten. Auch hier waren die Lübecker und die anderen, »neuen deutschen« Kaufleute die Jüngsten, die Juniorpartner. Ein Ziel lockte dabei vor allem: Russland mit seinem unermesslichen Reichtum an Pelzen und Wachs. Auf dem Wege dorthin bildete die Insel Gotland seit jeher eine natürliche Zwischenstation, bevor man die lange Reise in den noch kaum erschlossenen und christianisierten Osten antrat.

Seit dem 12. Jahrhundert können wir »deutsche« Kaufleute dort vermuten, aber erst zu Beginn des 13. Jahrhunderts wuchs die Zahl der durchreisenden Deutschen so sehr an, dass sie als Gruppe fassbar werden.

Exkurs: Das Artlenburgprivileg und die sogenannte Gotländische Genossenschaft

In der gleichen Phase, in der man versuchte, die Gründung der Hanse als Seemacht in die Zeit um 1159 zu verlegen, suchte man auch Belege dafür, dass deutsche Kaufleute im Ostseeraum schon lange vorher und beschützt durch eine starke deutsche Adelsmacht Vorrechte im Ostseeraum genossen hätten. Als Beweis hierfür zog die Forschung das sogenannte »Artlenburgprivileg« Heinrichs des Löwen von 1161 heran. Die Artlenburg war eine herzogliche Feste am Elbübergang zwischen Lübeck und Bardowick, wo Herzog Heinrich der Löwe 1161 eine Urkunde ausgestellt hatte. In dieser Urkunde erklärt der Herzog, dass es zu einem Streit zwischen Gotländern und »Deutschen« (Theutones) gekommen sei, den er nun geschlichtet habe. Hierbei legt der Herzog neue Regeln für den Handel fest und bittet darum, dass diese Regeln auch auf Gotland gelten mögen. Diese Aussage wurde von der Forschung genutzt, um den Deutschen Sonderregeln auf Gotland zuzuschreiben. Das konnte man dadurch begründen, dass in einem Nachtrag zur Urkunde zwei Vögte, ein gotländischer und ein deutscher, eingesetzt wurden, die die Durchführung der Bestimmungen überwachen sollten. Diese Vögte wurden durch die Forschung jetzt nach Gotland versetzt, wodurch Heinrich dem Löwen eine Machtausübung auf dieser Insel zugesprochen wurde.

Für die angeblich besonders privilegierte Gruppe der deutschen Kaufleute auf Gotland wurde der Begriff der »Gotländischen Genossenschaft« geschaffen. Dieser Genossenschaft wurde eine eigene Geschichte zugesprochen, die sich aber nur schwer beweisen ließ. Sie diente aber als Beleg dafür, wie erfolgreich deutsche Kaufleute schon vor der Gründung Lübecks in diesem Raum agieren konnten.

Diese These, die heute als falsch betrachtet wird,[5] steht

im Zusammenhang damit, dass ein weiterer bedeutender deutscher Forscher des 20. Jahrhunderts, Karl Jordan, Herzog Heinrich den Löwen als deutschen Helden in die Blut-und-Boden-Ideologie eingeführt hatte. Jordans Autorität strahlte nun auf die Hanseforschung aus, die sich damit in ihren eigenen Auffassungen einer deutschen Überlegenheit bestätigt sah. Diese Haltung führte zu erbitterten Diskussionen vor allem mit schwedischen Forschern, deren Argumente kurzerhand vom Tisch gefegt wurden. Diese fruchtlosen Streitigkeiten haben nach 1950 dazu geführt, dass die deutsche Hanseforschung kaum noch ins Ausland geschaut hat und dort auch nur noch bedingt wahrgenommen wurde.

Gegen Ende des 12. Jahrhunderts scheinen die durchreisenden deutschen Kaufleute, wie ihre dänischen Kollegen auch, eine eigene Gilde auf Gotland besessen zu haben. Im Jahre 1225 konnte dann die Gilde sogar ihre eigene Kirche, St. Marien in Visby, einweihen lassen. Aber erst für das Jahr 1260 kennen wir die Struktur dieser Gilde der »Deutschen, die Gotland bereisen«. Die Gilde besaß einen Vorsteher (Ältermann), einige Ratsmitglieder (*consilium*) und allgemeine Mitglieder, sie besaß ein eigenes Siegel und – vor allem – sie besaß ein eigenes Gildehaus (Staven), in dem Kaufleute aus verschiedenen Städten ihre festen Bänke besaßen.[6]

Diese Gilde der durchreisenden deutschen Kaufleute verteidigte besonders die Rechte und Sicherheiten ihrer Kaufleute auf Gotland und auf dem Wege nach Osten.

Auch sie war damit eine Organisation zum Wohle einer Kaufmannsgruppe im Ausland.

Entwicklungen im Inneren

Dieser sehr kurze Überblick zeigt, dass bis zur Mitte des 13. Jahrhunderts Kaufleute überall in Nordeuropa sich zusammengeschlossen hatten, um ihre Rechte im Ausland zu verteidigen. Sie hatten dabei eine Entwicklung in Gang gesetzt, die dazu führte, dass nur ein gemeinsames Handeln die errungenen Vorteile sichern konnte. Ähnliche Tendenzen sind dabei auch im Inland zu sehen.

Da es im Heiligen Römischen Reich, anders als z. B. in England oder Dänemark, keine starke Zentralmacht gab, waren die Städte seit dem Ende des 12. Jahrhunderts gezwungen, Allianzen zu bilden, um sich und ihre Kaufleute vor Angriffen zu schützen. Dabei galt die Devise, dass ein allgemeiner Landfrieden vor allem dem Handel nützlich sei.

Aus diesem Gedanken heraus begannen die Städte, immer größere Bündnisse einzugehen. Ein Beispiel hierfür ist der 1254 gegründete Rheinische Bund, dem neben seinen Kernstädten wie Mainz, Worms, Oppenheim, Bingen und Frankfurt u. a. auch Bremen, Minden und Lübeck angehört haben.[7] Ziel des Bundes war es u. a., die Handelswege zu sichern und Handelsbeschränkungen aufzuheben.

Zur gleichen Zeit schlossen viele Städte daneben auch bilaterale Handelsverträge miteinander ab. So vereinbarten z. B. 1236 Lübeck und Hamburg, dass ihre Kaufleute in den jeweils anderen Städten das gleiche Recht genießen sollten wie zu Hause. 1258 beschlossen Köln und Hamburg, gegenseitig ihre Kaufleute zu fördern; das gleiche vereinbarten u.a. Hamburg und Bremen oder Köln und Utrecht. Der norddeutsche Handelsraum wurde so zur Mitte des 13. Jahrhunderts mit einem Netz gegenseitiger politischer Bündnisse und handelspolitischer Vereinbarungen überzogen.

Und noch eine weitere Entwicklung begünstigte das Zusammenwachsen städtischer Interessen: die Rechtsgleichheit der neuen Städte. Die deutschen Fürsten, die am Ende des 12. und zu Beginn des 13. Jahrhunderts vor allem die Länder östlich der Elbe eroberten, machten einige alte Siedlungen zu »Städten«, indem sie ihnen eine besondere Form des Stadtrechtes verliehen. Die meisten Städte nordöstlich der Elbe, in Mecklenburg und Pommern, erhielten so z.B. das Recht der Stadt Lübeck. Hierdurch waren mindestens 35 Städte in diesem Raum rechtlich an Lübeck gebunden, da Gesetzesänderungen häufig zentral von der Travestadt ausgingen und auf Versammlungen der Städte weitervermittelt wurden. Aber auch wirtschaftlich hatte die Rechtsgleichheit große Vorteile, konnten Kaufleute aus einer Stadt lübischen Rechts frei und zu gleichen Bedingungen auch in allen anderen Städten dieses Rechts handeln. Damit entwickelten sich Städte gleichen Rechts auch zu eigenen Wirtschaftsräumen.

Diese Entwicklungen kamen im Laufe des 13. und 14. Jahrhunderts bei der Gründung der Hanse zusammen. Einige Städte schlossen sich in diesen zwei Jahrhunderten immer wieder zu den gleichen Bünden zusammen. So bildeten in Westfalen die Städte Münster, Dortmund, Soest und Lippstadt sowie Osnabrück und Minden eine Gruppe, in Sachsen Goslar, Lüneburg, Braunschweig, Hildesheim und Einbeck. Aber auch Magdeburg, Stendal, Tangermünde, Werben, Salzwedel und Seehausen i. A. schlossen sich zusammen. Lübeck, Wismar, Stralsund, Rostock und Kolberg wiederum machten zusammen mit anderen Städten die Gruppe der sogenannten »wendischen Städte« (der Städte im früheren slawischen Land) aus. Gerade letztere Gruppe ist von der Forschung besonders in den Vordergrund gerückt worden, da man im 19. Jahrhundert von dieser Städtegruppe besonders viele Archivalien gefunden hatte.

Die Gruppe der wendischen Städte hatte dabei besonders enge innere Bindungen. Nicht nur, dass die Städte in ihrem Raum ein gemeinsames politisches Interesse besaßen, sie waren auch dadurch verbunden, dass sie (fast) alle lübisches Recht verliehen bekommen hatten und sich deshalb häufig zu Rechtstagen trafen. Darüber hinaus waren sie fast alle im gleichen Jahrhundert zwischen 1158 und 1250 entstanden, und ihre Kaufleute waren auf den gleichen Märkten präsent. Die wendischen Kaufleute verbanden dabei mit ihrem Handel die Märkte Russlands mit dem Westen und das norddeutsche Binnenland mit Skandinavien. Diese weitreichenden und sehr weit auseinanderliegenden Handelsinteressen führten dazu, dass die Kaufleute dieser Städte und mit ihnen auch ihre Räte in den Städten in sehr viele ausländische Konflikte involviert waren und deshalb mit zahlreichen anderen Städten und Kaufleuten in Kontakt treten mussten. Diese Städtegruppe nannte sich selbst seit 1284 die Gruppe der »Seestädte« (*civitates maritimarum*) und definierte sich durch ihre Rechtsgleichheit, d. h. als die Gruppe der Städte lübischen Rechts.

Alle Städtegruppen entfalteten im 13. und 14. Jahrhundert ganz verschiedene Aktivitäten. Erstens dienten sie zur militärischen, aber auch politischen Verteidigung. Das heißt, die zusammengeschlossenen Städte sammelten ihre Kräfte, um sich gegen Fürsten, Straßenräuber und andere Unbilden zu schützen. Zweitens sicherten und verbesserten sie das ökonomische Zusammenspiel untereinander. Die Städte verbesserten nicht nur die Bedingungen ihrer Kaufleute in den Partnerstädten, sondern sie gingen auch dazu über, Produktions- und Handelsverhältnisse anzugleichen. So erhielten u.a. Tonnenmacher oder Metallgießer gleiche oder ähnliche Arbeits- und Produktionsregelungen oder aber die Münzen und Wechselkurse wurden angeglichen. Hierdurch wurde den Kaufleuten Zeit und Geld erspart, da sie z.B. Tonnen nicht mehr nachmessen mussten oder wussten, wie viel Silber in einer Münze war und zu welchem Kurs man sie gegen eine andere tauschen konnte. Die Städtebünde wurden so auch zu Institutionen, die das Leben eines Kaufmanns wesentlich vereinfachten.

Drittens begannen die Städtebünde, die Interessen ihrer Kaufleute im Ausland gemeinsam zu verteidigen. Besonders deutlich sieht man das in Flandern, wo ja alle Kaufleute zusammen die Privilegien erhalten hatten. Innerhalb der Kaufmannschaft bildeten sich dort bis 1347 deutlich drei Gruppen heraus, die durchaus unterschiedliche Interessen haben konnten: Die Kaufleute aus dem lübischen »Ende« bildeten mit denen des wendischen und des sächsischen »Endes« eine Gruppe, die aus Westfalen und Preußen die andere und die aus Gotland, Livland und Schweden die dritte Gruppe oder das dritte Drittel. Alle Gruppen hatten ihre Interessen zu Hause und in der Ferne, und häufig spielte das eine Interesse in das andere hinein.

Die deutsche Hanse

Ein genauer Blick in die Quellen zur hansischen Geschichte zeigt, dass von »der Hanse« als Institution bis zur Mitte des 14. Jahrhunderts gar keine Rede ist. Allerdings waren bestimmte Funktionen und Aufgaben durchaus schon vorhanden und wurden auch genutzt, nur in anderem Zusammenhang. Die meisten Aufgaben erledigten dabei zum einen die Niederlassungen der Kaufleute im Ausland und zum anderen die Städtebünde zu Hause. Kam es z. B. zu einem Konflikt zwischen den Kaufleuten und dem Herrscher in Flandern, so verhandelte die gesammelte Vertretung der Kaufleute mit dem Grafen und versuchte vor Ort, eine Lösung zu erzielen. Allerdings häuften sich die Konflikte, und die verzweifelten Kaufleute wandten sich an ihre Heimatstädte, um Rückendeckung zu erhalten. Damit wurden die Städtebünde involviert. Doch konnten z. B. die Seestädte nichts allein entscheiden, da die Privilegien ja eine gemeinsame Angelegenheit aller Kaufleute waren. Die Seestädte mussten daher mit den anderen Städtebünden Kontakt aufnehmen, die Dinge mit ihnen beraten, um dann zu einem Konsens zu kommen. Immer mehr Versammlungen der Städtebünde wurden so zu gemischten Veranstaltungen, wo einerseits Interna, andererseits aber auch Angelegenheiten von allgemeinem Interesse verhandelt wurden. Diese Mischung von internen und äußeren Angelegenheiten, die sich auch in den Quellen widerspiegelt, hat für lange Zeit in der Forschung für ziemliche Verwirrung gesorgt.

Gerade die wendischen Seestädte (*civitates maritimarum*) luden am häufigsten Boten anderer Städte zu ihren

Beratungen ein, da ihre Kaufleute ja an so vielen Plätzen gleichzeitig Handel trieben. Es gibt kaum eine Versammlung dieser Städtegruppe, an der nicht zumindest ein Vertreter einer anderen Region teilnahm.

Der enge Kontakt zwischen den Städtebünden und die häufigen Treffen ließen den Gedanken aufkeimen, dass alle Städte zusammen etwas Gemeinsames bilden, dass sie zusammen eine »deutsche Hanse« im allgemeinen bilden würden. Dieser Begriff und dieses Bild finden sich zum ersten Mal 1343 wieder, wo einige Städtegruppen für ihre Interessen gegen den König von Norwegen kämpften. Und noch ein Jahrzehnt später, im August 1354, sprachen die Städte von »ihren Bürgern und Kaufleuten«, die durch den norwegischen König bedrückt würden. Im November desselben Jahres benutzten sie aber plötzlich den Begriff der »Kaufleute der Hanse der Deutschen« (»mercatores de hansa Theutonicorum«), die nach Norwegen ziehen würden. Hier sieht man, wie ein politischer Begriff entstand und dann langsam etabliert wurde.

Allerdings sollte es noch einige Jahre dauern, bis sich dieser Begriff wirklich eingebürgert hatte. 1358 war es wieder einmal zu Problemen in Flandern gekommen, und die Seestädte hatten zu einem Treffen nach Lübeck geladen. Auf diesem Treffen nun muss der neue Begriff von allen Teilnehmern übernommen worden sein. Zumindest nennt das Protokoll dieses Tages, der sogenannte Recess, ostentativ diesen Begriff in fast jedem Abschnitt: »kein Bürger und niemand aus der deutschen Hanse soll nach Flandern fahren« usw. Allerdings wussten nicht alle Städte etwas mit diesem Begriff anzufangen. Die Stadt Bremen z. B. war sich nicht so recht sicher und adressierte ihren nächsten Brief daher einfach an »die Städte der deutschen Kaufleute aus dem Heiligen Römischen Reich von ihrem Ende, aus der Hanse der Deutschen, die mit ihren Waren nach Brügge ziehen«. An der Weser ging man lieber auf Nummer sicher, bevor man etwas falsch machte, zeigte gleichzeitig aber deutlich, dass man nicht so recht wusste, was der Begriff der Hanse eigentlich bedeutete.

Doch war das Jahr 1358 nicht die Geburtsstunde der »deutschen Hanse«; geboren war lediglich der Gedanke, dass man ein gemeinsames Interesse haben könnte, und das Wort, welches diesen Gedanken umschrieb.

In den folgenden zwei Jahrzehnten änderte sich nämlich erst einmal nichts. Die Städtebünde hielten ihre regionalen Treffen ab, konnten aber, wenn es sich um gemeinsame Dinge handelte, den Begriff der »deutschen Hanse« verwenden, doch nur, wenn es um konsensfähige Angelegenheiten ging. Ansonsten verblieben die Kaufleute in ihren regionalen Gemeinschaften.

Allerdings führte die politische Großwetterlage dazu, dass zumindest die zur See fahrenden Städte immer häufiger miteinander tagen mussten. Vor allem Probleme beim Handel in Dänemark und bei der Ein- und Ausfahrt in die Ostsee führten dazu, dass die Städte aus Preußen, Livland, die Seestädte, aber auch die Städte um Köln und Westfalen regelmäßig und intensiv miteinander verhandelten. Gemeinsam schlossen sie so 1368 in Köln eine zeitlich begrenzte Konföderation mit dem Ziel, ihre Rechte in Dänemark durchzusetzen. Dies gelang den Städten unter militärischer Federführung der Seestädte auch bis 1370 – und es war der 500. Jahrestag dieses Sieges, der 1870 zu einer wahren Hansebegeisterung führte. Allerdings war es nicht »die

Hanse«, die 1368–70 den Krieg gegen Dänemark führte, sondern es waren einzelne Städtebünde, die der Livländer, die Preußens, der Seestädte und der Zuiderzeestädte (im heutigen Holland), die sich zu einem großen Städtebund zusammengeschlossen hatten, um gemeinsame Interessen ihrer Kaufleute in Dänemark zu verteidigen. Jede Gruppe hatte ihre eigenen Beweggründe, warum sie sich der Konföderation anschloss, und andere, wie die sächsischen oder die kölnischen Städte, nahmen gar nicht teil, weil es sie primär nicht tangierte.

Der Krieg, den die Städte gegen den König von Dänemark führten, war also kein hansischer Krieg, sondern primär ein Krieg der Seestädte mit Unterstützung ihrer Verbündeten, ebenso wie auch der 1370 in Stralsund geschlossene Frieden nicht zwischen dem König und der Hanse, sondern zwischen dem König und jeder Stadt einzeln geschlossen wurde. Doch ging das Bündnis der Städte über eine normale politische Allianz hinaus, da die beteiligten Städte ihren Kaufleuten eine gemeinsame Abgabe, den Pfundzoll, zur Finanzierung des Krieges auferlegt hatten. Das heißt, dass alle beteiligten Städte ihre Kaufleute gemeinsam mit einer Sondersteuer belegten, um deren Rechte zu verteidigen.

Der Sieg, den die Seestädte gegen den dänischen König erzielten und der 1370 in Stralsund auf Pergament festgehalten wurde, zeigte deutlich, dass ein gemeinsames Vorgehen der Städte ganze Königreiche in die Knie zwingen konnte. Und so wandten sich in den folgenden Jahren die Kaufleute im Ausland immer häufiger an die Städtetage, um mit deren Macht und Willen ihre Forderungen im Ausland durchzusetzen. Hierdurch wurde die Verbindung der

Städte noch weiter vertieft. Auch die Tatsache, dass man immer mehr ökonomische Fragen miteinander besprach, trug dazu bei.

In diesem Zusammenhang wird das Bild der Hanse deutlich, die wir wohl als Institution auf einem Städtetag der wendischen Seestädte in Lübeck, der am 24. Juni 1379 zu Ende ging, erstmals finden können.[8] Der Tag als solcher war als Versammlung der Seestädte, der *civitates maritimarum*, ausgeschrieben worden, aber Probleme in Flandern und in Dänemark hatten die Anwesenheit anderer Städteboten erforderlich gemacht. Die Verhandlungen und das Ergebnis dieses Tages sind recht unspektakulär, und wir haben keinen Gründungsvertrag, der die Entstehung der Hanse dokumentiert. Was wir haben, sind verschiedene, indirekte Hinweise, die aber alle in die gleiche Richtung zielen. Zum einen brach auf diesem Städtetag ein erbitterter Streit zwischen Bremen und Hamburg aus, welche die vornehmere und ältere Stadt von beiden sei und welche Stadt daher die besten Plätze auf der Städteversammlung für sich beanspruchen könne. Dieser Streit bedeutet, dass bei dieser Versammlung eine feste Rangordnung festgelegt wurde, dass den Städten feste Plätze zugeordnet wurden, die unter Umständen einen Einfluss auf das Abstimmungsverhalten und die Diskussionen haben könnten. Und dieses wiederum bedeutet, dass aus dem lockeren Zusammentreffen der Städteboten mit den Vertretern der Seestädte eine neue, feste Institution entstanden war.

Dies lässt sich dann noch deutlicher an einem anderen Phänomen nachweisen. Die Protokolle der Städtetage begannen bis zu diesem Tag im Juni 1379 alle mit einer einheitlichen Standardformel: »die Boten der Seestädte, die in der Stadt XYZ versammelt sind, haben folgendes besprochen« und ergänzen das noch mit dem Hinweis, dass die Boten anderer namentlich genannter Städtegruppen ebenfalls anwesend waren. Seit 1380 lautet die Formel aber: »in der Stadt XYZ sind die Boten der nachfolgenden (gemeinen) Städte versammelt«, und dann folgt eine Aufzählung einzelner Städtegruppen, die zugegen waren. Die Seestädte treten in ihrer Bedeutung zurück und geben Raum für eine gemeinsame Institution, an der sie teilhaben, die aber nicht ihren Namen trägt. Diese Institution wird die »deutsche Hanse«.

In den folgenden Jahrzehnten, bis zur Mitte des 15. Jahrhunderts, agierte die Hanse zuerst nur als lose Institution, in der regionale und überregionale Handelsinteressen besprochen wurden und wo man versuchte, einen Ausgleich zwischen den verschiedenen Interessen zu finden. Allerdings erforderte der regelmäßige Kontakt mit ausländischen Herrschern, vor allem mit den Königen von England und den Grafen von Flandern, eine festere Organisation mit einem festen Ansprechpartner und einer Art Leitung. Diese Entwicklung wurde im 15. Jahrhundert begonnen, sollte aber erst im 16./17. Jahrhundert ihren Abschluss finden, zu sehr widersprachen die Idee der Freiwilligkeit innerhalb der Hanse und die verschiedenen politischen Abhängigkeiten der einzelnen Mitglieder der Idee einer Organisation mit einer festen Leitung mit Befehlsgewalt. In der Folgezeit sollte Lübeck zwar die Leitung, d.h. die Sekretariatsfunktion, innerhalb der Hanse erhalten, die Stadt an der Trave war aber nicht die Königin der Hanse, die etwas zu befehlen gehabt hätte.

Die Hanse wurde aus den einzelnen Regionen heraus

geboren, und sie musste immer versuchen, die Interessen der Kaufleute in den einzelnen Regionen miteinander in Einklang zu bringen. Das bedeutet für die Struktur der Hanse, dass »Hanse« nur dann existierte, wenn die einzelnen Mitglieder es auch so wollten. Solange man Dinge zu Hause regeln konnte, tat man dies. Sobald es aber um Dinge ging, die man nur gemeinsam regeln konnte oder die viele Städte tangierten, wurde die Sache »hansisch«, vor allem, wenn es um Angelegenheiten des Handels ging. Diese Konstruktion erklärt, warum der Begriff der Hanse den Zeitgenossen wie den heutigen Betrachtern so schwammig erscheint. Und das erklärt auch die Vielfalt innerhalb der Hanse. So rechnen wir heute bis zu 200 Städte dieser Organisation zu – und bei vielen kleinen, insbesondere binnenländischen Städten haben wir es heute schwer, einen direkten Bezug zur Hanse zu finden.

Was machte also eine Stadt zu einer Hansestadt? In erster Linie waren es gemeinsame Handelsinteressen, die die Städte unter dem Dach der Hanse zusammenführten. Dabei lassen sich zwei Intentionen unterscheiden. Wir haben zum einen die Städte, die aktiv im Außenhandel vertreten waren. Hierbei handelt es sich vor allem um die Städte an den Küsten der Nord- und Ostsee, aber auch an den norddeutschen Flüssen, von der Weichsel bis zum Rhein. Zum anderen haben sich aber auch viele binnendeutsche Städte in der Hanse engagiert, deren Kaufleute selten oder nie im Ausland zu finden waren. Aber auch für diese Städte waren die Informationen und die Vereinbarungen der Hanse von hohem Wert. Für eine Stadt wie z. B. Lemgo oder Salzwedel waren die Ereignisse in London insofern von Bedeutung, als sie dort (entweder indirekt oder direkt) ihre Tuche absetzte. Das bedeutet, dass die heimische Produktion und der heimische Handel von Entwicklungen abhängig waren, die an gänzlich anderen Orten stattfanden. Das Wissen über diese Entwicklungen wurde ebenso über die Hanse vermittelt, wie man über die Hanse auch versuchen konnte, auf diese Entwicklungen Einfluss zu nehmen. Insofern ist es nicht verwunderlich, dass sich viele Städte für die Hanse interessierten, auch wenn sie nie aktiv an den politischen Aktionen des Bündnisses teilnahmen.

Was alle Städte in der Hanse verband, war kein gemeinsames, politisches, militärisches oder gar »nationales« Interesse, sondern die Teilnahme am internationalen, überregionalen und regionalen Handel in Europa, und hier ganz besonders am Handel mit einer ganzen Reihe heimischer, aber auch fremder Waren.

3 Die Waren der Hanse

Die nordeuropäischen Kaufleute waren generell am gesamten Spektrum des internationalen Handels interessiert, vom Pfeffer bis zur Seife. Allerdings gibt es einige Handelswaren, die sich für die Hansekaufleute als besonders bedeutend erwiesen haben. Im folgenden soll daher eine begrenzte Anzahl dieser Waren und ihrer Herkunftsgebiete vorgestellt werden, um so einen Überblick über die Weite, aber auch die Reichhaltigkeit des hansischen Handels zu geben. Das Wissen um diese Vielfalt wird dann später die Voraussetzung dafür bilden, das Entstehen und das Handeln der Hanse besser zu verstehen.

Die Waren aus dem Ostseeraum

Wachs und Pelz

Zu den bedeutendsten und »ältesten« Handelswaren Nordeuropas gehören zweifelsohne Wachs und Pelz, Waren, die wir uns heute kaum mehr als Güter des täglichen Bedarfs vorstellen konnten. Im Mittelalter war das aber anders.

Wachs war einer der wichtigsten Rohstoffe des Mittelalters überhaupt, und das Schicksal von Herrschern konnte von der ausreichenden Zufuhr von Wachs abhängig gemacht werden. Die Gründe hierfür lagen in der Christianisierung Europas. Vor jedem Altar in jeder neu errichteten Kirche sollte ein ewiges Licht brennen, und dieses musste aus bestem Bienenwachs hergestellt worden sein. Es dauerte daher gar nicht lange, bis heimische Wachsvorräte erschöpft waren und Wachs in größeren Mengen nach Westeuropa importiert werden musste. Dieses Wachs fand man in den weiten Wäldern zwischen Nizjnij-Novgorod, Kazan und Ryazan sowie zwischen Lemberg, Minsk und Novgorod. Seit dem 9. Jahrhundert gelangten immer größere Mengen russischen oder polnischen Wachses in den Ostseeraum und wurden von dort aus nach Westeuropa gebracht. Vor allem Kaufleute aus Dänemark, den slawischen Ländern an der Südküste der Ostsee und Russland beteiligten sich an diesem lukrativen Handel und bildeten ein Handelsnetz, das von Russland nach Südfrankreich reichte. An diesem bestehenden Handelssystem partizipierten die deutschen Kaufleute seit dem 12. Jahrhundert. Die deutschen Kaufleute konnten dabei mit ihren Verbindungen ins Binnenland immer größere Absatzmärkte erschließen, was wiederum dazu führte, dass sie über steigende Kapitalkräfte verfügen konnten, mit denen sie in der Lage waren, die anderen Teilnehmer langsam aus dem Handel zu verdrängen. Zur Mitte des 13. Jahrhunderts beschränkten sich so z.B. die Russen nur noch auf den Handel auf binnenländischen bzw. russischen Märkten, und auch die Skandinavier und die Slawen verschwanden aus diesem lukrativen Handel. Spätestens um 1300 hatten die deutschen Kaufleute den Wachshandel im Ostseeraum fest in ihrer Hand.

Für die westlichen Kaufleute war es wichtig, dass sie genau wussten, wo sie das begehrte Produkt finden konnten. Dieses Wissen ersparte die sogenannten »Suchkosten«, die man aufbringen musste, um die richtigen Handelsplätze zu finden. Zudem war Russland für die deutschen Kaufleute wirkliches »Ausland«, da die Russen dem orthodoxen Glauben angehörten, der in einem großen Gegensatz zur katholischen Kirche Westeuropas stand. Die Russen sprachen nicht nur eine fremde Sprache, sie waren auch aufgrund ihrer fremden Riten und Sitten suspekt, und es war daher wichtig, den Handel an solch andersartigen Plätzen durch gegenseitige Abkommen zu sichern.

Aus diesem Grund konzentrierte sich der Handel der »Kaufleute vom westlichen Ufer«, wie die Fremden in Russland genannt wurden, insbesondere auf drei Orte: Am bedeutendsten war Novgorod am Ausgang des Volchows in den Ilmensee gelegen; daneben gab es auch einen lebhaften Handel in den Städten Polozk und Pskov. Außerhalb Russlands profitierten zudem noch eine ganze Reihe von westlichen Städten am Grenzhandel mit den östlichen Wachsproduzenten, hier vor allem Dorpat, Reval, Riga, Warschau und Thorn.

Nach Novgorod z. B. brachten russische und karelische Wachssammler dieses Waldprodukt vornehmlich als Tribut an die Adligen in der Stadt, die sogenannten Bojaren. Diese verkauften die Abgaben ihrer Bauern oder Untertanen entweder weiter an russische Kaufleute oder aber direkt an die deutschen Zwischenhändler.

Das Wachs wurde in den Handelsniederlassungen der Deutschen, den Kontoren, vor allem in Novgorod, aber auch in Pskov, umgeschmolzen und auf seine Qualität geprüft. Dann wurde es mit dem St.-Peters-Siegel besiegelt, um Betrügereien, insbesondere das Untermengen von Fremdstoffen, die das Gewicht erhöhten, zu verhindern. Hierfür waren seit 1333 die hansischen Wachsprüfer zuständig, die vom Kontor angestellt wurden und den Qualitätsstandard garantierten. Auch in Reval und seit Beginn des 15. Jahrhunderts in Narva konnte von Russen geliefertes Wachs besiegelt und damit marktfähig gemacht werden, ebenso wurde Wachs aus Pskov über Dorpat in den europäischen Handel gebracht.

Aber auch über die Weichsel gelangten größere Mengen Wachses in den Ostseeraum. Hier waren es insbesondere die Kaufleute aus Thorn und der Deutsche Orden, die sich auf diesen Handel spezialisiert hatten. Sowohl Novgorod wie auch Thorn bezogen ihr Wachs aus denselben Produktionsgebieten, so dass es nur eine Frage von Angebot und Nachfrage oder aber von Krieg und Frieden war, von welchem Ort das Wachs in den westeuropäischen Handel gelangte.

Wie viel Wachs über den Ostseeraum in den Westen gelangte, ist bisher unklar. Die vorliegenden Zolllisten lassen zurzeit noch kein klares Bild zu. Allerdings sind die Wachsexporte für den Deutschen Orden überliefert. Der Geschäftsführer der Ordensverwaltung, der Großschäffer in Königsberg, war als einziger für den Export dieses wichtigen Produktes zuständig. Sie überstiegen in guten Jahren die Grenze von 10 000 Mark lübisch (m.l., der Währung von Lübeck) und trugen damit wesentlich zur Finanzierung des Ordens bei. Diese Zahlen kann man mit dem vollständigen Umsatz an Wachs in der Stadt Thorn vergleichen, für den Zahlen aus den Jahren 1362/63 und 1369 vorliegen. Hier verzollten 1362/63 alle Kaufleute zusammen Wachs im Wert von 41 620 m.l. und 1369 im Wert von 46 070 m.l.[1]

Diese Zahlen als solche geben uns aber kein verständliches Bild über die Mengen an Wachs, die aus dem Ostseeraum heraus exportiert wurden. Das Bild wird wesentlich deutlicher, wenn man sich die Importe nach England anschaut. Für die Britischen Inseln waren die deutschen Kaufleute die einzigen Wachsimporteure. Das heißt, dass sie eine Monopolstellung im Handel ausübten, was sie nutzten, um ihre eigene Stellung nach Möglichkeit zu verbessern.

Importierten die deutschen Kaufleute normalerweise jedes Jahr über 75 000 kg Wachs nach England, drosselten sie 1309/10 wohl aus politischen Gründen den Import auf gut 10 000 kg – mit katastrophalen Folgen. Die Kirchen auf der Insel konnten nicht mehr ausreichend mit Wachs versorgt werden, und die Sache eskalierte so weit, dass der englische König sich genötigt sah, die deutschen Kaufleute wegen Hochverrats anzuklagen, da seine Stellung durch den Importstop gefährdet wurde.[2]

Der Wachshandel war bis zur Reformation einer der sicheren Grundpfeiler des nordeuropäischen Handels, und die hansischen Kaufleute waren die Experten, die die weiten Räume zwischen Lemberg oder Novgorod und London am besten überbrücken konnten.

Aber nicht nur Wachs lockte die westlichen Kaufleute nach Russland, auch Pelze gehörten zu den beliebtesten Exportprodukten dieser Region. Die Tiere in der borealen Zone im Norden und vor allem im Osten des Ostseeraumes entwickeln ein besonders dichtes Winterfell, um sich vor der Kälte zu schützen. Dieses Winterfell von Hermelin, Marder oder Eichhörnchen war überall in Europa als Statussymbol äußerst beliebt und wurde zu hohen Preisen gehandelt. Insofern kann auch der Handel mit Pelz als zweites wichtiges Standbein des Ost-West-Handels betrachtet werden.

Die wichtigsten Jagdgebiete für die Pelzjagd lagen zwischen Wilna, Razan und Novgorod sowie zwischen Nizjnij-Novgorod und dem Ural. Die meisten der exportierten

Pelze stammten aus diesem sehr großen Gebiet und waren ebenfalls Tribute an die Novgoroder Bojaren.[3] Da sich die Produktions- und Jagdgebiete für Wachs und Pelz weitestgehend überschnitten, waren auch die Märkte dieselben: Novgorod, Polozk und Pskov sowie Reval, Riga und Thorn waren die wichtigsten Ausgangshäfen für dieses Produkt.

Pelze stellten im Vergleich zu ihrem Gewicht und ihrem Volumen einen unglaublich großen Wert dar und belasteten die Handelsbilanz zwischen dem Ostseeraum und Westeuropa dauerhaft. Auch ist die Forschung einhellig der Meinung, dass der Pelzhandel einer der wichtigsten Zweige des hansischen Handels darstellt. Dennoch fehlen vergleichende oder quantitative Untersuchungen zum Pelzhandel völlig. Man kann daher die Menge und den Wert der exportierten Pelze nur annähernd schätzen. Eine Vorstellung über den ungefähren Wert einer Pelzladung erhalten wir aus dem Jahre 1406, in dem englische Kaperer drei Schiffe aus Riga aufbrachten. Diese Schiffe hatten 394 864 Pelze in einem Gesamtwert von 33730 m.l. geladen, einem Wert, der fast dem Gesamtwert aller Wachsexporte aus Thorn entsprach. Robert Delort schätzt den jährlichen Gesamtpelzexport aus dem Ostseeraum auf ca. 1 500 000 Stück,[4] was nach dieser Rechnung einem Wert von ca. 128 000 m.l. entsprechen würde. Allerdings ist das nur eine grobe Schätzung, und der Wert jedes einzelnen Pelzes konnte, je nach Qualität und Nachfrage, sehr unterschiedlich sein. Nichtsdestoweniger wird deutlich, welch hohe wirtschaftliche Bedeutung der Pelzhandel für die Ökonomie Nordeuropas besaß.

Bis zum Ende des 15. Jahrhunderts blieben die alten Handelswege über die Ostsee intakt. Eine veränderte politische

Situation zusammen mit wachsenden Problemen der westlichen Kaufleute, das Handelsbilanzdefizit mit Silber auszugleichen, führte dazu, dass sich die Handelswege verschoben.[5] Im 16. Jahrhundert versuchten holländische Händler erst ihr Glück in Archangelsk und anderen russischen Entrepôts am Nordmeer,[6] bis sich dann eine südliche Route fest etablierte, bei der Leipzig zum zentralen Umschlagplatz des europäischen Pelzhandels avancierte.[7] So exportierten hansische Kaufleute 1558/59 nur noch Pelze im Wert von 26 606 m.l. aus Russland via Viborg, wohingegen sich der Wert der Wachsexporte dieses Jahres auf 81 580 m.l. belief.[8]

Holz und Getreide

Neben Pelz und Wachs gehörten Holz und Getreide zu den begehrtesten Artikeln aus dem Osten des Ostseeraumes. Doch stammten diese Waren nicht aus Russland, sondern aus dem südöstlichen Hinterland Preußens.

Seit dem 13. Jahrhundert importierten sowohl England als auch die flämischen und niederländischen Städte große Teile ihres Bauholzes über die preußischen Häfen.[9] Die Frage, warum das so ist, kann bisher nicht befriedigend beantwortet werden. Bis ins 13. Jahrhundert wurde der Holzbedarf der Nordseeanrainer aus dem nahegelegenen Skandinavien gedeckt, einem Gebiet, das wesentlich leichter erreichbar war als das weit entfernte Preußen. Holz aus Preußen musste also Vorteile gegenüber dem skandinavischen aufgewiesen haben, so dass es sich lohnte, es eine solch weite Strecke zu transportieren. Versuchte man dies früher durch eine erhöhte Tragfähigkeit sogenannter »hansischer« Schiffe gegenüber den traditionellen skandinavischen zu erklären, die den Transport billiger machten, so gelten diese Argumente heute als widerlegt. Es müssen also andere Gründe ausschlaggebend gewesen sein. Eine Erklärung für das Phänomen kann sein, dass die preußischen Städte vor allem Eichenholz exportierten, wohingegen aus Skandinavien vor allem das weichere Tannenholz exportiert wurde, das zum Bau von Dachstühlen oder Schiffen weniger geeignet war. Ob dies allerdings die alleinige Ursache war, lässt sich zurzeit noch nicht sagen.

Sicher ist aber, dass die meisten Kathedralen Englands oder Flanderns, die meisten Schiffe dieser Zeit, aber auch die meisten Altäre oder Holzbilder aus Holz gebaut wurden, das einmal quer durch die Ostsee transportiert worden war.

Der Holzhandel war in mehrere Etappen untergliedert. Generell war der Holzhandel im Mittelalter wohl überwiegend auf den Wassertransport angewiesen, weshalb Holz vor allem in flussnahen Gebieten eingeschlagen wurde. Im Bereich der Weichsel wurde das Holz in den polnischen, galizischen, wolhynischen oder litauischen Wäldern geschlagen und dann auf den seichten Weichselzuflüssen zu Traften zusammengestellt, die von Flößern stromabwärts geflößt wurden. In den Hauptzentren der unteren Weichsel, in Thorn und insbesondere in Danzig, wurde das Holz an Großhändler umgeschlagen. Dort wurde es dann weiterbearbeitet und in den Westen transportiert. Zu den besonderen Spezialitäten des südöstlichen Ostseeraumes gehörten dabei Eichenholz in verschiedenen Formen, u.a. als Planken, Wagenschot und Knarrholz für den Schiffsbau, große Balken für den Kathedralbau, aber auch Bogenholz, Masten und andere besondere Formen. Zu den Abnehmern dieser Hölzer gehörten deshalb vor allem die expandierenden städtischen Zentren Westeuropas, die ihre Dächer und Häuser aus baltischem Holz bauten, aber auch die Werftregionen und andere Holzverbraucher en gros.

Wie viel Holz aus dem Ostseeraum in den Westen gebracht wurde, lässt sich zurzeit nicht einmal annähernd schätzen. Allerdings geben Einfuhrlisten aus England einen kleinen Eindruck von der Vielfalt der Importe und deren Menge.

Bis zu 160 000 verschiedene Holzteile, von der Planke oder dem Dachbalken bis zum speziell vorgefertigten Schiffsteil, wurden jedes Jahr allein nach England gebracht, und die meisten davon stammten aus dem südöstlichen Ostseeraum. Dass dies nur die Spitze des Eisberges war, kann man daran ermessen, dass im Jahr 1464 allein 983 066 Stück Holz auf der Weichsel in Richtung Küste geflößt wurden,[10] wo sie dann weiterverarbeitet und exportiert wurden.

Die Gebiete rings um die Weichsel lieferten aber nicht nur das begehrte Bauholz, sie waren seit dem ausgehenden 15. Jahrhundert auch die Kornkammer Europas. Allerdings entwickelte sich der Getreideexport dieser Gebiete erst langsam im Laufe des Mittelalters. Im 13. und 14. Jahrhundert waren es vor allem die nordwestlichen Gebiete Deutschlands, u.a. die Mark und Pommern, die Getreide nach Norwegen, aber auch nach Flandern exportierten. Allerdings konsumierten die neuen Städte dieses Raumes, insbesondere Hamburg, Lübeck, Wismar und Rostock, auch riesige Mengen Getreides für ihre Brauereien. So benötigten allein die Lübecker Brauer im 14. und 15. Jahrhundert jedes Jahr 10 000 000 kg Getreide für ihre Bierherstellung,[11] und Lübeck war nur die zweitgrößte Brauereistadt Norddeutschlands. Insofern wurde ein großer Teil der Getreideüberschüsse dieses Raumes vor Ort verbraucht. Allerdings versorgten vor allem Rostocker und Lübecker Kaufleute die nordnorwegische Bevölkerung mit Getreide. Diese lieferte im Gegenzug Stockfisch. Ob Norwegen allerdings vom Import »hansischen« Getreides abhängig war, ist umstritten.

Knüpfte die ältere norwegische Forschung den Niedergang des norwegischen Reiches und Handels unmittelbar an eine direkte und durchgreifende Abhängigkeit von »hansischen« Getreideimporten, so weisen die 1967 von Kåre Lunden vorgestellten Untersuchungen in eine andere Richtung.[12] Nach seiner Auswertung von Lübecker Pfundgeldlisten aus dem Ende des 14. Jahrhunderts wurden aus Lübeck 1369 Kornwaren (Getreide und Mehl) im Wert von 2985 m.l. (entsprechend 995 000 kg) und 1370 im Wert von 2791 m.l. (entsprechend 930 330 kg) ausgeführt. Nach seinen Berechnungen reichte diese Getreidemenge gerade einmal aus, um den Energiebedarf der halben Bevölkerung der Stadt Bergen oder von 2 % der norwegischen Gesamtbevölkerung zu decken. Legt man seine Schätzungen etwas großzügiger aus, so wurden ca. 5 % der Norweger mit lübischem Getreide ernährt; von einer unmittelbaren und zwingenden Abhängigkeit der Norweger von »hansischem« Getreideimport kann nach diesen Berechnungen bis 1400 keine Rede sein.

Der Umfang der Getreideexporte aus dem Ostseeraum sollte sich erst im 15. Jahrhundert ändern, als im Südosten »Großunternehmer« wie der Deutsche Orden, einzelne Adlige, die Krone und die Kirche immer mehr Überschüsse für den Export erwirtschaften konnten. So stiegen die Getreideexporte aus dem preußischen und baltischen Raum von 8500 Last (1 Last Getreide sind ca. 2000 kg) in den 1490er Jahren auf 30 000 Last in den 1550er und schließlich auf 95 000 Last in den 1640er Jahren.[13] Spätestens im 16. Jahrhundert waren ganze Städtelandschaften in den Niederlanden, aber auch in England vom Import baltischen Getreides abhängig, wodurch sich eine besondere wirtschaftliche, aber auch kulturelle Nähe zwischen diesen Regionen entwickelte.

Flachs und Hanf

Zwei der weniger bekannten Handelsartikel der Hanse waren Flachs (Lein) und Hanf. Beide Naturprodukte wurden vor allem im Hinterland zwischen Königsberg und Kaunas, im Gebiet zwischen Riga und Smolensk und zwischen Kargopol und Nizjnij-Novgorod angebaut.[14] Flachs diente in erster Linie als Rohstoff zur Herstellung von Leinwand und Hanf als Rohstoff zum Weben von Transportverpackungen (Kanvas) und zur Herstellung von Tauwerk auf Schiffen etc. Der Flachs wurde von den Produzenten in die Seestädte an der Ostseeküste gebracht und dort von beeideten Gutachtern auf seine Qualität hin beurteilt. In den hansischen Quellen heißt dieser Vorgang das »Wracken« und die Gutachter »Wracker«. In der Stadt Dorpat waren das Russen, da diese sich mit dem Grundstoff am besten auskannten. Nach der Wracke wurde der Flachs mit mechanischen Pressen in große Tonnen gestopft, die dann im Durchschnitt 10 lübische Schiffspfund (ca. 1360 kg) wogen, und für den Transport fertig gemacht.[15]

Hauptabnehmer für diese Rohstoffe waren auf der einen

Seite die Leinenweber in Flandern und Holland, aber auch die Leinenweber im hansischen Kerngebiet sowie andererseits die großen Werftstandorte in Europa, auf denen das sogenannte Kabelgarn, Fäden aus Hanf, auf den Reeperbahnen zu dickeren Kardeelen gedreht wurden, aus denen dann wiederum die sogenannten Trosse, die Verholleinen der Schiffe, gefertigt wurden. Leinen und Hanf waren wenig spektakulär, ohne sie hätte es aber weder Unterwäsche und Tischtücher noch Tampen und Trossen auf den Schiffen gegeben und damit auch keinen Schiffsverkehr.

So wenig spektakulär diese Waren waren, so wenig Beachtung fanden sie bisher in der Forschung. Nur wenige Einzelforschungen haben bisher diesen Bereich beleuchtet. So hatte sich z.B. 1508 die Reval-Lübecker Handelsfirma Bissenbeke - van Scherffen - Selhorst auf den Flachshandel zwischen Estland und Flandern/Holland spezialisiert und exportierte allein Flachs im Wert von ca. 1513 m.l. aus Reval. Sie sandte u.a. den Flachs nach Amsterdam, wo er direkt an die dortigen Weberinnen verkauft wurde.[16] Aus einer etwas späteren Abrechnung kennen wir so den Namen von vier Weberinnen in Amsterdam, die jedes Jahr größere Mengen Flachs direkt aus Reval bezogen.

Eine Gesamtübersicht über den Flachshandel in dieser Zeit steht allerdings noch aus, und die wenigen Zahlen geben ein recht unübersichtliches Bild. So wurden z.B. 1409 aus Danzig 2294 Schein Flachs à 34 Pfund ausgeführt,[17] was ungefähr einem Wert von ca. 390 m.l. entsprach. Dieser Wert wiederum entsprach etwa 3 Promille aller Ausfuhren aus Danzig in diesem Zeitraum. Das ist kein imposanter Wert, allerdings bezog Danzig den Flachs vor allem aus Kaunas und dem kleineren Anbaugebiet östlich von

Königsberg. Die Hauptexporthäfen für dieses Produkt waren dagegen Riga und Reval, und über diese beiden Häfen liegen keine umfassenden Zahlen vor. Erst für die zweite Hälfte des 16. Jahrhunderts besitzen wir erste Zahlen für den Gesamtexport aus dem Ostseeraum nach Westen, allerdings für Flachs und Hanf zusammen. In dieser Periode wurden durchschnittlich 2000 bis 3000 Last à 18 Schiffspfund pro Jahr exportiert, mit steigender Tendenz.[18] Dies entsprach einem ungefähren Handelsvolumen von 54 000 m.l.

Ein ähnlich unklares Bild erhalten wir für den Handel mit Hanf, der in den gleichen Gebieten wie der Flachs angebaut wurde. Hanf wurde ebenfalls in die Seestädte gebracht, dort gereinigt, gewogen, gewrackt und anschließend ebenfalls in Tonnen gepresst. Allerdings konnte er auch schon von Seilern zu Halbfertigprodukten, dem sogenannten Kabelgarn, gesponnen werden.[19]

Für den Export von Hanf und Kabelgarn liegen bisher noch weniger Informationen vor als für Flachs. Doch sollte die Bedeutung dieses Produktes für die Seeschifffahrt im Mittelalter nicht unterschätzt werden.

Gewürze und Kupfer aus dem Südosten

Auf wesentlich sichererem Grund befinden wir uns, wenn wir uns Produkte anschauen, die aus dem südöstlichen Hinterland der Hanse importiert wurden, hier vor allem Gewürze und Kupfer. Der hansische Kaufmann wird dabei nicht zu Unrecht seit dem Mittelalter mit dem Attribut des Pfeffersacks belegt, stellt doch gerade dieses Gewürz einen besonderen Reichtum dar.

Gewürze dienten im Mittelalter, anders als heute, nicht

zur Unterstützung des natürlichen Geschmacks, sondern man würzte um des Würzens willen. Wer es sich leisten konnte, würzte nahezu alle Speisen, von Wein (dem Vorläufer unseres Glühweins) bis zu Braten, Gebäck oder Süßspeisen, so galt z.B. Kirschmus mit Ingwer und Pfeffer als Delikatesse. Unser Weihnachtsstollen mit seiner Vielzahl von Gewürzen ist dabei nur ein schwacher Abglanz seines mittelalterlichen Vorgängers. Es galt im Mittelalter die Devise, dass mehr mehr sei, d.h., gewürzt wurde nach dem Geldbeutel. Um eine Vorstellung von den verbrauchten Mengen zu erhalten, sollte man sich vor Augen führen, dass z.B. eine Lübecker Kaufmannsbruderschaft für ein Festessen mit drei Gängen für ca. 60 Teilnehmer je ein halbes Pfund Pfeffer und Safran, d.h. je 242 gr., 6 Pfund Rosinen (2900 gr.), Zwiebeln und Petersilie resp. Petersilienwurzeln sowie Ingwer und andere Gewürze verbrauchte.[20] Und die Lübecker galten als gemäßigt und zurückhaltend.

Hinzu kamen noch weitere exotische Zutaten, die wir heute kaum noch als solche betrachten, vor allem Reis, Mandeln, Rohrzucker und Feigen, die sich auch heute noch in traditionellen Gerichten wiederfinden. Alle diese Luxuszutaten wurden von den hansischen Kaufleuten importiert und im nördlichen Teil Europas verteilt. So stammen z.B. die russischen Wörter für Anis, Ingwer, Korinthen, Mandeln, Muskat, Nelken (Nägelin), Pfeffer, Pfirsiche und Safran aus dem Mittelniederdeutschen der hansischen Kaufleute und zeugen so von der langanhaltenden Bedeutung dieses Handels.[21]

Für die Kaufleute gab es dabei verschiedene Wege, an diese begehrten Produkte zu gelangen. Bis ca. 1400 reisten sie z.B. entlang der Weichsel und weiter über Land nach

Lemberg (Lviv), wo sie auf italienische Kaufleute aus Genua und Venedig, Russen, Tataren und Armenier trafen, die die Verbindung zur Seiden- und Gewürzroute herstellten. Hier setzten die Kaufleute aus dem Norden Bernstein und Pelze ab und kauften dafür Gewürze und Seide. So bezog z. B. der Deutsche Orden in Preußen Ingwer, Muskat, Nelken, Seide und andere Waren durch diese Handelsverbindungen.[22]

Weiterhin reisten die Kaufleute aus dem mitteldeutschen und westdeutschen Teil der Hanse, die nicht in den Südosten strebten, z. B. auf die Messen von Frankfurt oder über die Alpen nach Chalon-sur-Saône oder gar nach Venedig und Barcelona, um dort Gewürze und Südfrüchte zu erwerben. Diese Handelsroute verstärkte sich im 15. Jahrhundert, als der Weg nach Lemberg aus bisher unbekannten Gründen ausfiel.

Daneben gab es noch die Möglichkeit, diese Waren aus zweiter Hand in den großen Seestädten des Nordseeraumes, vor allem in Brügge, zu erwerben, wohin sie durch italienische Kaufleute gebracht worden waren. Brügge und später Amsterdam entwickelten sich dabei in der Zeit vor Kolumbus zu den wichtigsten Gewürz- und Südfruchtmärkten in Nordeuropa.

Die Bedeutung der Gewürze, aber auch der Südfrüchte, besonders der Feigen, für den nordeuropäischen Handel ist bisher nur in Ansätzen erforscht worden. Doch zeugen die zahlreichen Funde, z. B. von Feigen- und Weintraubenkernen, bei archäologischen Ausgrabungen in Nordeuropa, wie beliebt diese Zutaten im Mittelalter waren.

Viel prosaischer, dafür aber nicht minder bedeutend, war ein weiteres Handelsgut aus dem Süden, das über den Hanseraum gehandelt wurde: Kupfer. Kupfer war im Mittelalter ein Allerweltsgut, aus dem nicht nur Bett-, Bratpfannen und Töpfe hergestellt wurden, sondern mit dem auch Dächer gedeckt und aus dem Grabplatten gefertigt wurden. Letztere waren eine Spezialität Flanderns, und die Hanse lieferte nicht nur das Rohmaterial, sondern vermittelte auch die Aufträge und führte die fertigen Grabplatten in den Osten zurück.

Im Mittelalter, vor dem Eindringen des Handelshauses der Fugger in den europäischen Kupferhandel, kam ein Großteil dieses Metalls vor allem aus drei Gegenden: aus Schweden, dem Kupferbergwerk in Falun, aus dem Königreich Ungarn, aus den zu Ungarn gehörenden Bergwerken der Ostslowakei sowie aus dem Harz.

Von den drei Kupferabbaugebieten war Ungarn mit Abstand das wichtigste. Das Metall stammte aus den Bergwerksstädten Göllnitz und Schmöllnitz in der zu Ungarn gehörenden Ostslowakei. Diese Städte bildeten die Zentren der Montanregion des slowakischen Oberlandes, der Kaschauer Kammer, in der traditionell seit dem 13. Jahrhundert Gold-, Silber- und Kupfererze gewonnen wurden.[23] Weitere Montanorte des Kupferabbaus waren Rosenau/Rožňava, Krompach, Schwedler, Kaschauer Bela oder Ružín. Gleichzeitig kam Kupfer aus den Karpatenstädten Libethen und Neusohl / Banská Bystrica, die vor allem durch den Fuggerschen Kupferhandel des 15. Jahrhunderts berühmt wurden, oder aus der Region Zips. Alle diese Regionen zeichneten sich dadurch aus, dass deren Wasserwege nach Norden in den Bereich der Hanse abfließen. Damit wurde die Hanse zum Hauptverteiler slowakischen Kupfers, und damit gehört Ungarn zum Hinterland der Ostsee.

Das in der Ostslowakei gewonnene Kupfer wurde seit dem Ausgang des 13. Jahrhunderts über Krakau nach Thorn gebracht, von wo aus es direkt in den Seehandel des Ostseeraumes gelangte. Dieser Handel brachte Thorn den Beinamen des »hansischen Kupferhauses« ein. Seit 1306 musste Kupfer im Handel zwischen Slowakien und der Ostsee auch in Krakau gestapelt werden, wodurch ein ewiger Streitpunkt zwischen Thorn und Krakau um die Frage entstand, ob Thorner Kaufleute diesem Stapel unterworfen waren oder nicht. Das Wort Stapel bedeutet dabei, dass die Kaufleute gezwungen wurden, in einer Stapelstadt anzuhalten und ihre Waren einen bestimmten Zeitraum lang zum Verkauf anzubieten. Hierdurch sollte die Wirtschaft einer Stadt gefördert und der Durchgangsverkehr reduziert werden.

Auf jeden Fall musste Kupfer in Thorn gestapelt werden, wodurch der Danziger Handel mit dieser Ware sehr erschwert wurde. Thorner Kaufleute nutzten diese privilegierte Stellung, um das Kupfer direkt in Kaschau oder anderen Handelsstädten der oberen Slowakei zu erwerben und von Thorn aus in den internationalen Handel zu bringen.

Durch die Streitigkeiten über die Modalitäten des Stapelrechts zwischen Krakau und Thorn in der zweiten Hälfte des 14. Jahrhunderts eröffneten sich über die Oder und Stettin neue Absatzwege für das ungarische Kupfer, die aber ebenfalls in die Ostsee führten.

Zu den Produktionsmengen fehlen slowakische Quellen völlig, so dass die Produktion nur schwer zu schätzen ist. Peter Ratkoš schätzt für das beginnende 15. Jahrhundert für Schmöllnitz die Fördermenge auf 4303 Zentner und für

Libethen für die Mitte dieses Jahrhunderts auf 6666 Zentner,[24] allerdings bleiben das Schätzungen.

Schwedisches Kupfer stammte einzig aus dem berühmten Bergwerk von Falun. Hier, am Großen Kupferberg, dem »Stora Kopparberget«, wurde spätestens seit 1284, wahrscheinlich aber seit der zweiten Hälfte des 11. Jahrhunderts, Kupfer gewonnen. Im Mittelalter wurden in Falun durchaus bedeutende Mengen Kupfer gewonnen, doch erlebte der schwedische Kupferbergbau erst im 16. und 17. Jahrhundert seine eigentliche Blütezeit.

Von Falun aus wurde das Kupfer im 14. Jahrhundert hauptsächlich über Stockholm nach Lübeck verschifft, von wo aus es fast ausschließlich nach Brügge weiterverfrachtet wurde. Der Großhandel lag dabei fest in der Hand einiger Stockholmer und Lübecker Großkaufleute, die unter großem Kapitaleinsatz den Handel in ihren Händen sammelten.

Generell ist die Jahresproduktion der Faluner Gruben im 14. Jahrhundert nur andeutungsweise zu schätzen, da direkte Quellenbelege fehlen. Anhand von Parallelschlüssen zum 16. Jahrhundert kommt Tom Söderberg zu einer Schätzung, die bei 1608,75 Schiffspfund (4858 Zentner) Kupfer pro Jahr liegt.[25]

Ein relativ unbekanntes Gebiet der Kupferproduktion stellt der Harz dar, in dem, wahrscheinlich schon weitaus früher als Silber, Kupfer abgebaut wurde. So zeigen neuere Forschungen, dass z. B. am Rammelsberg bis zum 13. Jahrhundert wohl nur Kupfer gewonnen wurde.[26]

Generell kann man für die Bergwerke im Harz von einer Blütezeit bis ca. 1360 ausgehen, die von einer hundertjährigen Periode gefolgt wird, in der die Stollen mehr und mehr absoffen, bis die Produktion deshalb schließlich eingestellt werden musste.

Normalerweise wurde das Harzer Kupfer seit dem 11. Jahrhundert nach Braunschweig und ins Tal der Maas exportiert, wobei das Metall u. a. über den Hellweg, die Westfälische Königsstraße, nach Westen gebracht wurde. Auch wurde Kupfer über den Hamburger Hafen nach Westen exportiert. Nichtsdestoweniger wurde Harzer Kupfer nach Lübeck gebracht, um von dort aus nach Flandern versandt zu werden, auch wenn das mit Sicherheit nicht der direkteste Weg war.

Der Kupferhandel war eine der Konstanten im hansischen Handel zwischen dem Binnenland, der Ostsee und der Nordsee. Dieser Handel verlief relativ ungestört, bis die Fugger nach 1483 in den slowakischen Bergbau investierten und im Anschluss daran die Handelswege veränderten.

Eisen und Hering aus Skandinavien

Neben dem Kupfer war der Ostseeraum noch für ein zweites Metall berühmt: Eisen. Und wie Kupfer auch war Eisen im Mittelalter ein absolutes Allerweltsprodukt. Von Türbeschlägen bis zu Schiffsnieten, von Ritterrüstungen bis zu Kandelabern, Eisen war der notwendige Grundstoff für viele der mittelalterlichen Konstruktionen und Innovationen. Darüber hinaus konnte es sogar als Zahlungsmittel Verwendung finden. Insofern ist es nicht verwunderlich, dass der Handel mit diesem Metall von besonderer Bedeutung war.

In Nordeuropa gab es vor allem zwei Regionen, in denen Eisen abgebaut wurde. Eisen kam, wie auch Kupfer, aus dem Königreich Ungarn. Der größte Teil der Eisenproduktion stammte allerdings aus Schweden.[27]

Der ungarisch-slowakische Eisenexport gelangte auf denselben Bahnen wie das Kupfer an die Weichsel, wo er spätestens in Thorn dem dortigen Stapelrecht unterworfen war. Der Umfang der Thorner Eisenexporte unterlag größeren Schwankungen und lässt sich in seiner Gesamtheit nicht eindeutig bestimmen. Der Export von Eisen nahm aber generell für das slowakische Montanrevier, so für die Zips und andere Regionen, eine bedeutende Stellung ein.[28]

Im Gegensatz zum Kupferbergbau, der sich einzig auf das Bergwerk von Falun konzentrierte, verteilte sich die schwedische Eisenproduktion auf verschiedene Bergwerksregionen und deren Ausfuhrhäfen. Unter anderem wurde auf Utö bei Stockholm, in Dalarna, in Västermanland, in Uppland und Södermansland Eisen gebrochen. Eine der wichtigsten schwedischen Montanregionen für den Eisenabbau waren die Landschaften nördlich von Örebro, wo sich eine Reihe von Bergwerken befand, die unter dem Begriff des Norraskogs zusammengefasst wurden. Die Jahresproduktion allein für Norraskog wird für das Jahr 1340 mit ca. 2400 Schiffspfund (ca. 9360 Zentner) Eisen angenommen,[29] lag aber unter Umständen noch höher. Die dortige Produktion wurde in den Städten des Mälaretales, insbesondere in Arboga, aber auch Örebro, gesammelt und dann weiter nach Stockholm verfrachtet, dem Hauptausschiffungshafen für schwedisches Eisen. Aber auch aus Söderköping wurde Eisen nach Westen verfrachtet.

Das nach Lübeck importierte Eisen wurde in zwei Richtungen verteilt. Anders als beim Kupfer gingen die Eisensendungen nicht vollständig in Richtung Westen, denn ein nicht unbedeutender Teil der Eisenproduktion wurde im Ostseeraum selbst verbraucht. So wurde 1369 von den lübischen Eisenimporten im Wert von 4740 m.l. Metall im Wert von 1369 m.l. in andere Ostseehäfen verfrachtet, davon für 405 m.l. nach Wismar, 333 m.l. nach Rostock und 534 m.l. nach Riga, wohingegen Eisen im Wert von 1920 m.l. in Oldesloe auf dem Weg nach Westen verzollt wurde.[30] Allerdings wurde nicht die gesamte Eisenproduktion Schwedens über Lübeck geleitet: Ein nicht zu beziffernder Teil wird direkt von Stockholm aus nach Flandern verschifft worden sein, weshalb sich die Gesamtmenge des in Schweden bis zum 14. Jahrhundert produzierten Eisens nicht schätzen lässt.

Eisen war nicht nur eine sichere, sondern auch eine begehrte Handelsware. Vor diesem Hintergrund ist es nicht verwunderlich, dass sich die Beziehungen der Hansestädte zu Schweden intensivierten und dass viele Kaufleute versuchten, ihren Einfluss bis in die Produktionsgebiete auszuweiten.

Neben dem Eisen gab es aber auch noch eine zweite sichere Bank im Handel mit Skandinavien, den Heringshandel. Kennen wir heute Hering zumeist nur konserviert oder fermentiert in Form von holländischem Matjes, so besaß dieser Fisch gepökelt im Mittelalter einen ganz anderen Stellenwert. Seit dem 8./9. Jahrhundert hatte sich das Christentum in Europa immer weiter ausgebreitet und mit ihm die christlichen Speiseregeln. Ein guter Christ ist angehalten, an verschiedenen Tagen und zu verschiedenen Gelegenheiten zu fasten, d.h. im Mittelalter, kein Fett und kein Fleisch zu essen. Nahm man im Mittelalter diese Regeln sehr genau, so fastete man nicht nur an Freitagen (etwas, was sich in den Speiseplänen von Kantinen noch heute erkennen lässt), sondern auch an diversen Feiertagen, während der eigentlichen Fastenzeit vor Ostern, aber auch vor Weihnachten und Pfingsten. Insgesamt kam der christliche Kalender dabei auf ca. 180 bis 200 Fastentage pro Jahr.

Allerdings gestaltete sich die Versorgung mit Fisch, vor allem im Binnenland, als äußerst schwierig, frieren doch Binnengewässer im Winter zu und sind Süßwasserfische in der Menge weniger und damit teurer. Die Lösung boten Ostseeheringe, die im Spätsommer in unglaublicher Menge in die westliche Ostsee kommen, um dort zu laichen. Im 12. Jahrhundert waren deutsche Kaufleute auf die lukrative Idee gekommen, mit Salz in den Ostseeraum zu ziehen, dort den Fang aufzukaufen, einzusalzen und dann den gepökelten Fisch gewinnbringend ins Binnenland zu exportieren. Ostseehering wurde hierdurch zur Fastenspeise Nummer eins und stand in ganz Europa auf dem Speiseplan, vom Nordkap bis nach Rom und von England bis nach Russland.

Seit dem Beginn des 13. Jahrhunderts konzentrierten sich der Fang und die Verarbeitung von Hering dabei vornehmlich auf den südlichen Eingang des Öresunds in Dänemark, wo jedes Jahr Tausende von Kaufleuten auf den »Schonischen Messen« zusammenströmten, nicht nur um Fisch zu kaufen, sondern auch, um andere Geschäfte zu tätigen.[31]

Die Gesamtmenge des im hohen Mittelalter aus dem Ostseeraum nach Europa exportierten Herings lässt sich aufgrund der Quellenlage nur sehr schwer abschätzen. Aus dem Fanggebiet selbst existiert für die Zeit bis 1400 nur eine einzige Quelle, die Schätzungen über den Umfang des

Handels zulässt, die Malmöer Schonenzollliste des Jahres 1375.[32] Nach dieser Zollliste wurden in der Heringssaison 1375 allein aus einem der großen Messeplätze 32 571 ½ Tonnen Hering in den Ostseeraum exportiert, der Gesamtexport Malmös in diesem Jahr belief sich auf etwa 51 291 ½ Heringstonnen, was ungefähr einer Zahl von 43 084 860 Stück oder einem Gewicht von ca. 25 850 916 kg entspricht. Umfassendere Quellen über die Produktionsmengen liegen aus Skandinavien nicht vor, weshalb man sich mit Schätzungen auf der Grundlage von Importlisten begnügen muss. Eine der wichtigsten Quellen hierfür sind die lübischen Pfundzolllisten, die eine Reihe von Jahren des 14. Jahrhunderts abdecken und Teile des Imports in den Lübecker Hafen verzeichnen. Nach diesen Listen betrug der verzollte Import von Hering allein im Lübecker Hafen:

Rostocker Tonnen

(à 840 Heringe)	1384/85	1398	1399	1400
aus Malmø		32 636 ¼	27 289	29 142
aus Skanør/Falsterbo		26 425	32 243 ¾	28 340
aus Dragør		8082 ½	10 965 ½	6885 ½
aus Ystad	5988	3354 ½	9258 ¼	3072
aus Trelleborg	6493	732	1416	2536
Gesamt	?	71 230 ¼	81 199 ½	69 975 ½

Dies sind nur die Importe in einen der vielen Seehäfen des Mittelalters. Wenn man bedenkt, dass der Anteil Danzigs, Brügges, Amsterdams oder Londons am Heringshandel ähnliche Dimensionen besaß, so kann man erahnen, welche Mengen Fisch jedes Jahr im Öresund gefangen wurden.

Hering war für die hansischen Kaufleute eine Silberwährung par excellence, und man sagt nicht zu Unrecht, dass der Reichtum der Stadt Lübeck auf Heringstonnen gebaut sei.

Waren des Nordseeraumes

In den kommenden Abschnitten kann, anders als für den Ostseeraum, nur ein grobes Bild der produzierten und gehandelten Warenmengen gegeben werden. Das liegt daran, dass mit Ausnahme Englands für viele Gebiete serielle Quellen wie Zollrechnungen fehlen oder noch nicht direkt zugänglich gemacht worden sind. Insofern fehlen für den Hansebereich vielfach quantitative Überlegungen.

Stockfisch

War Hering eine oder vielleicht die wichtigste Fastenspeise in Europa, so etablierte sich daneben noch ein weiterer konservierter Fisch aus Nordeuropa, der Stockfisch. Stockfisch ist luftgetrockneter Dorsch (Kabeljau), der nach der Trocknung nicht nur lange haltbar, sondern auch stapel- und transportierbar wurde. Die Trocknung des Fisches setzt besondere Lufttemperaturen und eine geringe Luftfeuchtigkeit voraus, was besonders in Nordnorwegen, auf den Lofoten und auf Island gegeben ist. Im Gegensatz zum Hering hat der Stockfisch den Nachteil, dass er vor dem Verzehr mehrere Tage gewässert und unter Umständen in Stockfischmühlen gewalkt werden muss.

Spätestens seit dem 13. Jahrhundert begannen »deutsche« Kaufleute, Stockfisch aus Norwegen nach Zentraleuropa zu exportieren. Aus praktischen, aber auch aus steuertechnischen Überlegungen heraus wurde dabei der Stockfischhandel auf die Stadt Bergen in Norwegen konzentriert. Die Fischer aus dem Norden des Landes brachten ihren Fang nach Bergen, wo sie von den Kaufleuten im Gegenzug mit Lebensmitteln, vor allem Getreide, und anderen Waren versorgt wurden. Da der Wert der überlassenen Handelswaren aus dem Süden den Wert der gelieferten Fische zumeist überstieg, waren die Kaufleute in der Lage, die Fischer langfristig an sich zu binden. Den hansischen Kaufleuten gelang es dadurch für einige Jahrzehnte, die gesamte Konkurrenz vom Stockfischhandel in Bergen auszuschließen.

Ausländischen Kaufleuten war der Besuch der Fischer nördlich von Bergen verboten. Die fast allumfassende Monopolstellung der hansischen Kaufleute in Bergen führte allerdings dazu, dass sich andere Kaufmannsgruppen neue Wege suchten. So fuhren die Engländer am Ende des 14. und vor allem im 15. Jahrhundert trotz eines Verbotes nach Island, um dort (billigeren) Stockfisch zu kaufen. Dies führte dazu, dass auch hansische Kaufleute, insbesondere Hamburger, im 15. Jahrhundert das Verbot der Nordfahrt übertraten und ebenfalls direkt mit den Inseln im Nordatlantik Handel trieben.

Stockfisch fand eine ebenso weite Verbreitung wie Hering. Beide Fische haben maßgeblich das ausgehende Mittelalter und auch weite Teile der Neuzeit geprägt, vor allem als Armeleuteessen.

Wie groß der Stockfischexport aus Bergen war, lässt sich nur abschätzen. Nach Angaben Philippe Dollingers[33] betrug der Wert der Stockfischimporte in Lübeck im Jahr 1368 zunächst 3720 m.l., im Jahr 1370 stieg er über 10 000 m.l. und Ende des 14. Jahrhunderts bis zu ca. 20 000 m.l.

Allerdings ging ein größerer Teil der hansischen Fischausfuhren nicht nach Lübeck, sondern nach Boston in England, wo hansische Kaufleute Tuche u.a. erwarben,[34] so dass eine Schätzung der Gesamtausfuhren nicht möglich ist.

Tuche und Wolle

Hätte man einen hansischen Kaufmann nach den prestigeträchtigsten Produkten seines Handels gefragt, so wäre neben der Antwort »Gewürze« eine weitere sicher gewesen: »Tuche«. Jeder Mensch muss sich kleiden, und Kleider machen Leute. Aus diesen beiden Elementen war der hansische Tuchhandel erwachsen. Die hansischen Kaufleute bedienten daher vor allem die Nachfrage nach Tuchen mittlerer und besserer Qualität, d.h. die Nachfrage nach Tuchen für diejenigen, die etwas Geld in ihre Kleidung investieren konnten, und diejenigen die mit ihrer Kleidung ein gewisses Repräsentationsbedürfnis erfüllten.[35] Absolute Luxuswaren gab es natürlich auch, aber diese waren ein eher marginales Geschäft.

Seit dem ausgehenden 12. Jahrhundert hatte sich in Flandern eine Tuchproduktion etabliert, die diese Nachfrage nach Tuchen gehobener Qualität erfüllte. Mit der Tuchproduktion selbst stieg in Flandern der Reichtum und damit die Nachfrage nach anderen Produkten wie Pelzen und Wachs, aber auch nach Wolle als Grundstoff der Produktion und Getreide zur Versorgung der Weber. Das waren ideale Bedingungen für den Handel der hansischen Kaufleute, die mit ebenjenen Produkten dienen konnten und die gleichzeitig weite Handelsgebiete überblickten, in denen sie den Absatz dieser Tuche stimulierten. Hierdurch regten sie die Produktion an, was wiederum zu einer erhöhten Nachfrage ihrer eigenen Produkte führte; ein sich verstärkender Kreislauf.

Der Export der flandrischen Tuche konzentrierte sich dabei zunächst auf die Stadt Brügge, die in ihrer Tuchhalle die Qualität der angebotenen Tuche zu sichern trachtete. In späterer Zeit kamen aber vor allem aus politischen und wirtschaftspolitischen Gründen auch andere Städte, wie z.B. 's-Hertogenbosch, hinzu. Die hansischen Kaufleute waren in diesen Gebieten in erster Linie Käufer, konnten aber auch mit den Produzenten Verträge abschließen und so einen Einfluss auf die Produktion gewinnen.

Allerdings beschränkten sich die hansischen Kaufleute nicht allein auf den Ankauf von Tuchen. Sie hatten schon früh erkannt, dass sich auch mit dem Zwischenhandel Geschäfte machen ließen. So kauften die hansischen Kaufleute z.B. in Boston für den aus Bergen importierten Stockfisch Wolle, die sie nach Flandern exportierten, wo sie im Gegenzug Tuche erwarben, die in den Hanseraum gebracht wurden.[36] Hieraus ergab sich im 14. Jahrhundert ein florierender Dreieckshandel.

Am Ende des 14. Jahrhunderts kam es in Flandern allerdings zu einer Umstrukturierung der Tuchindustrie. Hierdurch ging der Absatz englischer Wolle stark zurück. Um diesem Trend entgegenzuwirken, versuchten die englischen Könige, eine eigene Tuchproduktion in England in Gang zu bekommen, was langfristig Erfolg hatte. Schon am Beginn des 15. Jahrhunderts überstieg der Wert der englischen Tuchexporte den der Wollexporte. Gleichzeitig verlagerte sich der Handel von Boston in England und den anderen Städten langsam nach London, das zum unbestrittenen Zentrum des englischen Handels aufstieg. Die hansischen Kaufleute reagierten dementsprechend und verlagerten den Einkauf der Tuche zum Teil von Flandern nach England resp. nach London, nicht aber ohne auch hier noch viele Jahrzehnte mit englischen Kollegen im Zwischenhandel aktiv zu sein.

Der Gesamtwert des hansischen Tuchhandels lässt sich nur schwer abschätzen. Für die englische Handelsbilanz stellten die Hansen nur eine Gruppe unter vielen dar. Der hansische Tuchexport machte nur ca. 20 bis 30 % des Gesamtexportes Londons im 15. Jahrhundert aus.[37] Im Hanseraum selbst sah es dagegen anders aus. Im Jahr 1368 machten Tuche im Wert 51 % aller Importe in Lübeck und im Jahr 1492 36 % aller Exporte aus. In Danzig waren es 1492 75 % und 1494 gar 96 % aller Importe.[38] Auch wenn diese Zahlen sicherlich mit einem Gran Salz zu betrachten sind, so ist die wirtschaftliche Bedeutung des Tuches für den Hanseraum unumstritten.

Allerdings war Tuch auch ein gefährliches Produkt, ähnlich wie heute den Strömungen der Mode unterworfen. Modefarben konnten ebenso schnell wechseln wie die Nachfrage nach besonderen Webarten etc. Insofern konnte man mit Tuchen durchaus hohe Gewinne erzielen, man konnte aber ebenso schnell auf ihnen sitzenbleiben und große Verluste einfahren. So machte die Revaler Gesellschaft des Hans Selhorst von 1531 bis 1533 im Tuchhandel einen durchschnittlichen Gewinn von 4,34 bis 18,32 %. Dagegen steht ein durchschnittlicher Gesamtgewinn der Gesellschaft von 7,62 bis 12,85 %.[39] Allerdings sagt das noch nicht alles aus. So konnte ein Kaufmann mit einigen Tuchen 1532 einen Gewinn von 97 % erwirtschaften; derselbe

Kaufmann erlitt in demselben Jahr mit einer anderen Partie aber einen Verlust von 9 %. Im großen und ganzen aber war der Tuchhandel einer der Grundpfeiler des hansischen Handelssystems.

Gewürze und Wein

Zu den häufig gehandelten Waren aus dem Nordseeraum gehörten, wie oben schon für den Südosthandel aufgeführt, Gewürze. Der Markt von Brügge war schon vor Kolumbus die Drehscheibe im nordeuropäischen Gewürz- und Südfrüchtehandel; Antwerpen und Amsterdam traten souverän dessen Nachfolge an. Bisher fehlen Angaben über den Export aus diesen Häfen. Allerdings lässt sich der Import einiger Güter in hansischen Häfen aufschlüsseln. So importierten z.B. 1485 hansische Kaufleute nach Hamburg:[40]

- Feigen: 158,5 Last, 10 Tonnen, 450 Koppeln (à 150 pf. netto)
- Rosinen: 116 Fass, 360 Toppe, 90 Körbe, 6,4 Pipen, 1 Tonne (à 308 pf. netto)
- Öl: 310 Pipen (à 226–236 l), – entspricht ca. 70600 – 73260 heutigen Litern
- Reis: 18 Pipen, 5,5 Fass, 2 Tonnen, 6 Bale
- Mandeln: 20,5 Fass
- Zucker: 2 Fass, 1 Lade, 6 Kisten à 293 pf. netto
- Anis: 26 Fass (à 585 pf. netto) – entspricht ca. 1170 heutigen Pfund

Es wird deutlich, dass Feigen und Rosinen unbestritten zu den beliebtesten Südfrüchten im Mittelalter gehörten. Hinter den 158,5 Last und 10 Tonnen Feigen verbergen sich so 1912 Tonnen gefüllt mit diesen Früchten, und hinzu kommen noch 450 Koppeln, eine besondere Maßeinheit für Feigen. Wie viele Kilogramm oder wie viele Früchte das insgesamt ausmachte, lässt sich zurzeit noch nicht bestimmen.

Neben Feigen und Rosinen gehörte auch Öl, vor allem Olivenöl, zu den Südwaren, die in größeren Mengen importiert wurden. Dieses Öl wurde hauptsächlich zur Zubereitung von Speisen benutzt, konnte aber auch zur Beleuchtung dienen. Aus den Zahlen wird deutlich, dass Reis, Mandeln, Zucker (Rohrzucker aus Spanien oder Arabien) und Anis zu den selteneren und damit teureren Waren gehört haben.

Pfeffer, Muskat und andere Gewürze erscheinen in der Hamburger Zollliste nicht, da sie zu den »trockenen« Importen gehören, die nur pauschaliert aufgeführt und abgerechnet wurden. Einen Eindruck über die Mengen und die Vielfalt erhält man aber, schaut man sich die Haushaltsabrechnung des Kaufmanns Hildebrand Veckinghusen an. Am 10. April 1413 kaufte er für seinen Haushalt 63 pf. Mandeln, 3 pf. Muskatblüten, 3 pf. Muskat, 1 Stk. Rhabarber, 3 Laden mit dem unbekannten »Trygy«, 9 pf. Zucker, 75 pf. Reis, 1 pf. Trockenbeeren (Zibeben), 2,5 Scharlachkörner, 3,5 pf. frischen Ingwer, 6 pf. getrockneten Ingwer, 6 pf. Kümmel, 1,5 pf. Kardamom, 1 pf. Zimtstangen, 1,5 pf. Nelken, Safran, 1,5 pf. Thai-Ingwer (Galgant), 1,5 pf. Zeder, 30 pf. Rosinen und 4 pf. eines unbekannten Puders, um damit das Essen an den Osterfeiertagen jenes Jahres zu würzen.[41]

Alle diese Gewürze wurden aus dem Süden, im 15. Jahrhundert zumeist über Brügge, in den Hanseraum importiert. Als Beispiel kann so angeführt werden, dass jener

Hildebrand Veckinghusen 1407 zwei Tonnen Pfeffer mit insgesamt 943 pf. nach Hamburg schickte, die einen sagenhaften Gewinn von über 200% erbrachten.[42] Es ist kein Wunder, dass die Kaufleute mit dem wenig schmeichelhaften Attribut des Pfeffersacks bedacht wurden.

Die Gewürze auf dem Markt von Brügge hatten zumeist den Vorderen Orient als Zwischenstation und wurden über die italienischen Städte auf dem Seeweg nach Flandern exportiert. So kaufte z.B. Venedig 1404 756 t Ingwer aus Alexandria und 1852 t aus Beirut sowie 412 t Pfeffer aus Alexandria und 104 t aus Beirut. Am Ende des 15. Jahrhunderts lag der venezianische Durchschnittsexport sogar zwischen 562 und 675 t Pfeffer.[43] Ein kleiner Teil dieser Exporte gelangte am Ende in den Hanseraum.

Neben den Gewürzen wurde auch Wein in größeren Mengen in den Hanseraum importiert. Der Wein kam vor allem auf zwei Wegen in den Norden. Der »deutsche« Wein, d.h. Wein aus dem Rhein-, Mosel- und Neckartal, wurde zumeist rheinaufwärts nach Köln gebracht, wo sich der zentrale Handelsplatz Süddeutschlands befand. Köln war das »Weinhaus« der Hanse. Kein Wein konnte die Stadt passieren, ohne dort umgeschlagen zu werden, und allein die Zolleinnahmen aus diesem Produkt machten 10% des Stadtbudgets aus.[44] Und so ist es kein Wunder, dass sich in dieser Stadt zwischen 1390 und 1392 645 Kaufleute mit dem Weinimport beschäftigten. Im 14. Jahrhundert wurden durchschnittlich 12 mill. l. Wein in Köln umgeschlagen, im 15. Jahrhundert etwas weniger, nämlich zwischen 10 und 6 mill. l. pro Jahr.[45] Daneben tranken die ca. 40000 Kölner um 1430 allein ca. 2600000 l Wein pro Jahr selbst, um 1480 ca. 1400000 l, d.h. zwischen 65 und

35 l pro Kopf und Jahr. Die Abnahme wird dadurch erklärt, dass sie im Laufe des Spätmittelalters Geschmack an ihrem selbstgebrauten Bier gefunden hatten.[46]

Der zweite Handelsweg führte vor allem über Brügge und später über die anderen Seestädte. Hierhin wurden durch italienische Kaufleute griechische, französische und spanische Weine gebracht und von dort aus neu verteilt. Wein besaß im Mittelalter eine andere Bedeutung als heute. So war und ist Wein selbstverständlich als Abendmahlswein ein unverzichtbarer Teil der kirchlichen Liturgie. Zum anderen besaß dieses Getränk neben einem gewissen Statuswert im Norden Europas ebenso eine rituelle Komponente. Kaufleute tranken bei Abschluss eines Vertrages einen Schluck Wein zur Bestätigung. Man nennt das »Weinkauf«. Wein wurde zudem auch als symbolisches Geschenk bei politischen Verhandlungen oder Staatsbesuchen genutzt. So überreichte man dem Gast einen Kelch oder eine Tonne mit Wein. Die norddeutschen Städte hatten aus diesen Gründen ein starkes Interesse daran, die Weinversorgung und auch die Qualität der Weine zu sichern. Sie errichteten daher seit dem 13. Jahrhundert städtische (Rats-)Weinkeller, die zumeist von den Ratsherren selbst kontrolliert wurden und die vor allem Rheinwein anboten.[47]

Wie umfassend der Weinimport im nördlichen Hanseraum war, zeigt wiederum das Beispiel Hamburgs. Im Jahr 1485 brachten hansische Kaufleute über See die folgenden Weine an die Alster:

- Rheinwein (Wein aus allen süddeutschen Anbaugebieten): 173 Stück à 1200 l., 23 Tolasten à 3–6 Ohm (à 130–160 l), – entspricht heutigen 216 570 –229 680 Litern

- Malmesie (griechischer Wein): 26 Botte (à 4–5 hl) – entspricht heutigen 10 400 – 13 000 Litern
- Basterdes (spanischer Wein): 39 Pipen (à 500 l), 5 Botte (à 472 l) – entspricht heutigen 41 360 Litern
- Ronnyge (griechischer Wein aus Napoli di Romania): 29,5 Botte (à 500 l) – entspricht heutigen 14 750 Litern

Verglichen mit dem Weinkonsum in Köln trank man in Hamburg relativ wenig Wein. Allerdings entspricht die eingeführte Menge ungefähr der gesamten sächsischen Weinproduktion des Jahres 2008, und über Hamburg wurde nur ein kleiner Teil des kölnischen Westexports gehandelt.

Der Handel mit Wein war kein Luxushandel im engeren Sinne. Er sicherte vielmehr die Versorgung mit einem Gut, das in vielen Bereichen eine ständige Nachfrage erlebte.

Salz

Überhaupt kein Luxushandel, sondern schiere Notwendigkeit war der Handel mit Salz. Salz war im Mittelalter nicht allein ein Gewürz, das Salz in der Suppe, sondern es war vor allem das Konservierungsmittel Nummer eins. In Zeiten vor der Erfindung des Kühlschranks mussten Fleisch, Fisch und Butter eingesalzen werden, wollte man sie über den langen Winter bringen. Das bedeutet, dass jeder Haushalt, insbesondere in der Schlachtsaison im Herbst, große Mengen Salz benötigte, um Wintervorräte anlegen zu können.

Allerdings waren die Gebiete der Salz- und Lebensmittelproduktion sehr ungleich verteilt. Eine Vielzahl der besten Salzquellen des nördlichen Europas befand sich im Hanseraum selbst, und der Handel mit diesem Produkt war einer der Gründe für das Entstehen der Hanse, wie im nächsten Kapitel beschrieben werden soll. Doch war das »hansische« Salz nicht nur ein Qualitätsprodukt, sondern es war auch, der Qualität entsprechend, sehr teuer. Die große Nachfrage führte so seit dem Ende des 14. Jahrhunderts dazu, dass die Kaufleute sich nach anderen Produzenten umsahen, die sie an der Atlantikküste Frankreichs, Spaniens und Portugals fanden.

Dort wurde Seesalz hergestellt, d.h., Salz durch Verdunstung von Seewasser gewonnen. Dieses Salz enthält mehr Beistoffe, ist dadurch »schlechter« im Geschmack, konnte aber in größeren Mengen hergestellt werden und war dadurch billiger.

Kaufleute aus der Hanse begannen am Ende des 14. Jahrhunderts, dieses Produkt zu importieren, und spätestens am Ende des 16. Jahrhunderts beherrschte das Salz aus Südeuropa den nordeuropäischen Salzmarkt.[48] Hauptquellen waren Setúbal in Portugal und vor allem die Baie-de-Bourgneuf in Frankreich, so dass wir pauschal vom Baiesalz sprechen.

Die Gesamtmenge des Salzimportes aus dem Süden kennen wir nicht, aber hansische Schiffe brachten z. B. jährlich ca. 5000 Tonnen Baiesalz allein nach Reval und nach Danzig zwischen 2600 und 9000 Tonnen.[49]

Von den Salzimporten des Jahres 1409 kamen dabei 48 % aus dem Süden und 52 % aus Lüneburg resp. anderen Gebieten. Dieses Verhältnis sollte sich am Ende des Jahrhunderts immer weiter zugunsten des Seesalzes verschieben.

Waren, die im Hanseraum produziert wurden

Salz

Die Hanse war, wie noch zu zeigen sein wird, nicht nur die große Umwälzpumpe Nordeuropas, die unablässig die oben beschriebenen Waren hin und her transportierte, innerhalb des Hanseraumes wurde auch eine Vielzahl von Waren produziert und ebenfalls ins hansische Handelssystem eingespeist.

Zu den wichtigsten selbst produzierten Waren gehörte das Salz. Wie oben schon gesagt, begann das Baiesalz erst am Ende des 14. Jahrhunderts, das »hansische« Salz zu verdrängen. Bis dahin dominierte das im Hanseraum produzierte Salz völlig den Markt.

Die Geschichte der Salzgewinnung im Hanseraum reicht weit über den hier zu beschreibenden Zeitraum zurück. Viele der Salzquellen wurden schon im 9. Jahrhundert genutzt. Und so war es auch der Salzhandel, der den ersten Anstoß zur Ausweitung des Handels gegeben hatte. Als die sächsischen Kaufleute begannen, den deutschen Markt mit Heringen zu versorgen, saßen sie in einer Schlüsselstellung, war doch einerseits Lüneburg einer der wichtigsten Salzproduzenten im Raum und lagen andererseits die wichtigsten Heringsfanggründe in der Ostsee in nächster Nähe. So war es eine logische Entwicklung, dass die Lüneburger und später die Lübecker mit ihrem Salz an die Ostseeküste zogen und mit gesalzenem Hering zurückkamen. Auf diese Weise verknüpften sie anfangs den Ostseeraum direkt mit dem Binnenland.

Die wichtigsten Salzquellen im Hanseraum fanden sich

in Lüneburg, Kolberg und Krakau (Salzberg und Groß Salze).

Lüneburg war unter den Städten der Hanse der vornehmste Salzproduzent. Die Sole wurde an diesem Ort schon lange zu reinstem Salz eingekocht, was langfristige ökologische Folgen nach sich ziehen sollte, da die Wälder rund um Lüneburg abgeholzt wurden, um Brennholz zu gewinnen. Auf diese Weise entstand die Lüneburger Heide. Schon seit 956 wurde an diesem Ort ein Salzzoll erhoben, und die Stadt sollte bis ins 15. Jahrhundert ihre führende Rolle verteidigen.

Der Hauptabsatzmarkt des Lüneburger Salzes lag vor allem im Ostseeraum, wo die Stadt Lübeck als Hauptverteiler diente. Genaue Zahlen über die Verteilung liegen allerdings nicht vor. Generell ist jedoch festzustellen, dass sich die Kapazität der Lüneburger Saline über viele Jahrzehnte hinweg kontinuierlich steigern ließ.[50]

Einer der Absatzmärkte des Lüneburger Salzes waren die Schonischen Heringsmessen, die gleichzeitig auch als Verteilermessen für Salz dienten.[51] Neben Lüneburg hatten die Salzquellen in Kolberg schon seit vorchristlicher Zeit den Ostseeraum versorgt. Generell gehörte der Salzhandel in Kolberg neben der »Handlung« und dem Brauwerk zu den vornehmsten Geschäften.[52] Zu den Exportrichtungen dieses Handels gehörten im 14. Jahrhundert u.a. Bornholm, Norwegen, Schonen, England und Polen.

Weiter im Osten war Krakauer Salz von großer Bedeutung. Die Salzgruben bei Bochnia und Wielicka / Groß Salze waren eng mit dem Handel im östlichen Ostseeraum verbunden. Das dort in Bergwerken abgebaute Steinsalz gelangte über Krakau und Thorn in den hansischen Handel. Wie umfangreich dieser Handel allerdings war, ist bisher nicht untersucht.

Bier

Bier war im Mittelalter nicht nur ein kalorienreiches Allerweltsgetränk, mit dem schon Babys und Kleinkinder gefüttert wurden, sondern Bier war – als desinfizierte Flüssigkeit – eine Lebensnotwendigkeit, da Wasser in Städten aus hygienischen Gründen als nicht trinkbar galt. Die Redewendung »bei Wasser und Brot« bedeutete nicht wie im heutigen Sinne eine deutliche Reduzierung der Kalorienzufuhr, sondern gleichsam eine Verurteilung zu einer Lebensmittelvergiftung. Aus diesem Grund ist es nicht verwunderlich, dass der durchschnittliche Bierverbrauch eines mittelalterlichen Menschen mit gut 500 bis 1000 l pro Kopf und Jahr veranschlagt werden kann, wohingegen jeder Deutsche im Jahr 2011 durchschnittlich nur 107 l Bier trank.[53]

Bier wurde überall im nördlichen Europa gebraut, gehopftes Exportbier guter Qualität jedoch ausschließlich in den norddeutschen Städten. Der Grund hierfür lag in der Versorgung mit Rohstoffen, vor allem Gerste und Malz. Die Bierproduktion verbrauchte in großem Stil Gerste und störte damit die Versorgung mit Brotgetreide. Insofern waren nur Städte, die Braugetreide aus vielen Gegenden importieren konnten, in der Lage, ein umfangreiches Exportbraugewerbe zu betreiben.[54]

Im allgemeinen gilt Hamburg als das »hansische Brauhaus«, berühmt für seinen umfangreichen Bierexport. Doch schaut man sich die Zahlen genauer an, verschiebt sich das Bild. In Lübeck gab es im 14. und 15. Jahrhundert 100 bis 110 Bierbrauer, die jährlich bis zu 80 000 Tonnen oder 120 000 hl Bier brauten. Damit war Lübeck nach Hamburg, wo jährlich ca. 90 000 Tonnen produziert wurden, die zweitgrößte Brauereistadt Nordeuropas.[55] Neben der Travestadt gehörten auch noch Rostock und Wismar zu den bedeutenden Bierexporteuren. Rostock wurde auch als der »Hanse Malzhaus« bezeichnet, und Danzig und andere Städte brauten ebenfalls Bier. Insgesamt übertraf der Bierexport des Ostseeraumes den Hamburgs um ein Vielfaches, auch wenn genaue Zahlen hierüber fehlen.[56]

Die Hamburger exportierten ihr Bier vor allem in den Westen, und dort war Holland der Hauptabsatzmarkt. Im Jahr 1485 wurden so 712,5 Brau Bier (à 43 Fass zu 149 l) und 1486 1142 Brau Bier über See in den Westen transportiert oder, anders ausgedrückt, zwischen 4 464 987,5 und 7 316 794 l.

Die Ostseestädte versorgten ganz Skandinavien, die eigentlichen Ostseeanrainer und zum Teil auch Russland mit dem Gerstensaft. Für dieses Gebiet liegen aber keine Zahlen vor.

Tuch

Gelten Bier und Salz als die zwei klassischen Produkte der hansischen Eigenproduktion, so zeigen neuere Untersuchungen nun, dass Tuche, insbesondere Leinengewebe, ebenfalls einen bedeutenden Anteil, vor allem am Außenhandel mit England, besaßen. Diese Tuche wurden vornehmlich im Binnenland, so u. a. in Westfalen, aber auch in Herford, Göttingen, Braunschweig oder Salzwedel hergestellt und über das hansische Handelssystem bis nach England und Russland gebracht, wo sie einen bedeutenden Marktanteil besaßen.

Der Handel mit diesen Tuchen verband das Binnenland ökonomisch über das gesamte Mittelalter direkt mit den großen Handelszentren im Ausland und kann als ein Grund dafür genannt werden, warum sehr viele dieser Binnenstädte der Hanse angehörten. Der Umfang und die Entwicklung dieses Handels stehen zurzeit im Fokus der Forschung. Ergebnisse werden in wenigen Jahren vorliegen.

Weitere Produkte aus dem hansischen Raum

Neben den bisher genannten drei Hauptprodukten Salz, Bier und Tuch wurden in den Hansestädten noch zahlreiche andere, zum Teil hochspezialisierte Produkte hergestellt und über das hansische Handelssystem auf den europäischen Markt gebracht. So galten z.B. Kupferkessel aus Braunschweig, Hopfen aus Mecklenburg, Bernstein aus Preußen (sowie daraus gefertigte Rosenkränze aus Lübeck) oder Revaler Steinplatten als Marktführer. Das waren Produkte, die über weite Strecken und bis ins Ausland verkauft wurden, ja selbst Wein wurde im nördlichen Hanseraum angebaut und gehandelt. Diese Liste ließe sich beliebig fortsetzen, und die Forschung zur Hanse richtet ihr Augenmerk jetzt verstärkt auf diese Produkte, die im Hanseraum selbst hergestellt wurden.

4 Wie funktionierte der hansische Handel?

Auf den letzten Seiten wurden nur einige der Güter vorgestellt, mit denen sich ein hansischer Kaufmann beschäftigte. Die Auswahl macht vor allem klar, dass bestimmte Güter in einer Region im Überfluss vorhanden waren, wohingegen sie in anderen stark nachgefragt waren. Auf dieser Differenz beruht das Grundprinzip des hansischen Handels.

Schaut man sich die geographische Lage der Hansestädte an, so wird deutlich, dass sich diese zwischen den großen Produktions- und Konsumräumen Europas befanden. Sie lagen zwischen den Weinanbaugebieten und den Weinkonsumenten, zwischen dem Salz und dem Hering oder zwischen dem Getreide und dem Tuch. Gleichzeitig konnten die Städte aus ihrer Mittlerlage heraus mit Produkten beitragen, die auf allen Seiten gleich stark nachgefragt waren. Das war der Vorteil für die hansischen Kaufleute, das barg allerdings auch die größten Gefahren.

Die Vorteile bestanden erstens ganz einfach in dem großen Preisgefälle, welches entsteht, wenn Produzenten und Konsumenten sehr weit voneinander entfernt sind. Ein Produkt, das vor Ort in großer Menge hergestellt wird, ist relativ billig, verglichen mit dem Verkaufspreis an fremden Orten. Äpfel kosten heute im Alten Land oder am Bodensee weniger als im Ruhrgebiet, und Waren haben in der Fabrik selbst einen geringeren Preis als im kleinen, weit entfernten Geschäft. Dieses Prinzip galt auch im Mittelalter. Hering war auf Schonen billiger als in der Schweiz, und das auch, wenn man die Transportkosten abzieht. Allein die Entfernung verlieh dem Produkt eine gewisse Seltenheit und damit einen höheren Stellenwert, der sich im Preis niederschlug.

Dieses Prinzip machten sich hansische Kaufleute zunutze, indem sie verschiedene, weit voneinander entfernte Gebiete miteinander verbanden. Es war hierbei zu beachten, dass die Gesetze des Marktes im Mittelalter genauso galten wie heute. Das bedeutet u.a., dass auf Dauer die Handelsbilanz zwischen den Regionen, d.h. zwischen dem Produktionsgebiet und dem Konsumgebiet, ausgeglichen sein muss. Wenn ich in einer Region immer nur etwas kaufe, dort aber nie etwas verkaufe, wird diese Region auf Dauer immer mehr von meinem Reichtum zurückbehalten, bis ich dort nichts mehr kaufen kann. Der Handel wird zusammenbrechen, da ich dem Verkäufer nicht mehr das für seine Waren bezahlen kann, was dieser haben will. Die hansischen Kaufleute waren nun aufgrund ihrer geographischen Lage imstande, im großen und ganzen die Handelsbilanz in ihrem Raum einigermaßen aufrechtzuerhalten. Im Austausch dafür, dass sie große Mengen teuren und vergänglichen Tuches im Westen kauften, konnten sie große Mengen ebenfalls vergänglichen Wachses, Getreides und Holzes in den Westen bringen. Dafür, dass sie Stockfisch und Hering in den Süden brachten, konnten sie Gewürze und Seide von dort erwerben. Allerdings überstieg der Wert der Südwaren vielfach den der Nordwaren – Pfeffer ist eben teurer als Fisch. Aus diesem Grund konzentrierten sich die Hansischen Händler eher auf den Ost-West-Handel, d.h., es erschien ihnen lukrativer, Pfeffer in Brügge zu kaufen, auch wenn er dort teurer war als in Venedig, da sie in Brügge viele Waren absetzen konnten, in Venedig aber nur wenige. Die »Hanse« war somit die große Umwälzpumpe im Ost-West-Handel Nordeuropas.

Zweitens machten es die großen Entfernungen für Konkurrenten schwierig, in die Produktionsgebiete selbst vorzudringen. Die hansischen Kaufleute schoben sich im 14. Jahrhundert wie ein Riegel zwischen Russland, Skandinavien, Flandern und England. Sie übernahmen einen immer größeren Teil des Handelsvolumens zwischen diesen Gebieten, und ihr Streben ging dahin, das Vordringen der Konsumenten zu den Produzenten zu verhindern, um damit ihre Verteilerrolle aufrechterhalten zu können. Dieses Streben prägt, wie noch zu zeigen sein wird, das gesamte Verhalten »der Hanse«.

Auf der anderen Seite schuf die große Entfernung aber auch Probleme, die sich nicht so einfach lösen ließen. Solange man Waren über Land transportiert, sind die Transportzeiten, aber auch die Transportkosten berechenbar. Man weiß, wie lange man braucht, um eine bestimmte Entfernung zu überbrücken; man weiß, wie viele Zollstellen auf dem Weg liegen und wie sicher die Straße ist, ob man Wachen braucht oder nicht. Wenn man aber Waren über See transportieren will, hat man mit ganz anderen Problemen zu kämpfen. So ist z.B. die Transportzeit nicht berechenbar, da mittelalterliche Schiffe nicht kreuzen konnten. Das bedeutet, dass ein Schiff nur dann fuhr, wenn es »den richtigen Wind« hatte, wie es in den Quellen heißt. Wann das war, konnte man nicht berechnen. Das gleiche gilt für den Transportweg. Man segelt niemals stur geradeaus, sondern immer dem Wind entsprechend, und das kann einige Umwege verursachen. Auch mit der Sicherheit ist es so eine Sache: Überfälle auf See waren schneller durchgeführt als an Land, vor allem wegen der Fluchtmöglichkeiten.

Allein hieraus wird deutlich, dass die Probleme des Fernhandels die Vorteile durchaus aufwiegen konnten, wenn man nicht entsprechende Einrichtungen schuf, die diese und viele andere Gefahren abfedern konnten.

Am Anfang des Untersuchungszeitraumes sah eigentlich nichts nach Hanse aus. Die Kaufleute des 12. und 13. Jahrhunderts versuchten, die Gefahren des Fernhandels dadurch abzuwehren, dass sie ihre Waren selbst begleiteten. Wir kennen dieses Prinzip z. B. aus dem Stadtrecht von Soest aus der Mitte des 12. Jahrhunderts, das auch den Fernhandel regelt. In Artikel 15 heißt es: »Wer seinem Mitbürger Geld gibt, damit dieser zu beiderseitigem Nutzen in Dänemark oder Russland oder an anderen Orten handeln möge, der soll dieses vor Zeugen tun.« Aus diesem Artikel geht nicht nur hervor, dass man zur Mitte des 12. Jahrhunderts von Soest bis nach Russland (d. h. nach Novgorod) fuhr, sondern auch, dass man dieses entweder selbst tat oder sein Geld und Risiko mit einem anderen teilte, der dann aber auch seinen Teil am Gewinn einstrich. Zudem war die Reise generell gefährlich. Aus dem oben beschriebenen Regelwerk der dänischen Kaufleute wissen wir, dass diese sich ganz handgreiflich verteidigen mussten. Kaufleute des 12. und 13. Jahrhunderts waren gestandene Männer.

Hinzu kam noch ein anderer Grund, warum der Handel über weite Strecken und insbesondere mit dem Ausland gefährlich war: Wie oben beschrieben waren Kaufleute im Ausland rechtlos. Es war daher jedem Kaufmann angeraten, sich entweder selbst physisch zu verteidigen oder aber sich vorher Schutzbriefe der fremden Herrscher zu besorgen.

Aus diesen Gründen wird klar, warum sich schon seit dem 9. Jahrhundert Kaufleute zu Hansen zusammenschlossen, wenn sie Fernhandel betreiben wollten. Diese Hansen verteidigten sich, konnten sich bei Rechtsfällen gegenseitig z. B. durch das Leisten von Eiden auch vor Gericht helfen und fuhren gemeinsam, wenn es sein musste, zur See. Schiffe im 12. und 13. Jahrhundert wurden nämlich nicht durch Besatzungen, d. h. bezahlte und angestammte Seefahrer, befahren, sondern durch die, die sich an Bord befanden. Ging man an Bord, so legte man seine Vorräte zusammen, wurde zu einem »mọtunautr«, einem Tischgenossen (hieraus entstand später unser Wort ›Matrose‹). Die, die sich an Bord befanden, fuhren nicht nur gemeinsam, sondern sie handelten auch als Gruppe, und im Ernstfall verteidigten sie sich gegenseitig. Gleichzeitig sorgten sie zusammen dafür, von fremden Herrschern Schutz zu erhalten.

Die oben beschriebene Verdichtung der Handelsbeziehungen und die stete Steigerung des Warentransportes seit dem 12. Jahrhundert führte auch zu einer Verstetigung der Rechtsverhältnisse von Kaufleuten in der Fremde, so in London, Visby oder Novgorod.

Sosehr diese Verstetigung dem einzelnen Kaufmann auch diente, so löste sie doch das Grundproblem der weiten Entfernungen nicht, zwischen denen die hansischen Kaufleute verkehrten. Das heißt, der frühe hansische Handel war recht einseitig und vor allem sehr langwierig. Ein Kaufmann, der von Hamburg aus nach Flandern aufbrach, konnte dort bei seinem Einkauf nicht wissen, ob es die politische und wirtschaftliche Situation überhaupt zuließ, dass er seine Waren in Russland würde verkaufen können, und es dauerte unter Umständen Jahre, bis er wieder in seine Heimatstadt würde zurückkehren können. Sobald er seine Heimatstadt verlassen hatte, kam der Punkt, an dem er blind und in reinem Gottvertrauen Entscheidungen treffen musste. So konnte man auf Dauer keine Gewinne machen. Erschwerend kam auch noch hinzu, dass diese Kaufleute eben zur selben Zeit nur an einem Ort Handel treiben konnten, z. B. eben entweder nur in London oder nur in Novgorod. Größere Gewinne wären aber zu erwarten, wenn man von der Mitte des Handelsraumes aus gleichzeitig in alle Richtungen und an allen Orten Handel betreiben und Gewinne machen könnte.

Diese Gewinnsteigerung gelang den hansischen Kaufleuten an der Wende zum 14. Jahrhundert, als sie es schafften, auf ihre ganz eigene Weise die Weite des Raumes zu überbrücken.

Die hansische Lösung: Das Netzwerk

Das Grundproblem eines jeden einzelnen frühen hansischen Kaufmannes lag darin, sich an einem völlig fremden Ort wirtschaftlich vernünftig bewegen zu müssen, wo er keine ›Insiderinformationen‹ mehr beziehen konnte. Rationale, ökonomische Entscheidungen waren so schwer zu treffen. Gab er seinem Kollegen Geld oder Waren mit, so wie es das Soester Stadtrecht für die Dänemark- und Russlandfahrt vorsah, kam er der Lösung schon einen Schritt näher. Aber wer konnte ihm garantieren, dass sein Kollege ihn am Ende nicht übervorteilte?

Der Kaufmann konnte jede seiner Warensendungen auch mit einem angestellten Diener losschicken. Dieser würde ihn zwar nicht so leicht betrügen, war aber auf der anderen Seite höchst inflexibel. Folgte er seinen bei Abreise gegebenen Anweisungen, was zu hoffen war, so konnten diese Monate später bei Ankunft auf dem fremden Markt schon längst obsolet geworden sein. Folgte er seinen Anweisungen nicht und handelte eigenständig, wie konnte der Kaufmann dann sicher sein, dass sein Diener mit seinen Waren verantwortungsvoll umging? Woher sollte jener wissen, was der Kaufmann wollte und was für dessen Geschäft gut war? Eine Firmenorganisation mit bezahlten Angestellten, wie sie z. B. hierarchisch organisierte Firmen heute besitzen, ist nur dann möglich, wenn die Angestellten regelmäßig und rechtzeitig mit Informationen versorgt werden und wenn man ihr Verhalten in der Fremde kontrollieren und gegebenenfalls eingreifen kann. Im Mittelalter, vor allem wenn man auf den Seeweg angewiesen war, war das nicht möglich.

Die »hansische« Lösung dieses Problems war höchst eigen und zeichnet sich durch die größtmögliche Freiheit bei gleichzeitig durchgehender und tiefgreifender Kontrolle aus. Voraussetzung war, dass die Kaufleute allerspätestens am Ende des 13. Jahrhunderts begannen, ihre Geschäfte schriftlich zu erledigen. Kaufmannsbücher, d. h. Abrechnungen und Aufzeichnungen ihrer eigenen Geschäfte, hatten sie auch schon früher geführt, aber nun hielt die Schriftlichkeit in ganzem Umfang Einzug: Die Kaufleute begannen, Briefe zu schreiben.

Nun löst ein Brief das Problem der Entfernung keineswegs, aber bedeutet doch einen Fortschritt. Da alle Kaufleute zwischen den großen Produktionsgebieten vor dem gleichen Problem der Raumüberwindung standen, lag es für sie nahe, auch gemeinsam an einer Lösung zu arbeiten. Und die Lösung sah so aus, dass die Kaufleute nun zu Hause blieben und sich gegenseitig die Waren zusammen mit einem Begleitbrief zusandten. Das hatte den Vorteil, dass der einzelne Kaufmann seine Waren nicht mehr begleiten musste. Gleichzeitig konnte er sicher sein, dass der Empfänger seiner Ware am anderen Ort, ebenfalls ein ausgebildeter und freier Kaufmann, seine Waren nach bestem kaufmännischen Gewissen behandeln und kaufen resp. verkaufen würde. Da dieser Kaufmann von ihm die gleiche Gegenleistung erwarten konnte, berechnete er auch nichts für seinen Dienst, so dass keine Dienstleistungskosten anfielen.

Die hansischen Kaufleute gründeten so Gesellschaften, bei denen die Gesellschafter an den wichtigsten Orten ihres Handels plaziert waren. Wenn ich z. B. von Reval nach London handeln wollte, so musste meine Gesellschaft über Partner in Reval, Lübeck, Hamburg und London verfügen, d. h. an allen Schnittpunkten oder Umschlagstationen meines Handels. Gleichzeitig hatten alle meine Partner noch andere Gesellschaften, die ich nutzen konnte, wenn ich Produkte auf anderen Wegen kaufen oder verkaufen wollte.

Auf diese Weise gewannen die hansischen Kaufleute einen erheblichen Wettbewerbsvorteil gegenüber ihren Konkurrenten. Der Kaufmann in Lübeck oder Hamburg saß wie eine Spinne in einem großen Netzwerk und konnte von zu Hause aus den gesamten Handelsraum überblicken und flexibel in alle Richtungen Handel treiben.

Diese Netzwerkform lässt sich am Beispiel des Revaler Kaufmannes Bernd Pal verdeutlichen:[1] Bernd Pal handelte um 1500 auf der Strecke zwischen Russland und London. Hierfür hatte er einen festen Geschäftspartner an der russischen Grenze in Narva und ein bis zwei Partner an allen Zwischenstationen seines Handels.

Das war aber nur das Grundgerüst seines Handelsnetzes. Daneben besaß er noch zahlreiche andere Geschäftskontakte, die er bei Bedarf nutzen konnte. In Reval konnte Bernd Pal so 15 namentlich bekannte Kontaktleute aktivieren, in Dorpat weitere fünf, in Narva zusätzlich zu dem festen Verbindungsmann weitere fünf bis sechs. Diese vielfältigen Kontakte ermöglichten es ihm, jede Handelsware von überall her besorgen zu können, selbst wenn seine normalen Geschäftspartner nicht damit handelten.

Aber nicht nur Handelswaren wurden über diese Geschäftsnetze abgewickelt; sie dienten ebenso zum Austausch von Informationen. Ein weiteres Problem der weiten Entfernungen im hansischen Handelsraum war die Informationsbeschaffung. Auch wenn es im Mittelalter weder Internet noch Zeitungen oder Telegrafen gab, so waren die ökonomischen Gesetze doch die gleichen wie heute. Die meisten Produkte der hansischen Kaufleute waren für einen anonymen Markt bestimmt, d.h., der Kaufmann kannte die Abnehmer seiner Waren nicht. Das bedeutet, dass ein Kaufmann bei allen Handelsaktionen über genügend Informationen verfügen musste, um einen Erfolg oder Misserfolg abschätzen zu können. Bevor ein Kaufmann z.B. in Danzig Holz nach London sandte, um dort Tuche kaufen zu lassen, musste er z.B. wissen, welches Holz in England besonders begehrt war. Baute der König

Kriegsschiffe oder Kathedralen? Er musste ebenso wissen, ob der Seeweg sicher ist oder ob Piraten die Schiffe bedrohen. Er musste wissen, ob neue Zölle erhoben oder Vorschriften geändert wurden. Und nicht zuletzt musste er wissen, welche Stoffe wohl den besten Absatz finden würden. Welche Farben waren ›in‹, welche Muster? Was trug man an den Höfen in London oder Brüssel und was würden Mann oder Frau im Absatzgebiet nachfragen und sich leisten können? Diese Informationen waren auf herkömmlichem Wege kaum zu beschaffen, das dauerte zu lang. Wenn man einen Brief in London losschickte, konnte es Monate dauern, bis er in Danzig ankam. In einem solchen Fall war unter Umständen schon die falsche Ware auf den Weg gebracht worden; ein Verlust war unabwendbar.

Auch für dieses Problem schuf das hansische Kaufmannsnetzwerk Abhilfe. Die Kaufleute waren nämlich nicht nur verpflichtet, die Waren ihrer Partner wie ihre eigenen zu behandeln, sondern auch jede nur denkbare Information sofort weiterzusenden. Ein hansischer Kaufmann war den ganzen Tag mit nichts anderem beschäftigt, als Informationen zu verarbeiten und ins Netzwerk einzuspeisen. Das bedeutet, dass ein Kaufmann, der über ein umfangreiches Netzwerk verfügte, auch auf umfangreiche Informationsquellen zurückgreifen konnte. Hierbei wurden nicht nur geschäftliche Netzwerke zur Informationsbeschaffung genutzt, sondern alle erdenklichen Verbindungen. Saß man abends in der Bruderschaft beim Bier zusammen, war das ebenso wichtig wie die Treffen des Kirchenvorstandes oder der Familie. Und am wichtigsten war es, auch auf die »offiziellen« Informationen der Stadtverwaltung Zugriff zu haben. Aus diesem Grund strebten erfolgreiche Kaufleute auch immer nach einem öffentlichen Amt, das ihnen dieses die Informationen verschaffte, die sie für ihren Handel brauchten.

Die Fülle der Informationen innerhalb des Netzwerkes löste das Problem der weiten Entfernungen. Selbst wenn die persönlich an mich adressierte Information irgendwo auf dem Wege steckengeblieben war, so hatte einer meiner Partner womöglich diese Information schon erhalten und an mich weitergeleitet. Auf diesem Wege ließen sich Informationen auch überprüfen und zu einem Gesamtbild zusammenfügen.

Untersuchungen haben gezeigt, dass ein durchschnittlicher Kaufmann am Ende des 15. / Anfang des 16. Jahrhunderts von Reval aus die politischen, wirtschaftlichen und sozialen Entwicklungen zwischen Novgorod und London und zwischen Bergen und dem Balkan fast wochen- oder monatsaktuell überschauen konnte.[2] Nur das Netzwerk ermöglichte eine solche Informationsdichte, die über solch weite Entfernungen erst wieder durch Telegrafenleitungen erreicht werden sollte.

Neben der Überbrückung der Entfernungen löste die Informationsdichte im Netzwerksystem noch ein weiteres, ganz entscheidendes Problem, nämlich das des Faktors Mensch. Wenn eine der Grundprämissen lautet, dass mein Partner meine Handelswaren genauso behandeln soll wie seine eigenen, so hat das leicht altruistische Züge. Warum sollte er das tun, wo doch gleichzeitig das Gewinnstreben eine treibende Kraft allen Handelns war und Gewinnstreben ja auch bedeutet, dass man mehr Geld verdienen möchte als jemand anderes. Nun kann man einwenden, dass, da alle vor dem gleichen Problem standen, auch alle ein gleiches Interesse an einer Lösung haben müssten. Das heißt, dass, wenn ich als Kaufmann nicht betrogen werden möchte, ich dann in einem solchen Fall auch niemanden betrügen sollte. Dies hat zur Ausbildung eines kaufmännischen Ethos geführt, das die Ehrlichkeit unter Geschäftspartnern ehern festschrieb und das unumstößlich war.

Allerdings steht das Ethos häufig im Konflikt mit den eigenen Interessen, und in einem solchen Fall kam das Netzwerk ins Spiel. Unter den täglich zu versendenden Informationen eines Kaufmannes waren nicht nur politische und wirtschaftliche Meldungen, sondern ein Kaufmann überwachte und beschrieb auch täglich das Verhalten und Agieren seiner Kollegen in der Stadt. Kaufleute übten durch diese ständige Überwachung des gesamten Lebenswandels ihrer Kollegen einen derart starken sozialen Druck aus, dass ein Abweichen von der gemeinsam vereinbarten Norm kaum möglich war. Das galt dabei nicht nur für den sozialen Lebenswandel, sondern vor allem auch für das Geschäftsgebaren eines Kaufmannes. Das System diente der Risikominimierung und nicht etwa einem Hasardspiel.

Zusammenfassend kann festgehalten werden, dass die hansischen Kaufleute durch die Entwicklung eines engmaschigen Netzwerksystems die Probleme ihres Handelsraumes erfolgreich überwunden hatten. Die Voraussetzungen hierfür waren u.a. eine vergleichbare Lebensführung mit vergleichbaren Problemen und Lösungen, eine gemeinsame Sprache, das Niederdeutsche, und eine vergleichbare Rechtstradition, die vertraute Grundlagen schuf. Aus diesem Grund funktionierte das hansische Handelsnetz nur im mittelniederdeutschen Sprachraum, d.h. in einem Gebiet von Skandinavien bis nach Köln und Magdeburg und vom Baltikum bis in die Niederlande. Hier waren die Gemeinsamkeiten so stark, dass man sich vertrauen und erfolgreich überwachen konnte. In diesem Zusammenhang ist übrigens darauf hinzuweisen, dass kulturelle Ähnlichkeiten nicht mit nationalen Identitäten zu verwechseln sind. Selbst wenn die Kaufleute in Åbo in Finnland, in Stockholm, Kopenhagen, Malmö, Krakau, Lemberg oder Breslau Niederdeutsch sprachen, an den gleichen Handelswaren interessiert waren und auch über die gleichen Handelsusancen verfügten und darüber hinaus Teil des hansischen Handelsnetzes waren, so waren sie doch keine »Deutschen« in einem nationalen Sinn. Die regionale Identität muss auf jeden Fall von der Sprachgruppe getrennt werden. Modern gesprochen werden die Angestellten einer internationalen Firma nicht zu Briten, nur weil die Geschäftssprache Englisch ist und die Firma überall nach denselben Richtlinien operiert. Das gleiche gilt auch für die Hanse.

Die Hauptabsatz- und Einkaufsgebiete der Hanse lagen allerdings jeweils ein kleines Stück außerhalb des Netzwerkraumes, d.h. in Russland, Norwegen, Flandern oder England. Auch hierfür gab es eine Lösung. Zum einen organisierte der Kaufmann seinen Handel von zu Hause aus, d.h. aus dem Hanseraum selbst heraus. Aus diesem Grund war er Teil seines Netzwerkes. Problematisch wurde es aber für die, die direkt an den Rändern Handel trieben. Diese ließen sich so ja erst einmal nicht überwachen, und wer konnte verhindern, dass sich ein junger Kaufmann z.B. den Verlockungen Londons, das auch schon im Mittelalter als gefährliches Pflaster galt, oder anderer Orte hingab und sein Geld oder fremde Handelswaren verschleuderte?

Unter anderem aus diesen Überlegungen heraus brachte man die Kaufleute an diesen wichtigen Orten außerhalb des Netzes in gemeinsamen Häusern unter, den sogenannten Kontoren. Diese verteidigten nicht nur die Rechte der Kaufleute, sondern sie dienten vor allem der Überwachung und Disziplinierung der Kaufleute an den Orten, die durch ihre Andersartigkeit sonst nicht zu überwachen waren.

Der Handel der Hansekaufleute basierte auf gleichen Problemen, aber auch kulturellen Ähnlichkeiten, die es ermöglichten, eine gemeinsame Lösung zu finden, das Netzwerk. Dieses war flexibel und umspannte den gesamten Raum, und da es auf den genannten Gemeinsamkeiten beruhte, ließ es kaum Konkurrenten zu, da diese ja nicht über die gleichen Voraussetzungen verfügten. Aus diesem Grund konnte das hansische Netzwerk den gesamten Handel im Ost- und Nordseeraum im 14. und 15. Jahrhundert fast vollständig beherrschen, und erst in nachmittelalterlicher Zeit gelang es anderen Gruppen, neue Lösungen für die alten Probleme zu entwickeln und die Hanse abzulösen.

Wie werde ich ein Kaufmann?

Nachdem die Netzwerkstrukturen im Laufe des 14. Jahrhunderts erst einmal etabliert waren, stellte sich für jeden einzelnen Kaufmann die Frage, wie man selbst Teil dieses Netzwerkes werden konnte. Und auch hier zeigt sich das hansische System äußerst flexibel.

Die Grundvoraussetzung für die Aufnahme in das hansische Handelssystem war eine gute und gründliche Ausbildung. Entgegen älteren Annahmen, die im Zusammenhang mit der Hanse immer wieder den Mythos des armen Tellerwäschers, der zum Millionär wird, pflegen, ließen sich die Grundvoraussetzungen für einen späteren Aufstieg nur durch eine gründliche Schulbildung erwerben, und die kostete Geld. Die meisten hansischen Kaufleute entstammten selbst Kaufmannsfamilien, allerdings zumeist nicht Familien aus den Seestädten. Viele binnenländische, vor allem westfälische Familien schickten ihre Söhne in die Städte am Meer, da dort die Karrieremöglichkeiten vielfach besser waren als zu Hause. Da die Forschung erst in den letzten Jahren diese Familienverbindungen näher untersucht hat, entstand früher der Eindruck, dass viele (unbedarfte) junge Leute von sich aus den Aufstieg in die hansische Kaufmannschaft geschafft hätten, doch das kann heute als widerlegt gelten.

Die Vorbereitung eines hansischen Kaufmannes auf seinen Beruf begann schon während seiner Schulzeit auf einer der zumeist im 14. Jahrhundert entstandenen städtischen Schulen. Die Schüler lernten dort, wie wir aus Lübecker Quellen wissen, nicht nur Schreiben, Lesen und Rechnen, sondern übten dies konkret anhand von Beispielen aus dem Alltag eines Kaufmannes. So kombinierte man Warenkunde mit den notwendigen Grundfertigkeiten.[3] Im Alter von zehn, elf Jahren wurde der Junge dann bei einem bekannten oder befreundeten Kaufmann in einer anderen Stadt in die Lehre gegeben. Hierbei galt explizit die Devise, dass die Lehre eine Zeit des »Leidens und Duldens« sein sollte, es galt, den Jungen zur Gewissenhaftigkeit, zum Fleiß und zur Ordnung anzuhalten, und das ging nach mittelalterlicher Auffassung nur mit Strenge und Strafe.

Die Lehrzeit eines hansischen Kaufmanns dauerte um die sechs Jahre. In dieser Zeit wurde er nicht nur in die Geschäftspraktiken eingeführt, sondern erhielt auch eine gründliche Kenntnis über die wichtigsten Handelswaren, aber auch über verschiedene Währungen, deren Wechselkurse, über Gewichte und andere praktische Handelsangelegenheiten. Darüber hinaus wurden die Lehrjungen gegen Ende der Lehrzeit häufig in die Kontore geschickt, um dort ihre Kenntnisse vor Ort zu vertiefen. Diese Auslandsreisen waren keine sehr angenehmen Erfahrungen, vor allem in den Kontoren von Novgorod und Bergen herrschten besonders rauhe Sitten. Aus Bergen kennen wir einige Initiationsriten, denen sich die Neuankömmlinge unterziehen mussten und die vom Hängen im Räucherkamin bis zum Schwimmen im eiskalten Wasser reichten. Wer das ausgehalten hatte, konnte sich als gestandener Kaufmann betrachten.

Gegen Abschluss der Lehrzeit sandte der Lehrherr seinen jungen Gesellen zu einer Rundtour durch sein späteres Handelsgebiet und stattete ihn mit etwas Kapital aus, zu dem der Geselle auch sein erspartes Geld hinzufügen konnte. Die Aufgabe dieser Reise war es, erste Handelskontakte zu knüpfen, spätere Handelspartner kennenzulernen und seinen Platz in der Handelswelt zu finden. Für die unverheirateten Gesellen gab es dabei vielfach Bruderschaften, die die Aufnahme und die Integration übernahmen. In Reval z. B. kamen die fremden Gesellen in der Bruderschaft der Schwarzenhäupter unter. Hier trafen sie nicht nur Gleichaltrige und Gleichgesinnte, sondern wurden auch inoffiziell auf ihr Wissen, ihr Benehmen und vor allem ihren Hintergrund geprüft. Gleichzeitig dienten diese

Bruderschaften auch als Heiratsmarkt, wo gute Partien geschlossen werden konnten.

Nach Abschluss der Lehrzeit wurde der Geselle entlassen und war nun ein eigenständiger Kaufmann, der sich seinen Platz suchen musste. Hatte er Glück, so kam er anfangs im Handelsnetz seines Lehrherrn unter. War z. B. einer von dessen Partnern in einer anderen Stadt gestorben oder zu alt, um Handel zu treiben, so konnte der junge Kaufmann dessen Stelle übernehmen. Das hatte den Vorteil, dass er von den Informationsnetzwerken seines Lehrherrn profitieren und gleichzeitig mit dessen Waren handeln konnte, ohne selbst sehr viel Geld in das Geschäft investieren zu müssen. Das gab dem Kaufmann Zeit, sich eigene Netzwerke aufzubauen und sich gleichzeitig einen Ruf als guter und tüchtiger Kaufmann zu erwerben.

Wie werde ich erfolgreich, und wie bleibe ich es?

Der Schritt in die Selbständigkeit kann als Zäsur ungefähr im ersten Drittel eines Kaufmannslebens bezeichnet werden, er war aber nicht der Höhepunkt. Von dem Moment an, an dem man sich in einer Stadt etabliert hatte, galt es, die Verbindungen innerhalb und außerhalb der Stadt zu festigen, um so seine Ausgangsposition zu verbessern.

Bei einigen hansischen Kaufleuten sind wir in der Lage, deren wichtigste Lebensstationen beispielhaft verfolgen zu können. Schauen wir uns z. B. den Revaler Kaufmann Hans Selhorst an: Aus Hamm in Westfalen stammend, wurde er 1501/02 mit seinem Bruder als Geselle nach Lübeck geschickt, um Anschluss an eine Kaufmannsgesellschaft zu finden. Er wurde dann auch in die Handelsgesellschaft einiger alter Kaufleute aufgenommen, die zwischen Reval und Amsterdam Handel betrieben. 1501 wird er in diesem Zusammenhang nach Reval geschickt, wo er in die Schwarzenhäupterbruderschaft aufgenommen wird. Hier scheint er einen guten Eindruck hinterlassen zu haben, denn 1506 kann er die einzige Tochter eines kürzlich verstorbenen Revaler Ratsherrn heiraten. Hierdurch knüpfte er Beziehungen in die städtische Kaufmannsschicht und erhielt gleichzeitig ein stattliches Erbe, mit dem er seine Handelsgeschäfte ausweiten konnte.

1507 zieht Selhorst nach Reval und baut von dort aus seine Geschäftskontakte aus. Um sein Ansehen zu mehren und einen festen Rückhalt in der Stadt zu bekommen, kauft er sich gleichzeitig auf Kredit ein repräsentatives Kaufmannshaus, das jetzt als Zentrale seines Handels fungiert. Von hier aus verdichtet er nicht nur sein Handelsnetz, sondern er verbessert auch systematisch seine Position und sein Ansehen in der Stadt, um so in den Rat zu gelangen und seine Informationslage zu verbessern. Die Stationen seines Handelns lassen sich verkürzt so darstellen: Als verheirateter Kaufmann tritt er nun 1507 von der Bruderschaft der Schwarzenhäupter in die Große Gilde über. Von hier aus wird er 1518 als Sprecher der Gemeinde in den Rat geschickt, um städtische Anliegen vorzubringen. 1519 wird er Kirchenvorsteher in seiner Stadtkirche, 1520 Beisitzer in der Großen Gilde, 1523 wird er einer der Verwalter des städtischen Spitals und amtiert gleichzeitig als Schlichter in innerstädtischen Streitfällen. Damit hatte er nicht nur bewiesen, dass er verwalten und auftreten konnte, sondern er hatte auch genügend Verbindungen aufgebaut, die ihn als geeignet und vertrauenswürdig einstuften. Im Dezember 1524 folgte dann die Krönung: 17 Jahre nach seiner Übersiedlung nach Reval wurde er zum Ratsherrn der Stadt ernannt.

Die einzelnen Schritte seiner Karriere innerhalb Revals dienten dabei nicht nur seinem Aufstieg in den Rat, sondern sie ließen sich auch ökonomisch ausnutzen. Durch seine verschiedenen Tätigkeiten war Hans Selhorst mit vielen erfahrenen Kaufleuten in Kontakt gekommen, die ihn mit in ihr eigenes Kontaktnetz aufnahmen. Hierdurch konnte er besser wirtschaften, sein Reichtum und Ansehen stiegen, wodurch wiederum weitere Kaufleute Kontakt mit ihm suchten, die ihm weitere Nachrichtenkanäle und Geschäftsmöglichkeiten eröffneten. Auf diese Weise waren Geschäft und öffentliches Ansehen sehr eng miteinander verknüpft. Der gesellschaftliche Aufstieg eines Kaufmannes ging zumeist auch mit seinem ökonomischen einher.

Handelshäuser und Kaufmannsdynastien?

Eine der Folgen des netzwerkartigen Aufbaus des hansischen Handels mit eigenständigen Partnern war, dass dem einzelnen Kaufmann der Überblick über seine Gewinne und Verluste fehlte. Geld, das einmal in eine Handelsgesellschaft eingeflossen war, konnte erst wieder entnommen werden, wenn diese Gesellschaft aufgelöst wurde. Hans Selhorst hatte so 1507 zur Anbahnung von Geschäften Handelswaren nach Danzig geschickt, die zum Aufbau einer neuen Gesellschaft dienen sollten. Sein dortiger Handelspartner und er schickten sich von da an regelmäßig Handelswaren zu, die sie zu möglichst günstigen Konditionen verkauften und deren Erlös sie wiederum in neue Handelswaren anlegten. Wie viel Gewinn oder Verlust sie damit im Endeffekt gemacht hatten, konnten sie erst wissen, wenn sie den Handel komplett eingestellt, alle Waren verkauft und sich alle Abrechnungen gegenseitig zugeschickt und kontrolliert hatten. Der hansische Handel glich somit einem Perpetuum mobile, das so lange in Gang blieb, wie die Partner lebten.

Daraus ergaben sich zwei Folgen. Zum einen mussten alle Kaufleute neben ihrem »Großhandel« auch noch im kleinen handeln, um Geld für ihr tägliches Leben zu beschaffen. Jeder Kaufmann war so gezwungen, mit einigen Waren ganz allein zu handeln, und viele betrieben in den Städten auch einen ganz regen Kleinhandel.

Wichtiger aber war die Folge, dass hansische Kaufleute zwar reich sein konnten, aber eigentlich kein Geld besaßen. Die allermeisten Handelswaren in ihren Kellern und Speichern gehörten ihren Handelsgesellschaften. Das heißt, jeder Erlös aus diesen Waren musste sofort wieder in neue Handelswaren angelegt werden; dem System konnte kein Geld entnommen werden, da man nicht wissen konnte, ob man sich am Gewinn oder am Kapital vergriff. Da so langfristig kein Kapital verfügbar war, investierten hansische Kaufleute auch nur in sehr geringem Umfang in Produktionsanlagen. Sie hatten dafür kein Geld. Darüber hinaus waren die Netzwerke persönlich konstruiert. Das heißt, dass man beim Tod oder dem Austritt eines Partners die Verbindungen auflöste und abgerechnet wurde. Das geschah im Leben eines Kaufmannes aber oft nur ein oder zwei Mal. Ein potentieller Erbe hatte so erst einmal keine Chance, in die Fußstapfen seines Vaters zu treten. Aus diesem Grund finden wir im Hanseraum keine regelrechten Handelshäuser. Zwar gab es auch hier Familien, die über sehr lange Zeit einen umfangreichen Handel betrieben und auch Ratsherrenpositionen eingenommen haben, allerdings hatten es die Familienmitglieder durch ihre vorhandenen Beziehungen nur einfacher als ihre Kollegen. Im Endeffekt mussten auch sie ihre Firmen ganz allein aufbauen und sich ganz allein beweisen.

5 Die Hanse als Institution und Organisation

Von den Kontoren zur Deutschen Hanse

Der oben beschriebene Handel und seine spezifische Form bildeten den Hintergrund, vor dem sich die Hanse als Organisation und Institution entwickelte. In ihr waren die Kaufleute die treibende Kraft, und ihr Handel und ihre Probleme gaben Anlass zur Herausbildung und Weiterentwicklung der Hanse seit dem Ende des 14. Jahrhunderts. Ausgangspunkt der hansischen Politik war dabei die Tatsache, dass der hansische Handel wie ein Riegel oder Verbindungsglied zwischen den großen Produktions- und Absatzgebieten Europas lag. Die hansischen Kaufleute waren dadurch ganz selbstverständlich in sehr viele Konflikte überall in Europa involviert, wobei sie natürlich versuchten, ihre eigenen Vorteile zu wahren. Zu diesen Vorteilen gehörten, wie oben besprochen, die Wahrung der Privilegien und Sonderrechte, die die Kaufleute im Ausland erhalten hatten, und die Abwehr aller Konkurrenten, die den hansischen Kaufleuten den lukrativen Zwischenhandel streitig machen könnten.

In diesem Zusammenhang ist es aber falsch, von »dem hansischen Handel« oder »dem gemeinhansischen Interesse« zu sprechen. Vielmehr war »Hanse« nur ein Sammelbecken für verschiedenste Interessen, Regionen und Blickwinkel. Die Weinkaufleute in Köln hatten selbstverständlich andere Interessen als die Tuch- und Gewürzhändler Lübecks oder die Holzhändler Danzigs. Innerhalb der Hanse kamen diese Interessen zusammen, wenn es die einzelnen Parteien wollten, und die Hanse konnte zur Unterstützung der eigenen Position genutzt werden, wenn es dafür eine Mehrheit gab. Für die einzelnen Mitglieder war es dabei immer wieder wichtig, die Eigeninteressen mit dem Interesse der Gemeinschaft in Einklang zu bringen, die Kosten und die Vorteile der Gemeinschaft gegeneinander aufzuwiegen. Hanse war nur dann, wenn man es wollte.

Dieses Abwägen der Vor- und Nachteile ist dann auch eines der Kennzeichen der »Hanse«, wie sie sich am Ende des 14. Jahrhunderts darstellt. Wie oben gezeigt, bestanden die Interessenvertretungen der Kaufleute seit Beginn des 14. Jahrhunderts aus verschiedenen, unabhängigen Einrichtungen. Auf der einen Seite vertraten die späteren Kontore das Interesse der Fernhandelskaufleute im Ausland. Diese Kontore waren die Organisationsplattformen der Kaufleute vor Ort, quasi ihre Interessenvertretung, und die Kontore hatten in der Regel keine Rückkopplung zu den Ausgangsstädten. Das heißt, dass z.B. das Kontor in London oder in Brügge unabhängig die Interessen der Kaufleute vor Ort vertrat, nicht aber die Interessen der Hanse oder das Interesse der Heimatstädte der Kaufleute. Gleichzeitig hatten es sich die verschiedenen Städtebünde zur Aufgabe gemacht, die Interessen ihrer Kaufleute aktiv und auch unter Einsatz militärischer Gewalt zu vertreten, und die Mitglieder dieser Bündnisse hatten natürlich auch ihre eigene politische Perspektive.

Gleichzeitig war Europa spätestens seit Anfang des 13. Jahrhunderts so weit zusammengewachsen, dass regionale Kriege weitreichende Konsequenzen haben konnten. So beeinträchtigte der Hundertjährige Krieg zwischen England und Frankreich nicht nur das Leben in den Kontoren in London und Brügge, sondern zog auch einzelne Städte als geschädigte Parteien in den Krieg hinein. Hierbei konnten die Interessen der Kontore, die mehr an einem ungestörten Ablauf der Geschäfte interessiert waren, und der Städte, die Entschädigungen forderten, durchaus divergieren.

Die Hansetage

Die divergierenden Interessen der einzelnen Parteien kamen im Laufe des 14. Jahrhunderts bei immer mehr Treffen der regionalen Städtebünde zum Ausdruck. Diese hatten sich am Ende des 14. Jahrhunderts, um 1380 herum, so weit spezialisiert, dass wir von spezifisch hansischen und nicht mehr von regionalen Treffen mit teilweise hansischem Charakter sprechen können. Das ist die Geburtsstunde der sogenannten »Hansetage« oder, eigentlich besser, der sogenannten »Tagfahrten« (Sitzungen) der hansischen (Rats-) Sendboten.[1]

Die Hansetage waren das Forum, um die verschiedensten Interessen der Mitglieder miteinander auszugleichen und Beschlüsse zu fassen. Dieser Interessenausgleich war naturgemäß schwierig und äußerst langwierig. Dies soll an einem imaginären Beispiel verdeutlicht werden. Ein Handelskonflikt, z. B. in England, bedroht die dortigen Möglichkeiten oder Privilegien. Die Kaufleute vor Ort zusammen mit dem Kontor berichten ihren Heimatstädten über die politische Situation und die Probleme. Die Städte zu Hause beurteilen nun, inwieweit sie sich in dieser Angelegenheit engagieren wollen, d. h., der städtische Magistrat beurteilt die eigene Interessenlage, politisch und ökonomisch, und entscheidet über den Handlungsbedarf. Kommen einige Städte zu der Einsicht, es sei ein gemeinsames Handeln nötig, um die Position der Kaufleute zu stärken, so kann ein Hansetag einberufen werden.

Die Einberufung erfolgte dabei in der ersten Zeit eher zufällig, seit 1418 immer durch die Stadt Lübeck. Hatte man in Lübeck die Notwendigkeit einer gemeinsamen Tagung erkannt, schrieb die Ratskanzlei Einladungsbriefe aus. Da die Hanse ja eine freiwillige Organisation war, hatten selbst die Lübecker nur einen sehr vagen Überblick über die Anzahl der Mitglieder. Sie schickten deshalb die Einladungen nur an ausgewählte Städte, die sogenannten Vororte oder Quartierstädte (vgl. hierzu auch S. 129), die dann die Informationsverbreitung organisierten. Lübeck informierte so die Stadt Köln, dass an einem bestimmten Tag und an einem bestimmten Ort eine sogenannte Tagfahrt zu einem bestimmten Thema stattfinden solle. Köln kopierte diesen Brief und sandte ihn u.a. an die Stadt Münster weiter, wo er nicht nur im Rat diskutiert, sondern wiederum kopiert und an die Städte Coesfeld und Warendorf weitergeleitet wurde. Coesfeld nun informierte die Städte Bocholt, Borken, Dülmen, Haltern und Vreden, Warendorf die Städte Ahlen, Beckum, Rheine, Telgte und Werne.[2] An allen diesen Orten wurde nun im Rat die Relevanz des Themas für die eigene Stadt diskutiert und eine Entscheidung getroffen, ob man am Hansetag teilnehmen solle oder nicht. Eine Teilnahme bedeutete ja auch Kosten, da die Reise und der Aufenthalt der Vertreter auf dem Hansetag bezahlt werden mussten. Gerade die kleineren Städte scheuten vielfach die Kosten einer Besendung des Hansetages, da der Aufwand in keiner Relation zu den Ergebnissen stand. In einem solchen Fall konnten sie aber die Quartierstädte damit beauftragen, ihre Position auf dem Hansetag zu vertreten.

Bei wichtigeren Fragen konnte man in den Regionen auch noch eigene, regionale Hansetage, sogenannte »Quartiers-« oder »Dritteltage«, einberufen, auf denen auch die kleineren Städte vertreten waren. Diese Dritteltage konnten, so in Westfalen oder in Preußen, durchaus ein Eigenleben entwickeln und Positionen gegen den Rest der Hanse herausbilden.

War man im kölnisch-münsterschen Quartier zu der Überzeugung gelangt, dass man auf dem Hansetag vertreten sein sollte, und hatte man sich über die Kostenverteilung einigen können, so wählte man zumeist zwei Ratsherren aus, die zum Hansetag reisen sollten. Diese durften aber nicht frei entscheiden, sondern erhielten sehr strikte und restriktive schriftliche Instruktionen, welche Entscheidung sie herbeiführen sollten.

Die oben beschriebene Verbreitung einer Einladung und die Entscheidungsfindungsprozesse brauchten natürlich ihre Zeit, und das gleiche gilt für die Anreise der Boten. Vor allem wenn die Ratssendboten mit dem Schiff anreisten, war ihre Reisezeit nur ungefähr zu bestimmen. Vielfach verzögerte sich das Eintreffen mancher Boten erheblich, was wiederum hohe Aufenthaltskosten für die anderen Boten verursachen konnte, da man mit der Eröffnung des Tages wartete, bis alle Boten da waren. Je nach Geldbeutel und Interesse konnte es vorkommen, dass einige Ratssendboten auch wieder abreisten, bevor der Hansetag überhaupt angefangen hatte.

Hatte man den Eindruck, dass eine Vielzahl der Ratssendboten anwesend war, wurde der Hansetag feierlich und zeremoniell eröffnet. Wie in der gesamten mittelalterlichen öffentlichen Kommunikation üblich, spielten Zeremonien und symbolische Handlungen eine große Rolle. So war es z. B. wichtig, wer auf welchem Platz in welcher Reihe saß, wer in den Diskussionen das erste und das letzte Wort sprechen durfte etc. Im Laufe der Zeit bildeten sich so sehr strikte und feste Regeln heraus, die einiges organisatorisches Geschick verlangten.

Nach der Eröffnung fand der Hansetag dann in nichtöffentlichen Sitzungen statt, in denen die einzelnen Städte ihre Anliegen vorbrachten. Die Ausführungen in den Sitzungen wurden in Protokollen festgehalten und später den Vororten resp. Quartierstädten mitgeteilt. Auf diesen Sitzungen mussten die Ratssendboten nun versuchen, die Interessen ihrer Städte durchzubringen, ohne gegen die strikten Vorgaben ihrer Instruktionen zu verstoßen. Gelang es ihnen nicht, Gehör zu finden, oder fanden die anderen Städte eine andere Lösung, so kamen die Ratssendboten in ein Dilemma. In einem solchen Fall konnten sie, mehr oder weniger feierlich, den Saal verlassen und an der Sitzung nicht mehr teilnehmen, oder sie nahmen die Entscheidung *ad referendum*, d. h., sie nahmen sie nach Hause mit, ohne dazu Stellung zu nehmen.

Das gleiche geschah, wenn Themen aufgebracht wurden, die nicht vorher vereinbart waren. Die Ratssendboten konnten hierzu keine Meinung haben, da sie aus praktischen Gründen nicht zu Hause nachfragen und Instruktionen erhalten konnten. So nahmen sie diese Dinge ebenfalls *ad referendum* nach Hause mit.

Sollten Städte an einem Thema kein Interesse haben oder war es ihnen zu heikel, weil zu erwartende Ergebnisse im Widerspruch mit den eigenen politischen Interessen standen, so erschienen sie einfach nicht auf dem Hansetag. Sie waren dadurch nicht Teil dieses hansischen Interesses und somit nicht verantwortlich. Es wurde zwar erwartet, dass man nicht öffentlich gegen die Beschlüsse eines Hansetages verstieß, dass man z. B. einen Boykott nicht unterlief, aber ansonsten hatte das Fernbleiben keine rechtlichen Konsequenzen und war für viele Städte eine häufig erprobte politische Alternative. Hansetage wurden daher nur in 20 % aller Fälle von mehr als zwanzig Städten und in 40 % aller Fälle von weniger als zehn Städten direkt besucht.

Hansetage waren also kein Parlament mit einer eigenen Beschlussmacht, eher Gelegenheiten des Ausgleiches und der gemeinsamen Interessenfindung. Hatten sich die anwesenden Ratssendboten auf gemeinsame Maßnahmen oder Regeln verständigen können, so wurden diese zum Abschluss des Tages in einem sogenannten Recess festgehalten und den Städten (d. h. ihren Vororten) mitgeteilt. Damit hatten sie aber noch keine Gesetzeskraft erlangt, sondern jeder einzelne Beschluss musste von jedem einzelnen städtischen Rat vor Ort genehmigt und umgesetzt werden. Verstießen so Beschlüsse des Hansetages gegen die inneren oder äußeren Interessen einer Stadt, so setzte man den Beschluss einfach nicht um. Niemand konnte die Stadt direkt dafür bestrafen.

Allerdings musste man aufpassen, dass man die Solidarität aller anderen Städte nicht auf eine allzu große Prüfung stellte, so dass diese die eigenen Waren boykottierten oder die Kaufleute auf eine andere Art straften. Es war daher möglich, Beschlüsse des Hansetages zu ignorieren, hatte aber Konsequenzen, wenn man ihnen offen zuwiderhandelte, zumal wenn es sich um Konflikte mit ausländischen Herrschern handelte. In dem Moment, wo das Handeln einer Stadt den Zusammenhalt aller anderen Städte äußerlich gefährdete, trat wiederum der Hansetag auf den Plan, der die härteste Strafe aussprechen konnte: die Verhansung. Der Hansetag besaß keine direkten Machtmittel, keine Armee oder Polizei, er hatte nicht einmal ein eigenes Budget. Allerdings war er seit dem 15. Jahrhundert der Wahrer und Verteidiger aller Vorrechte und Privilegien der Kaufleute im Ausland – und hier konnte er eingreifen. Das bekam z. B. die Stadt Köln zu spüren, die in den 1470er Jahren aus eigenen Interessen Maßnahmen gegen das Königreich England konterkariert hatte. Der Hansetag konnte gegen die Stadt keine physische Gewalt ausüben, schloss die kölnischen Kaufleute aber von der Nutzung aller »hansischen« Privilegien in England und im Verkehr mit anderen Hansestädten aus, d.h., die Stadt wurde verhanst. Das bedeutet, dass Köln allein mit dem englischen König über den Handel und dessen Bedingungen in London verhandeln musste, ohne die anderen deutschen Partner und deren ökonomische Macht. Die Stadt fiel ökonomisch in einen Zustand vor der Gemeinschaftsbildung zurück. Ein solches Vorgehen konnte für eine Stadt durchaus Vorteile haben, und eine Verhansung war nicht in jedem Fall ein Todesstoß für die städtische Wirtschaft. Vielmehr waren auch hier Eigen- und Gemeinschaftsinteressen gegeneinander abzuwägen.

Der Hansetag und die Hanse als solche waren daher einzig und allein auf die Bereitwilligkeit der Mitglieder angewiesen. Das galt auch für Kriege als die Ultima ratio der Politik. Waren die Interessen zu vieler Mitglieder der Hanse an einem Ort zu stark verletzt worden, so konnten die Boten auf einem Hansetag die Entscheidung treffen, den Gegner mit militärischen Mitteln anzugreifen. Das war aber fast nie der Fall, da eine gemeinsame Interessenlage der meisten Mitglieder nur sehr selten gegeben war. Tatsächlich geschah das nur ein einziges Mal, und das in »vorhansischer« Zeit, nämlich als der dänische König Waldemar Atterdag 1368 die Hälfte aller »hansischen« Regionen gegen sich aufbrachte und in der Kölner Konföderation vereinigte. Alle späteren »hansischen« Kriege verfochten letzten Endes nur Regionalinteressen, zumeist der wendischen Städte, und wurden von den anderen Hansestädten entweder stillschweigend ausgesessen oder aber nicht unterstützt. Krieg zu führen war teuer und brachte vor allem die ruhigen Bahnen des Handels durcheinander. Insofern waren die kaufmännisch orientierten Städte nicht an Kriegen interessiert, solange sie nicht ihre Handelswege betrafen. Der Lübecker Bürgermeister Hans Castorp drückte diese Haltung mit den Worten aus: »Es ist einfach, ein Kriegsbanner zu hissen, es ist aber teuer, es wieder abzunehmen.« Diese Haltung prägte auch die Hansetage und damit die Hanse.

Das Freiwilligkeitsprinzip und diese »Machtlosigkeit« der Hanse haben die anderen Mächte im mittelalterlichen Europa zutiefst irritiert. Der König von England z. B. war es gewohnt, dass seine Gesandten an einem bestimmten Ort mit anderen Gesandten verhandeln konnten, die bestimmte Vollmachten und einen gewissen Verhandlungsspielraum besaßen und die Verträge bindend abschließen konnten. Doch bei Verhandlungen mit der Hanse funktionierte das nicht. Hansische Ratssendboten konnten zwar verhandeln, aber sie besaßen keinen Verhandlungsspielraum, und wenn sie einen Vertrag abschlossen, so war es an den einzelnen Städten, ob sie ihn annehmen und ratifizieren wollten oder nicht. Bei der Vielzahl regionaler Interessen ist es kein Wunder, dass es immer Städte gab, die dieses gerade nicht wollten. Aus der Frustration heraus, nicht zu wissen, mit wem er es denn zu tun habe und warum man sich auf die Hanse nicht verlassen könne, bat der König 1449 die hansischen Ratssendboten um eine Eigendefinition. Das führte wohl zum ersten Mal dazu, dass man sich innerhalb der Hanse der eigenen Identität bewusst zu werden versuchte. Die für den englischen König völlig unverständliche und in fremden Denkkategorien abgefasste Antwort lautet zusammengefasst ungefähr so: »Die Deutsche Hanse ist keine Gesellschaft (*societas*), sie ist auch keine feste Einrichtung (*universitas*), da sie, wie es andere Einrichtungen sind, weder dem weltlichen noch dem kirchlichen Recht entspricht, noch gemeinsame Angelegenheiten (*res communes*), noch eine gemeinsame Kasse, ein gemeinsames Siegel, einen gemeinsamen Syndikus (bestallten Vorsitzenden), gemeinsame Angestellte, noch eigene Verhandlungspositionen besitzt. Die Hanse ist ein festgefügtes Bündnis (*confoederatio*) aus vielen Marktstädten (*civitates*), Städten (*oppida*) und Einrichtungen (*communitates*), die Verbindungen zu Wasser und zu Lande zu ihrem Wohle unterhalten, um Piraten, Räuber und andere Gefahren zu Lande und zu Wasser abzuwehren, so dass ihre Kaufleute und deren Waren nicht geschädigt würden.«[3] Die Eigenbeschreibung der Hanse trifft genau den Kern der Sache, nützte dem englischen König, der adlige und kirchliche Herrscher, Orden, Gilden, Bruderschaften und andere

Einrichtungen kannte, aber nicht viel, da die Hanse allen diesen Kategorien nicht entsprach. Die Hanse und der Hansetag standen außerhalb aller fassbaren Herrschaftskategorien ihrer Zeit.

Die Mitglieder der Hanse

Diese freiwillige und lockere Organisation der Hanse hat eine ganz wesentliche Konsequenz: Man kann die Namen und die Anzahl der Hansestädte nicht genau bestimmen. Hanse war da, wenn man sie wollte und brauchte. Eine Hansestadt war man, wenn man die Vorteile der Hanse nutzte. Das schloss zum einen nicht aus, dass man auch ganz andere Rollen spielen konnte. Mühlhausen in Thüringen etwa war vorrangig eine regionale Reichsstadt und nur in zweiter Linie Hansestadt. Und das bedeutete zum anderen, dass man die Mitgliedschaft in der Hanse nach Bedarf steuern konnte. So erscheinen z.B. Krakau, Kalmar oder Stockholm kurzzeitig als Hansestädte, verschwinden dann aber wieder aus den Quellen, und Städte wie Teltge, Dülmen oder Rheine waren in der Hanse, haben als Städte der Hanse aber keine herausragende Rolle gespielt.

In diesem Zusammenhang kann man drei Gruppen von Hansestädten unterscheiden. Wir finden erstens eine Kerngruppe bestehend aus Lübeck, den wendischen Städten und Hamburg. Wie oben beschrieben hatten die Kaufleute dieser Städte die am weitesten ausgreifenden Handelsinteressen, und wir finden diese Städte deshalb fast immer auf den Hansetagen wieder, die zumeist in Lübeck oder anderen wendischen Städten abgehalten wurden. Lübeck nahm unter diesen Städten die Schlüsselstellung ein.

Die Stadt wurde deshalb auch als das Haupt der Hanse bezeichnet. Im Lübecker Rat liefen die formellen Drähte zusammen, das bedeutet aber nicht, dass die Stadt an der Trave eine regierende Königin der Hanse gewesen ist. Im eigentlichen Entscheidungsprozess hatte Lübecks Stimme zwar einiges an Gewicht, aber letztendlich war auch die Travestadt auf den Konsens aller anderen angewiesen.

Zweitens haben wir eine Gruppe großer und starker Quartierstädte mit einigen wichtigen Hinterstädten, die nicht immer, aber häufig auf den Hansetagen erschienen, um die Interessen ihrer Regionen zu vertreten. Als Quartier- oder Vorderstädte bezeichnet man Städte, die in den Regionen eine besondere Führungsrolle einnahmen, sei es politisch oder ökonomisch. Die Städte in deren Hinterland, die Hinterstädte, richteten vielfach ihre politischen resp. ökonomischen Entscheidungen an den Vorderstädten aus. Hierzu gehören u.a. Köln und Danzig mit ihren jeweils größeren Hinterstädten wie Münster, Königsberg, Thorn oder Elbing. Diese Hinterstädte vertraten durchaus aber auch eigene Interessen auf dem Hansetag, wenn sie es denn wollten.

Drittens finden wir die zahlenmäßig größte Gruppe, die der »passiven« Hansestädte. Das sind die Städte, die zwar im hansischen Informations- und Verteilernetz präsent waren und deren Kaufleute unter Umständen auch das eine oder andere Kontor aufsuchten, die aber nicht aktiv auf den Hansetagen in Erscheinung traten. Das bedeutet nun aber nicht, dass diese Städte an der Hanse nicht beteiligt waren. Sie wären ja sonst nicht an den Informationen interessiert gewesen. Das bedeutet nur, dass die Eigeninteressen einer solchen Stadt wirkungsvoll durch die Vororte und Quartierstädte vertreten wurden oder die Stadt lediglich an der Kenntnis der geltenden Produktions- und Verkaufsregeln interessiert war, sonst aber keine eigenen außenpolitischen Ambitionen besaß. Eine kleine westfälische Stadt, die z.B. Leinenstoffe für den Export herstellte und diese nach Münster oder Köln verkaufte, hatte ein größeres Interesse an den allgemeinen Regeln für Qualität und Maße als an einem Streit zwischen dem König von Dänemark und den wendischen Städten. Diese Stadt musste umgehend wissen, wenn Standardgrößen verändert oder andere Qualitätsstandards festgelegt wurden. Und diese Stadt musste sich ihren Handel mit dem nächsten größeren Zentrum sichern. Das bekam man alles gratis durch eine Mitgliedschaft in der Hanse. Weiter musste das eigene Engagement aber nicht gehen.

Wir rechnen heute damit, dass im Laufe der Zeit ca. 200 Städte sowie der Deutsche Orden in irgendeiner Form mit der Hanse verbunden waren. Die Zahl kann aber noch deutlich steigen, wenn die regionalen Strukturen besser untersucht werden. Diese Städte, d.h. präziser deren Kaufleute, waren in das hansische Handels- und Informationsnetz integriert. Aus diesem Grund lagen sie alle im niederdeutschen Sprachraum, wozu auch die Niederdeutsch sprechenden Handelsstädte Skandinaviens und des Baltikums zu zählen sind. Die einzigen nicht Niederdeutsch sprechenden Städte lagen in Preußen, waren aber aufgrund ihrer geographischen Lage natürliche Mitglieder der Hanse. Sie alle unterhielten »Verbindungen zu Wasser und zu Lande zu ihrem Wohle, um Piraten, Räuber und andere Gefahren zu Lande und zu Wasser abzuwehren, so dass ihre Kaufleute und deren Waren nicht geschädigt würden«. Diese Verbindungen konnten physischer, aber auch immaterieller Art sein, umfassten den Schutz der Wege ebenso wie den ungestörten Informationsfluss.

In der deutschen Forschung, vor allem in der letzten Hälfte des 19. und in der ersten Hälfte des 20. Jahrhunderts, wurden Lübeck und die Hanse meistens gleichgesetzt. Lübeck war die Hanse, das Haupt und das Organ dieser Organisation. Das ist faktisch nicht richtig. Die organisatorische Leitung der Hanse war situationsabhängig. Das heißt, dass je nach Problem oder Handlungsrichtung auch die Stadt Köln oder der Hochmeister des Deutschen Ordens die »Leitung« und Vertretung der Hanse übernehmen konnten. Allerdings verblieb die »Ehre« (und damit auch die finanzielle Belastung der Organisation der Hansetage und anderer Verhandlungen) die meiste Zeit hinweg bei Lübeck. Der Lübecker Rat sammelte so über die Jahrhunderte hinweg eine unschlagbare Kenntnis aller hansischen Angelegenheiten und entwickelte gleichzeitig eine unübertroffene diplomatische Routine in der Herstellung eines allgemeinen Konsenses und bei Verhandlungen mit anderen Herrschern. Zudem waren Lübecker Kaufleute aufgrund ihrer geographischen Position auf allen wichtigen Märkten vertreten und damit auch in alle wichtigen Probleme involviert. Lübeck wuchs in die Rolle des Hauptes der Hanse hinein und füllte diese Rolle mit Glanz aus. Lübeck war aber nicht die Hanse, und der lübische Rat hatte auch keine Macht oder Gewalt über die Hanse. Dafür aber durften die lübischen Bürger über viele Jahrhunderte hinweg für die diplomatischen Aktivitäten innerhalb und außerhalb der Hansetage bezahlen.

Die Kontore

Wir haben oben gesehen, dass die Entwicklung in den Kontoren maßgeblich zum Zusammenwachsen der Hanse und der Regionen in die Hanse beigetragen hat. Insofern ist es nur verständlich, dass sich die Position der Kontore zur Hanse im Laufe der Zeit wesentlich verändert hat, vom unbewussten Motor hin zu einem unterstellten Glied des Hansetages.

Am Anfang, d.h. im 13. Jahrhundert, hatten sich fünf Hauptkontore herausentwickelt, in Novgorod, Visby, Brügge, London und zuletzt in Bergen. Daneben gab es auch an anderen Orten Kontore, die teilweise Hauptkontoren unterstellt waren oder ein mehr oder weniger selbständiges Dasein führten. Diese Kontore gab es u.a. in Pskov, Polosk in Russland, in Kaunas, Tönsberg, Oslo sowie in Boston oder Kings Lynn in England. Neben den Kontoren standen dann noch die Schonischen Messen als ein temporärer Markt, der aber ähnliche Strukturen wie die Kontore aufwies.

Die ersten vier Kontore, Novgorod, Visby, Brügge und London, haben eine maßgebliche Rolle beim Entstehen, aber auch bei der späteren Entwicklung der Hanse gespielt.

Bevor die einzelnen Orte beschrieben werden sollen, ist es angebracht, die Einrichtung eines Kontors zu erläutern. Der Begriff »Kontor« leitet sich von dem lateinischen Wort *computare* (›berechnen‹) ab und wurde über den französischen Ausdruck *comptoir* (›Zahltisch, Zahlstube‹) in die Sprache der niederdeutschen Kaufleute übernommen. Der eigentliche Begriff erscheint erst 1395 zum ersten Mal in den Quellen. Ein Kontor ist dabei ein juristischer sowie ein topographischer Begriff.

Juristisch versteht man recht allgemein unter einem Kontor die Gesamtheit der zur Verfügung stehenden Privilegien an einem fremden Ort, die Rechte des Kontors. Diese Privilegien werden durch den Verwalter der Privilegien, das eigentliche Kontor, umschrieben. Die Privilegien wurden dabei an einigen Orten, so in Novgorod oder London, an ein bestimmtes Haus geknüpft und von den Bewohnern dieses Hauses verwaltet.

Hieraus ergibt sich die topographische Lage eines Kontors. Um die Handhabung der Privilegien besser überprüfen und um auch die Kaufleute selbst besser überwachen, aber auch schützen zu können, wurden diese an vielen Orten im Ausland gezwungen, gemeinsam an einem Ort zu leben und Handel zu treiben: dem Kontor. Wollte man z. B. in London, Bergen oder Novgorod die Privilegien der Hanse nutzen, so musste und konnte man dies nur im örtlichen Kontor tun. Versuchte man, diese Regel zu umgehen, so wurde dem Kaufmann die Nutzung der hansischen Privilegien untersagt.

Wenn wir in der Hanseforschung also vom Kontor sprechen, so meinen wir in erster Linie die Verwaltung und Anwendung der Auslandsprivilegien in dem jeweiligen Land und erst in zweiter Linie das eigentliche Gebäude.

Wie die meisten mittelalterlichen Einrichtungen der Hanse beruhte auch die Verwaltung der Kontore anfangs auf dem Freiwilligkeitsprinzip. Das bedeutet, dass die am Kontor anwesenden Kaufleute gemeinsam mindestens einen oder zwei Vorsteher, die sogenannten Älterleute, wählten, die die Interessen des Kontors und seiner Kaufleute nach außen hin vertraten. Diese fungierten auch als Richter und Schlichter in Streitfragen. Daneben entwickelten sich im Laufe der Zeit an den einzelnen Kontorstandorten andere Ämter, wie z. B. Schreiber oder Messer, die zum Teil dauerhaft besetzt wurden. Zur Finanzierung der Kontore und ihrer verschiedenen Aktivitäten bezahlten die Kaufleute vor Ort eine Art Nutzungsgebühr, den sogenannten »Schoss«. Mit diesen Einnahmen konnte man das Gebäude unterhalten, auf die örtlichen Herrscher einwirken, politische Verhandlungen unterstützen oder aber auch für die Repräsentation innerhalb des Kontors sorgen. Die Einnahmen aus dem Schoss wurden durch die Gemeinschaft vor Ort verwaltet, und der Kaufmann, der sich weigerte, den Schoss zu zahlen, wurde aus der Nutzung der Privilegien ausgeschlossen.

Das Kontor in Novgorod, der Peterhof

Am einfachsten sind die Entstehung und die Funktion eines Kontors am Beispiel Novgorods zu erklären. Hier in Russland stießen die Kaufleute nicht nur auf eine fremde Kultur und eine andere Sprache, sondern vor allem auch auf eine fremde Kirche. Es gab also drei Gründe, sich als Gruppe zu schützen und abzusichern.

Im 12. Jahrhundert, als nur wenige »deutsche« Kaufleute den Ostseeraum bereisten, schlossen diese sich mit skandinavischen oder slawischen Kaufleuten zusammen, um über das Meer zu segeln. Der Kaufmann aus Soest, für den das dortige Stadtrecht besondere Regelungen vorsah, wird sich also in Schleswig mit skandinavischen Kollegen zusammen auf einem Schiff nach Novgorod aufgemacht haben. In dieser Stadt, die schon seit dem 9. Jahrhundert enge

Verbindungen nach Schweden besaß,[4] hatten die skandinavischen Kaufleute einen eigenen Handelshof, den sogenannten St. Olavshof, erworben. Hier konnten sie ihre Waren lagern und schützen, und hier konnten sie auch ihre eigene Religion, d.h. den katholischen Ritus, ausüben. Die Novgoroder Fürsten hatten diesen Hof unter ihren besonderen Schutz gestellt, da sie vom Handel mit den Ausländern profitierten. 1189 schloss Fürst Jaroslav einen neuen Schutzvertrag mit den Ausländern ab, in dem nun zum ersten Mal auch deutsche Kaufleute erwähnt werden.

Wie oben beschrieben, stieg die Zahl der deutschen Kaufleute zu Beginn des 13. Jahrhunderts rasant an, und 1205/07 erwarben die »Deutschen« ihren eigenen Hof in der Stadt, den St. Peterhof, benannt nach ihrer eigenen Kirche, St. Peter. Der Peterhof blieb bis zu seiner vorläufigen Schließung 1494 das Zentrum des deutschen Handels in Russland.

Bis man allerdings in Novgorod angekommen war, galt es für die Kaufleute, zahlreiche Gefahren zu überstehen. So segelte man nicht direkt nach Russland, sondern versuchte, möglichst lange den Landkontakt zu halten. Aus diesem Grund wurde die Insel Gotland die wichtigste Zwischenstation auf dem Weg nach Osten. Hier befand sich anfangs nicht nur der letzte Zipfel der »zivilisierten«, d.h. katholischen Welt, sondern von hier aus führte auch der kürzeste Weg über das offene Meer gen Osten.

Hatte man die Reise vom »gotischen Ufer« in den Finnischen Meerbusen überstanden, sammelten sich die Kaufleute auf der Insel Kotlin, dem heutigen Kronstadt. Dort wählten sie unter den Anwesenden einen Ältermann für das Kontor aus, der als Vorsteher während der Reise und der Saison diente. Da man nicht direkt nach Novgorod segeln konnte, mussten auf Kotlin die Waren in kleinere, russische Schiffe umgeladen werden, die die Kaufleute und ihre Waren über die Neva in den Ladogasee brachten. In Ladoga mussten die Waren erneut umgeschifft werden, da die Volchovstromschnellen die Weiterfahrt verhinderten. Hatte man diese überwunden, war es nicht mehr weit bis Novgorod.

Da der See- und Flussweg nach Novgorod alles andere als einfach und sicher war, bildete sich ab 1201 die Tradition heraus, den Wasserweg nur im Sommer zu benutzen. Im Winter war es einfacher, die Waren vom estländischen Dorpat oder von Riga aus über zugefrorene Flüsse und Seen »über Land« nach Novgorod zu bringen. Die alten Ordnungen des Kontors sprechen in diesem Zusammenhang von den sogenannten Sommer- und Winterfahrern.

Die Winterfahrer kamen mit Beginn des Frostes, blieben den Winter über in Novgorod und kehrten bei Einsetzen des Tauwetters in den Westen zurück. Die Sommerfahrer kamen erst nach Eröffnung der Schifffahrtssaison und verließen Novgorod noch vor Einsetzen des Frostes. Aus diesem Grund begegneten sich beide Gruppen nie. Den Älterleuten kam die Aufgabe zu, als letzte die Türen des Kontors zu verschließen, quasi das Licht auszumachen, den Schlüssel in einem Novgoroder Kloster zu hinterlegen und die Hofkasse mit nach Gotland zu nehmen, wo sie in der Marienkirche deponiert wurde und von der jeweils anderen Gruppe wieder abgeholt werden konnte.

Der Peterhof umfasste fast ein gesamtes Quartier innerhalb der Stadt Novgorod. Er war vollständig von einer hölzernen Mauer umgeben. Mittelpunkt des Hofes war die steinerne Peterskirche, die nicht nur als Gotteshaus, sondern auch als Warenlager und für andere Aufgaben genutzt wurde, weshalb durch Regeln besonders darauf geachtet wurde, dass wirklich auch niemand seine Waren auf dem Altar stapelte. Geleitet wurde das Kontor vom Ältermann, der sich an niedergeschriebenen Regeln, der sogenannten Schra, orientierte. Da im Peterhof bis zu 200 zumeist junge Männer einen gesamten Winter über eingeschlossen waren, waren auch die Regeln besonders streng, und der Ältermann besaß eine große Machtfülle. Es ging dabei nicht nur darum, Ruhe und Ordnung sicherzustellen, sondern auch darum, die Brandgefahr zu minimieren, denn ein Brand im Hof vernichtete ungeheure Warenwerte, und Konflikte mit den Novgorodern zu vermeiden.

Da die Kaufleute nicht ganzjährig in Novgorod anwesend waren und immer zwei verschiedene Gruppen das Kontor bewohnten, entwickelte das Kontor von Visby eine übergeordnete Verantwortung für den Peterhof. Entscheidungen des Ältermannes konnten hier ebenso angefochten werden, wie politische Verhandlungen über Visby gesteuert wurden. Allerdings geriet das Kontor in Visby immer mehr in das Fadenkreuz der lübischen Politik. 1293–95 gelang es den Lübeckern, dem Visbyer Kontor die Verantwortung für Novgorod offiziell zu entziehen und sich selbst zuzuschreiben. Allerdings war Lübeck zu weit entfernt und zu abseits gelegen, um dauerhaft das Kontor effektiv verwalten zu können. Die Verantwortung ging daraufhin auf die Städte Reval, Riga und auch Dorpat über, die auf dem Weg zum Kontor lagen. Gleichzeitig wurde die Selbständigkeit des Kontors eingeschränkt. Seit 1346 wählten Visby und Lübeck abwechselnd den Priester des Kontors und nicht mehr die Kaufleute, und auch der Ältermann wurde nun von diesen Städten bestimmt.

In Novgorod kamen die Tribute des Fürsten und seiner Adligen, der Bojaren, zusammen, die ihnen die Untertanen in einem Gebiet von Karelien bis zum Ural zu zahlen hatten. Die Bojaren erhielten vor allem Wachs, Honig und Pelze als Steuern und Abgaben, alles Hauptprodukte des hansischen Westhandels. Diese wurden gegen ein breites Warensortiment an Westwaren, von Tuch bis Hering, aber auch gegen Silber eingetauscht. Dieses Silber wurde dann anschließend im innerasiatischen Handel benötigt, um Waren aus Persien zu beziehen. Die Moscheen von Isfahan sind daher auf hansischem Silber gebaut.

Für den Handel in der Stadt waren die Hansen auf Dolmetscher angewiesen, sie lernten am Kontor aber auch Russisch und wachten argwöhnisch darüber, dass sich kein nichthansischer Kaufmann diese Fertigkeit aneignete. Selbstverständlich kam es im Laufe der Zeit immer wieder zu Auseinandersetzungen zwischen den Novgorodern und den hansischen Kaufleuten, die aber keine dauerhaften Folgen hatten, auch dann nicht, als der Deutsche Orden durch seinen livländischen Zweig Kriege gegen Novgorod führte. Beide Seiten waren von den Warenlieferungen des anderen abhängig.

Die Stellung des Peterhofes schwächte sich erst im Laufe des 15. Jahrhunderts ab, als neue Wege im Wachs- und vor allem im Pelzhandel beschritten wurden. Gleichzeitig geriet Novgorod 1478 unter die Herrschaft der Moskauer Zaren, die, da sie weniger vom Handel mit der Hanse abhängig waren, 1494 das Kontor schlossen und die anwesenden Kaufleute in Moskau gefangen hielten, um die Hanse unter

Druck zu setzen. Für den Hansetag hatte die Lösung der Novgoroder Frage allerdings nicht mehr allerhöchste Priorität, und so zogen sich die Verhandlungen hin. Die Kaufleute wurden erst 1497 freigelassen, und das Schiff, das sie nach Hause bringen sollte, ging mit Mann und Maus unter. Das Kontor selbst blieb für 20 Jahre geschlossen. Spätere Versuche, es wiederzubeleben, scheiterten an den neuen ökonomischen Bedingungen. Der europäische Pelzhandel wurde jetzt weiter südlich, über Leipzig, abgewickelt und damit außerhalb der Hanse. Die Gebäude des Peterhofes verfielen und waren im 16. Jahrhundert nur noch als Trümmer in der Stadt zu sehen.[5]

Das Kontor von Visby, der Staven der deutschen Kaufleute

Von allen Kontoren der Hanse ist das zu Visby auf der Insel Gotland am wenigsten erforscht. Das liegt daran, dass die nationale deutsche Forschung stets eine Sonderrolle der Deutschen auf dieser Insel seit Heinrich dem Löwen propagiert hatte. Das hat den Blick auf die dortigen Entwicklungen weitestgehend verstellt.

Deutsche Kaufleute hatten schon sehr lange über Gotland in den Osten des Ostseeraumes gehandelt. Spätestens am Anfang des 12. Jahrhunderts lassen sich erste Spuren dieses Handels nachweisen. Für das Jahr 1177 gibt es dann die Aussage eines dänischen Privilegs, das von der verstärkten Konkurrenz durch Ausländer im Handel spricht, womit wohl Deutsche auf der Insel gemeint sind.[6] Allerdings konnten sich die Deutschen auf Gotland auch niederlassen, so dass es zur Ausbildung zweier Gruppen kam: der Deutschen, die in Visby residieren (*in gotlandia manentes*), und der Deutschen, die Gotland »frequentieren« (*frequentantes*). Die residierenden Deutschen auf Gotland gewannen in der Stadt Visby schnell Ansehen und bildeten im 13. Jahrhundert eine Hälfte des Stadtrates, so wie es auch für andere schwedische Handelsstädte üblich war.[7] 1332 wurden die beiden Hälften des Rates miteinander verschmolzen, aber auch danach verfasste man noch die Beschlüsse in beiden Sprachen, deutsch und schwedisch.

Die durchreisenden Deutschen, die durchaus ja andere Interessen haben konnten als die residierenden, erscheinen als organisierte Gruppe zum ersten Mal 1253. Schon in dieser Zeit hatten sich die typischen Organisationsformen herausgebildet, d.h., es gab ein Kontor Ältermann, ein eigenes Siegel und ein eigenes Gebäude. In diesem Gebäude, dem Staven, saßen einzelne Gruppen (zurzeit können wir die Lübecker, die Soester und die Dortmunder identifizieren) in ihren eigenen Bänken, die jeweils von einem eigenen Hansegrafen verwaltet wurden. Andere Städte, wie z.B. 1263 Salzwedel, konnten in die einzelnen Bänke aufgenommen werden und wurden damit Teil des Kontors.

Die Aufgaben des Visbyer Stavens waren zweierlei: Zum einen versuchte er, die Sicherheit auf den Verkehrswegen im östlichen Ostseeraum zu sichern und Privilegien zu erhalten, und zum anderen diente der Staven als Oberinstanz für das Novgoroder Kontor, da sich wohl viele der nach Novgorod reisenden Kaufleute auf dem Hin- und Rückweg in Visby aufgehalten haben.

Allerdings schrumpften die Aufgaben des Kontors durch die Besiedlung des südlichen und östlichen Ostseeraumes durch deutsche Siedler im Laufe des 13. Jahrhunderts deutlich. Gleichzeitig wird sich die Zahl der durchreisenden »richtigen« Kaufleute immer mehr verringert haben, da die Kaufleute jetzt begannen, ihre Angelegenheiten von zu Hause aus zu regeln. Damit veränderte sich auch die Qualität der Beziehungen. Die verbleibenden Aufgaben, wie z. B. die Friedenssicherung mit fremden Fürsten, wurden zudem auch von den städtischen Kanzleien und den regionalen Bündnissen gesichert, die das eigenständige Auftreten des Stavens zusehends als lästige Konkurrenz empfanden. Das galt insbesondere für Lübeck und die wendischen Städte.

1294 begann Lübeck mit ernsthaften Attacken auf die Rechte des Visbyer Stavens, und 1298 konnte es die anderen Visby bereisenden Städte davon überzeugen, dass dem Staven sein Siegel entzogen werden solle, »damit mit diesem nichts Unliebsames besiegelt würde«. 1299 wurde dem Staven dann auch noch die Oberhoheit über das Novgoroder Kontor endgültig entzogen. Visby sank damit zu einer Handelsstadt unter vielen herab; noch 1350 aber war der Staven vorhanden, wenn auch machtlos.

Das Kontor von London, der Stalhof

In London hatten die verschiedenen Hansen spätestens seit dem 12. Jahrhundert ihre eigenen Gildehallen, die mit mehr oder weniger weitreichenden Privilegien ausgestattet waren. Wie oben schon ausgeführt, waren diese mit der dänischen Halle zusammengewachsen und firmierten seit 1282 unter dem Begriff der Hanse der Deutschen, der u. a. die Bewachung des Bishopsgate zugeordnet war.

Die Deutschen mieteten und kauften später ein ganzes Quartier zwischen der Themse und der Thames-Street sowie zwischen Cosins Lane und All Hallows Lane mit einem eigenen Anleger an der Themse samt eigenem Lastkran. An dieser Stelle befindet sich seit 1866 die Bahnstation »Canon Street«. Die dortigen Gebäude, die u. a. die alte Kölner Gildehalle umfassten, erhielten den Namen »Stalhof«, *steelyard*, vom Verb *stalen* (›plombieren‹), wahrscheinlich aufgrund der Tatsache, dass an dieser Stelle Tuche ein Bleisiegel als Qualitätsmerkmal erhalten haben. Innerhalb des Stalhofes gab es eine eigene Kapelle, aber keine Kirche. Die Deutschen in London waren der Kirche All Hallows the Great, einer der Londoner Pfarrkirchen, zugeordnet.

In seiner inneren Organisation war das Kontor wie in Visby in drei Teile eingeteilt, von denen das eine die Rheinländer, das andere die Westfalen, Sachsen und Wenden und das letzte die preußischen Kaufleute umfasste. Alle Drittel zusammen wählten im Frühjahr einen Ältermann, dem zwei Beisitzer aus den anderen Dritteln zur Seite standen. Neben dem »deutschen« Ältermann besaß das Kontor seit 1282/1344 noch einen zweiten, englischen Ältermann. Dieser Engländer, häufig ein zugezogener Deutscher in London, wurde vom Kontor ausgewählt und dem König zur Bestätigung vorgeschlagen. Er war nicht nur der Ältermann des Londoner Kontors, sondern aller hansischen Kontore in England. Seine Hauptaufgabe war die eines Vermittlers zwischen Privilegiengeber und -nehmer. Die englischen Älterleute hatten ihr Amt meist auf Lebenszeit inne. Vielfach bekleideten sie auch zugleich hohe Ämter innerhalb der städtischen Verwaltung in London und waren selbst Kaufleute.

Neben den gewählten Älterleuten und Beisitzern gab es in London auch noch einen festangestellten Klerk (›Beamten‹) sowie weitere Angestellte. Dieser Klerk entwickelte sich zum Hauptdiplomaten des Kontors, der dessen Position gegenüber dem König, aber auch dem Hansetag selbst vertrat.

Auch in London mussten die Kaufleute, wenn sie in die Stadt kamen, im Kontor wohnen, wo ihnen Wohnbuden, Lagerräume und Schreibkammern zur Verfügung standen. Es stand hierbei dem Stalhof frei, jeden deutschen Kaufmann als hansisch aufzunehmen, eine Grauzone, die die englisch-hansischen Beziehungen auf Dauer belastete, da die Engländer präzise Erklärungen darüber erwarteten, wer in den Genuss der hansischen Privilegien und Zollerleichterungen kommen solle und wer nicht. Generell hatten sich ankommende Kaufleute beim Ältermann zu melden, der gemeinsam mit den anderen Kollegen jeden Mittwoch auf einer Generalversammlung über deren Aufnahme entschied, woraufhin sie einen Eid über die Einhaltung der Regeln abzulegen und den Schoss zu bezahlen hatten.

Das Londoner Kontor entwickelte sich im Laufe des 15. Jahrhunderts zu der zentralen Umschlagstelle im Handel zwischen Deutschen und Engländern in England und zwischen England und den niederländischen Messeorten. Da der Handel der Kontore von Boston und Kings Lynn rückläufig war, wurde nach 1460 der gesamte hansische Handel auf London konzentriert. Die Feinheiten der englischen Zollgebung im 15. Jahrhundert ließen dabei einige hansische und Londoner Kaufleute über viele Jahrzehnte eng zusammenarbeiten, zu beiderseitigem Vorteil.

Die Aufgaben des Londoner Kontors im 14. und 15. Jahrhundert bestanden vor allem darin, die Zollprivilegien und andere Vorrechte der hansischen Kaufleute in England zu bewahren. Das war schwierig, da der Hundertjährige Krieg zwischen England und Frankreich nicht nur den Handel störte, sondern den König und das Parlament auch nach immer neuen Einkunftsquellen suchen ließ. Die hansischen Kaufleute wurden vonseiten des Königs im 14. Jahrhundert gerne gegen die einheimischen ausgespielt, wohingegen die englischen Kaufleute im 15. Jahrhundert immer mehr zur Kriegsfinanzierung beitrugen und dadurch größeren politischen Einfluss erhielten. Das führte auf Dauer zu einem Konfrontationskurs zwischen einem Teil der englischen Kaufleute und dem Kontor.

Bis zur Mitte des 14. Jahrhunderts versuchte das Kontor selbständig, seine Aufgaben zu erfüllen. Die Erfolge der *civitates maritimarum* im Krieg gegen Dänemark 1368–70 ließen es aber opportun erscheinen, bei den Seestädten um Hilfe zu bitten. Die Interessen des Kontors und die Macht der Seestädte (und damit der späteren Hanse) wurden eng verbunden. Anfangs stärkte dieses Bündnis das Kontor, auf Dauer hatte es aber zwei ganz fatale Folgen: Zum einen wurde das Handeln des Kontors immer mehr von den gesamtstrategischen Interessen und Gegensätzen des Hansetages bestimmt. Das bedeutete, dass viele Entscheidungen verlangsamt wurden oder teilweise, wenn nicht gar ganz, gegen die Interessen des Kontors ausfallen konnten. Zum anderen, und das sollte vor allem im 15. Jahrhundert wichtig werden, warfen der englische König und das Parlament das Kontor nun mit den Heimatstädten der Kaufleute in einen Topf. Bis ca. 1370 war das Kontor eine englische Einrichtung für Fremde im Land. Das heißt, dass die Stellung der Kaufleute in England für ihre Behandlung ausschlaggebend war. Danach wurden die Kaufleute mehr als Ausländer gesehen, die eine klare Rückbindung an ihre Heimat besaßen. Als logische Konsequenz forderten die englischen Kaufleute nun, dass man ihnen in der Heimat der fremden Kaufleute die gleichen Rechte einräumen solle, wie man sie diesen in England gewähre. Diese Reziprozität der Privilegien, die auf erheblichen Widerstand gerade der preußischen Hansestädte stieß, ist die ungelöste Frage in den Handelsverbindungen mit England.

Der Druck auf das Kontor wuchs im Laufe des 15. Jahrhunderts zusehends und spitzte sich in den 1470er Jahren zu. Das führte zu einem zeitweiligen Zerbrechen der Einheit des Kontors. Köln und Lübeck besaßen, aus ihren unterschiedlichen ökonomischen Interessen heraus, diametral entgegengesetzte Zielrichtungen in ihrer Politik. Köln widersetzte sich öffentlich der vom Hansetag beschlossenen Politik und wurde zum 22. Februar 1472 aus der Gemeinschaft des Kontors ausgeschlossen, die Stadt wurde verhanst und erst 1476/77 nach einer erheblichen Strafzahlung wieder in die Rechte des Kontors aufgenommen.[8]

Spätestens seit Ende des 15. Jahrhunderts gab es in England Forderungen, die Vorrechte des Kontors abzuschaffen, aber außenpolitische Überlegungen und eine abnehmende Bedeutung des hansischen Handels für die englische Ökonomie verschafften dem Kontor in seiner alten Form noch eine Gnadenfrist. Unter der Regierung Heinrichs VIII. und Kardinal Wolseys kam es zum nächsten Frontalangriff gegen die Rechte des Kontors, der 1522 nur im letzten Augenblick abgewandt werden konnte. Der Handel am Kontor ging aber kontinuierlich zurück, und am 13. Januar 1598 verfügte Elisabeth I. die endgültige Schließung des Stalhofes. Nach 300 Jahren war eine Ära zu Ende gegangen.

Die Gebäude des Stalhofes verblieben im Besitz der Hanse und in späterer Zeit in dem der Hansestädte Hamburg, Lübeck und Bremen. Sie wurden erst 1853 an die Stadt London verkauft, die das Grundstück nutzte, um darauf die Bahnstation »Canon Street« zu bauen.

Das Kontor zu Brügge, das Haus der Osterlinge

Das Kontor zu Brügge hatte eine jüngere Tradition als die Kontore zu Novgorod, Visby und London, galt aber unter den hansischen Kontoren als das vornehmste. 1252 hatten die Städte gemeinsam Privilegien in Flandern empfangen und waren nun gezwungen, diese auch gemeinsam zu verwalten. Anders als in den anderen Kontoren ließ sich in Brügge ein gemeinsames Wohnhaus für die Kaufleute nicht durchsetzen. Die Kaufleute, die sogenannten Osterlinge, mussten stattdessen bei Brügger Hôstelliers wohnen, sofern sie keine eigenen Häuser besaßen. Hôstelliers waren Bürger, die nicht nur den Kontakt zwischen den Ausländern und den Einheimischen herstellen, sondern diese auch überwachen und für die Einhaltung der Regeln sorgen sollten. Die Treffen der Kaufleute fanden daher bis 1442 im Refektorium des 1256 von den Kaufleuten gegründeten Brügger Karmeliterklosters statt, danach besaß das Kontor ein eigenes, einfaches Haus, und 1478 ließ man ein Haus am späteren Oosterlingenplein repräsentativ umbauen. Dieses Haus war das prachtvolle Symbol der Deutschen Hanse in Flandern und enthielt einen Sitzungssaal, Diensträume für die Klerks, ein Archiv, eine Küche und einige Gästeräume.

Die Verteidigung der flandrischen Privilegien erforderte gemeinsames Handeln, das schloss aber regionale Sonderinteressen natürlich nicht aus. So bildeten sich feste Gruppen heraus, die innerhalb des Kontors ihre eigenen Interessen vertraten und die die alten Städtebünde widerspiegelten. Das Zusammenspiel dieser Gruppen war lange Zeit informell und wird erst 1347 richtig sichtbar. In diesem Jahr gab sich das Kontor selbst eine Ordnung, die die alten Strukturen aufzeigt. Wie an den anderen Kontoren auch gab es die Drittel, das »lübische Ende« mit den wendischen und sächsischen Städten, das westfälisch-preußische und das livländisch-gotländische Drittel. Jedes Drittel wählte anfangs jährlich am Sonntag nach Pfingsten zwei Älterleute, ab 1441 wählte man zweimal im Jahr, wobei die Kaufleute zur Annahme der Wahl gezwungen waren. Auch je sechs Beisitzer wurden bestimmt. In den Angelegenheiten der einzelnen Drittel entschieden die Älterleute allein für ihr Drittel, in den Angelegenheiten des Kontors entschieden sie gemeinsam. Sie konnten für das gesamte Kontor auch einen Sprecher aus den Reihen der Älterleute bestimmen, der das Kontor nach außen vertreten konnte.

Doch war es in den 1350er Jahren zu Streitigkeiten unter den Älterleuten der einzelnen Drittel gekommen, die nicht mehr im Kontor selbst gelöst werden konnten. Die Drittel wandten sich daher an die Städtebünde ihrer Regionen, die 1356 zur Klärung Sendboten nach Brügge schickten und die Probleme lösten. Durch diesen Vorgang wurden die inneren Angelegenheiten des Kontors mit der Entscheidung durch die regionalen Bünde und später der Hanse verknüpft. Manche Forscher sprechen gar von einer direkten

Unterordnung des Kontors unter die regionalen Bünde resp. die Hansetage.

Wie in London mussten auch die Kaufleute, die nach Brügge kamen, dem Kontor Schoss entrichten, an den Generalversammlungen teilnehmen und sich nach den Geboten und Regeln des Kontors richten. Das galt dabei nicht nur für die Stadt Brügge, sondern auch für die umliegenden Häfen, die in Verbindung mit Brügge standen.

Brügge war seit dem Beginn des 13. Jahrhunderts das unbestrittene Zentrum des flandrischen Marktes. Hierher brachten die flandrischen Produzenten ihre Tuche, die sich durch eine besonders hohe Qualität auszeichneten. Das lockte gleichzeitig zahlreiche andere Handelsnationen in die Stadt am Swin, u.a. Italiener, Spanier und Engländer. Brügge entwickelte sich daher auch zur Kapitalhauptstadt Nordeuropas und zum Zentrum des mittelalterlichen Gewürz- und Südfrüchtehandels. Gleichzeitig etablierte sich die Stadt als Umschlagplatz für den internationalen Weinhandel. Für die deutschen Kaufleute war es also wichtig, in Brügge repräsentiert zu sein, um dort auch ihre eigenen Waren absetzen zu können. Sie vereinbarten daher untereinander, dass sie nur an diesem Ort ihre Waren verkaufen sollten. Sie machten Brügge zu einem Stapelplatz, wie es in der Fachsprache heißt.

Allerdings waren die Osterlinge in Brügge nur eine Handelsnation von vielen – und das ließ sie die Stadt auch deutlich spüren. Brügge versuchte seit den 1270er Jahren immer wieder, die Rechte der Fremden einzuschränken, um so Vorteile für ihre eigenen Kaufleute zu gewinnen. Dieser konstante Kampf um die eigenen Vorteile zwang die deutschen Kaufleute zur Zusammenarbeit. Sie zogen sich so vom Ende des 13. bis zum Beginn des 15. Jahrhunderts fünf Mal für jeweils zwei bis vier Jahre komplett aus der Stadt zurück, verhängten einen Handelsboykott über die Stadt und wichen auf andere holländische Städte aus, die versuchten, die Osterlinge durch Gewährung weitreichender Rechte in ihrer Stadt zu halten.

Eine der ständigen Aufgaben des Kontors war daher die Wahrung und Sicherung der eigenen Privilegien gegenüber der Stadt Brügge und den Grafen von Flandern. Daneben hatte es aber auch noch mit anderen Problemen und Aufgaben zu kämpfen.

Das Kontor versuchte u.a., auf die Produktion flandrischer Laken Einfluss zu nehmen, um so ein ausreichendes Angebot für die Bedürfnisse der Osterlinge zu gewährleisten, und sorgte für die Qualitätssicherung. Auch kümmerte es sich um die Transportwege in die Stadt, und vor allem auch um die Entwicklung des Wasserweges. Brügge liegt am Fluss Swin, der aber je nach Ausgang von Sturmfluten und Strömungen regelmäßig versandet. So wichen die Schiffer immer häufiger auf Oostkerke, Damme und Sluis aus, wo die Waren umgeladen werden mussten, um dann auf verschiedenen Wegen in die Stadt gebracht zu werden. Die hierdurch entstehenden Probleme zu lösen gehörte zu den regelmäßigen Arbeitsaufgaben des Kontors.

Die Probleme mit den Zufahrtswegen und die häufigen Verlegungen des Kontors nach Holland schufen noch ein weiteres Problem, an dem das Kontor letztendlich zerbrach, den Unwillen der Kaufleute. Gerade die Verlegungen des 14. Jahrhunderts zeigten den Kaufleuten, dass es neben Brügge noch alternative Handelsstädte gab. Warum sollte man sich auf das zwar elegante, aber auch teure und arrogante Brügge konzentrieren, wenn andere Hafenstädte nicht nur bessere Wege, sondern auch bessere Handelsverbindungen versprachen? Diese Frage stellte sich insbesondere, nachdem die Engländer im Zuge des Hundertjährigen Krieges Probleme mit dem Zugang nach Brügge bekamen und auf Middelburg, Antwerpen und andere holländische Städte auswichen.

Seit 1447 kämpfte das Kontor dagegen an, dass seine Kaufleute einfach nicht mehr nach Brügge kamen. Zuerst verschärfte man die Stapelpflicht, d.h. die Pflicht, alle »deutschen« Handelswaren nach Brügge und an keinen anderen Ort zu bringen, und schärfte noch einmal allen Kaufleuten ein, dass sie in Brügge Schoss bezahlen müssten, egal wo sie Handel trieben. Doch half das nichts. 1470 beschloss man, neben Brügge auch noch den Handel in Bergen-op-Zoom und Antwerpen zuzulassen, allerdings nur als Außenstellen Brügges. Doch weigerten sich die Kaufleute jetzt, den geforderten Schoss nach Brügge zu entrichten. Wozu sollten sie für Privilegien an einem Ort bezahlen, den sie nicht aufsuchten und nicht nutzten? Die wirtschaftliche Entwicklung hatte Brügge ins Abseits gestellt, doch das Kontor reagierte nur langsam. Erst am 9. Februar 1546 siedelte es nach Antwerpen über, als »Brüggisches Kontor nun in Antwerpen residierend«. Als Anerkennung hierfür schenkte die Stadt Antwerpen dem Kontor 1563 einen Platz in der Neustadt zwischen zwei Fleeten, auf dem das Kontor bis 1568 einen großen, repräsentativen Prachtbau mit 150 Kammern, 26 Kellern und 24 Packhäusern auf Kosten der großen Hansestädte und unter Beteiligung Antwerpens errichtete. Ziel war es, einen kontrollierbaren Handels- und Wohnkomplex nach Londoner Vorbild zu schaffen. Allerdings war die Zeit einer solchen Kasernierung längst vorbei, und die Kaufleute hatten vorher in Freiheit in der Stadt gewohnt, weshalb sie das Kontor ganz einfach ignorierten.

Als Folge konnte es seine Schulden nicht mehr bezahlen, und das Gebäude verfiel, insbesondere nachdem spanische Truppen die Stadt 1584 erobert hatten und der Handel ins Stocken geriet. 1591 wurden der Stadt Köln gegen ihren Willen die Verwaltung und der Unterhalt aufgehalst. Köln löste 1593 das Kontor auf und holte das Archiv an den Rhein, beließ das Gebäude aber bei »der Hanse«. Das Kontor hatte dennoch aufgehört zu existieren. Im 17. und 18. Jahrhundert wurde das Gebäude noch als Theater genutzt, später war es Hospital und Kaserne. 1863 verkauften Hamburg und Lübeck es an die Stadt Antwerpen, und in der Nacht vom 9. auf den 10. Dezember 1893 brannte es vollständig aus.[9]

Das Kontor zu Bergen, die Deutsche Brücke (Tyskebryggen)

Galt das Kontor in Brügge als das vornehmste aller hansischen Niederlassungen, so rangierte Bergen auf der Skala an letzter Stelle. Die Bedingungen hier waren in keiner Weise mit denen in London oder Brügge zu vergleichen. Nichtsdestoweniger hatte der Handel an diesem Ort eine große Bedeutung, und die hansischen Kaufleute dort gehörten auch nicht zum »Kaufmannsproletariat«.

Norwegische Kaufleute waren schon das gesamte Hochmittelalter aktive Handelspartner in Nordeuropa gewesen. Sie exportierten Holz, Steine, aber auch Fisch und Luxuswaren wie Falken nach Dänemark und England und bezogen im Gegenzug Getreide und Wein. Seit Beginn des 13. Jahrhunderts nahmen auch »deutsche« Kaufleute an diesem Handel teil. Kamen die ersten »deutschen« Kaufleute nur im Sommer nach Norwegen, erhielten sie wahrscheinlich seit den 1240ern eigene Privilegien, und seit Ende der 1250er Jahre finden wir auch die ersten, die über den Winter in den Hafenstädten, vor allem in Bergen, blieben. Dieses »Wintersitzen« hatte den Vorteil, dass man den norwegischen Stockfisch, der im Herbst angeliefert wurde, zu günstigeren Preisen kaufen konnte. Bis in die 1280er Jahre nahm die Konkurrenz der »deutschen« Kaufleute so stark zu, dass sich ihre norwegischen Kollegen ernsthaft bedroht fühlten. Sie erlangten vom König eine Einschränkung der vergebenen Privilegien. 1284 reagierten die *civitates maritimarum* mit einem Mittel, welches sie nur zwei Jahre zuvor in Brügge erfolgreich angewandt hatten: Sie verbündeten sich mit den pommerschen Städten, Bremen und anderen Nordseestädten und verhängten einen Handelsboykott über Norwegen. Die Gelegenheit war günstig, da Ernteausfälle andernorts einen Ersatz der »deutschen« Importe unmöglich machten. Der norwegische König musste nachgeben und räumte den Kaufleuten die Niederlassungsfreiheit bis zur Höhe Bergens ein. Bergen wurde damit zum wichtigsten Umschlaghafen für alle nordnorwegischen Gebiete sowie für die Schatzlande, d.h. Island, Grönland, die Färöer, Orkneys und Shetlandinseln. Aus diesen Gebieten bezogen die »deutschen« Kaufleute ihre wichtigste Handelsware: Stockfisch (luftgetrockneter Kabeljau).

Nach der Pest in den 1350er Jahren ließ die Wirtschaftskraft norwegischer Kaufleute nach, und die »Deutschen« konnten ihre Stellung in Norwegen verstärken. Seit dieser

Zeit lassen sie sich auch als Organisation in der Stadt Bergen nachweisen. Die »Deutschen« erwarben mehrere zusammenhängende Häuserzeilen auf der Nordseite des Bergener Hafens, zwischen der Stadt und dem Schloss von Bergen, die Tyskebrygge. Dieser Komplex aus hölzernen, zum Hafen hin ausgerichteten Häusern mit langen Anbauten umfasste in seiner Blütezeit bis zu 30 Höfe, in denen zwischen 2000 und 3000 Männer lebten und arbeiteten. Aufgrund der großen Brandgefahr durfte nur in eigens errichteten steinernen Häusern, den Feuerhäusern, geheizt und gekocht werden. Hier befanden sich auch die Aufenthaltsräume, die Schötstuben, in denen im Winter Geschäfte abgewickelt wurden und abends getrunken wurde.

Die Deutschen auf der Tyskebrygge waren eine reine Männergesellschaft, die den Winter in Norwegen verbrachte. Hier hatten sich rauhe Sitten eingebürgert, die vor allem die Aufnahme neuer Gesellen in die Gemeinschaft betrafen und die teilweise tödlich endeten, die Bergener Spiele. Diese wurden bekämpft, ließen sich aber nicht unterbinden. Auch machte sich das Fehlen von Frauen bemerkbar. Viele Kaufleute suchten das Rotlichtviertel auf, das sich direkt hinter dem Kontor befand, einige gingen sogar offizielle Verbindungen mit Bergerinnen ein, und das, obwohl sie zu Hause verheiratet waren. Die Formel »der Frau und meinem Kinde in Bergen« ist deshalb in lübischen Testamenten nicht ungewöhnlich oder anstößig, selbst bei verheirateten Kaufleuten.

Die Höfe bestimmten die innere Ordnung des Kontors. Für sie gab es umfassende Regelungen für den Feuerschutz, die Verteilung von Wachaufgaben, die Benutzung der Schötstuben und die Vermeidung von Prügeleien oder die

Anwesenheit mehr oder weniger züchtiger Damen. Die *civitates maritimarum* hatten für den Unterhalt der Höfe und des Kontors schon in den 1360er Jahren eine Schosspflicht für alle anwesenden Kaufleute eingeführt.

Aus den Höfen heraus wurden anfangs sechs, dann zwei und später ein Ältermann gewählt, deren Sprecher immer ein Bürger Lübecks sein musste. Den Älterleuten standen 18 Beisitzer zur Seite, die bei der praktischen Verwaltungsarbeit halfen. Seit dem 15. Jahrhundert gab es auch einen von Lübeck bestimmten Sekretär, der auch diplomatische Aufgaben übernehmen konnte. Kirchlich war dem Kontor seit 1408 die Marienkirche zugeordnet, für deren Priester das Kontor und später die Stadt Lübeck aufkommen musste. Die Marienkirche blieb bis 1766 im Besitz der Lübecker, und bis 1870 wurde dort in deutscher Sprache gepredigt. Im Jahr 1520 kam noch die Martinikirche hinzu. Bei beiden Kirchen befanden sich auch deutsche Friedhöfe. Das gesamte Kontor wurde durch den Einfluss Lübecks dominiert. Die Travestadt drückte dieser Einrichtung ihren ganz eigenen Stempel auf.

Die Stellung Bergens im Handelsnetz beruhte auf seiner Funktion als Drehscheibe für den europäischen Stockfischhandel. Die Fischer Nordnorwegens und insbesondere der Lofoten brachten ihren frischgetrockneten Fisch in zwei Schüben, im Frühjahr und vor allem im Herbst, nach Bergen. Dort erhielten sie hierfür Getreide, andere Lebensmittel und Tuche. Die deutschen Kaufleute sorgten bei ihrem Handel dafür, dass sie den Fischern stets mehr verkauften, als sie von ihnen erhielten. Hierdurch entstand ein Abhängigkeitsverhältnis, das die Fischer zwang, zu »ihren« Kaufleuten zurückzukehren, auch wenn sie von anderen, nichtdeutschen Kaufleuten vielleicht mehr Geld für ihren Fisch erhalten hätten. Der Tausch Fisch gegen Getreide hatte auch zur Folge, dass die landwirtschaftliche Produktion nördlich von Bergen zurückging, da der Fischfang lukrativer war. Hierdurch geriet man in eine verstärkte Abhängigkeit von den deutschen Importen. Allerdings gilt die These, dass ganz Norwegen von diesen Importen abhängig war, heute als widerlegt.

Der Handel der Deutschen in Bergen lässt sich grob in zwei Etappen untergliedern. Bis 1467 betrieben die Deutschen, vor allem die Lübecker, einen regen Dreieckshandel. Sie exportierten Bier, Getreide, Wein und Tuche nach Bergen, kauften dort Stockfisch und Holz, das sie nach Boston in England brachten. Von dort exportierten sie Wolle nach Flandern, wo sie Tuche kauften, diese Tuche brachten sie dann nach Lübeck. Als England am Ende des 14. Jahrhunderts begann, selbst Tuche zu produzieren, verkürzte sich die Route auf das Dreieck Lübeck–Bergen–Boston–Lübeck. Nach 1467 kam dieser Handel aus vielerlei Gründen zum Erliegen. Stockfisch wurde nun direkt auf die Märkte im Ost- und Nordseeraum gebracht.

Die Aufgaben des Kontors bestanden darin, den Handel und die Verbindung zu den Fischern im Norden zu sichern, und vor allem, die Privilegien zu bewahren. Den Königen von Norwegen und nach 1380 den Königen von Dänemark-Norwegen waren die Privilegien der Deutschen auf lange Sicht ein Dorn im Auge. Sie versuchten deshalb, die Deutschen wenn nicht zu vertreiben, so doch zu entmachten. Da ein Handelsverbot deutschen Getreides für die nordnorwegische Bevölkerung erhebliche Auswirkungen gehabt hätte, kam das nicht in Frage. Stattdessen versuchte man, Konkurrenten, insbesondere Holländer, aber auch Engländer, auf den Markt zu holen. Da diese aber nur schwer in die Abhängigkeitsverhältnisse zwischen Kaufleuten und Fischern eindringen konnten, kam es oftmals zu Konflikten, die in handgreiflichen Auseinandersetzungen mit fremden Kaufleuten enden konnten oder auch damit, dass aufgebrachte Kaufleute den Gouverneur von Bergen lynchten. Gerade im 15. Jahrhundert gehört dieser Kampf um die Stellung der Deutschen zum allgemeinen Bild.

Seit dem Ende des 15. Jahrhunderts fuhren Engländer, anstatt ihren Fisch aus Bergen durch Deutsche importieren zu lassen, direkt nach Island, um dort billigen Stockfisch zu kaufen. Das war zwar verboten, aufgrund der Abgelegenheit Islands aber kaum zu unterbinden. Den Spuren der Engländer folgten schon bald die hansischen Kaufleute, vor allem die Hamburger. Sie fuhren nicht nur in den Nordatlantik, sondern auch nach Nordnorwegen. Der Markt in Bergen verlor damit seine Monopolstellung. Gleichzeitig konnten auch Holländer in den Stockfischmarkt vordringen, da jetzt die deutschen Kaufleute zunehmend ausblieben.[10]

Seit dem Ende des 15. Jahrhunderts ging die Zahl der deutschen Kaufleute auf der Tyskebrygge merklich zurück. Mehr und mehr Höfe gingen in anderen Besitz über, teils in holländischen, vor allem aber in norwegischen.[11] Die Grundfunktionen des Kontors wurden, obgleich unrentabel, aber noch bis 1754 durch Lübeck aufrechterhalten. 1774 wurde das Deutsche Kontor dann durch das Norwegische Kontor auf der Brygge ersetzt.

Zahlreiche Brände haben in der langen Zeit dem Kontor

immer wieder zugesetzt. Das letzte Mal brannten am 4. Juli 1955 Teile des Kontors. Der bis 1980 erfolgte Wiederaufbau ermöglichte zeitgleich eine intensive archäologische Erforschung dieser Einrichtung.

Die Schonischen Messen

Neben den Kontoren mit ihren festen Häusern gab es im Handelsraum der »deutschen« Kaufleute bzw. derjenigen der späteren Hanse einen weiteren Markt, auf dem sie genauso weitreichende Privilegien erworben hatten wie in den Kontoren: die Schonischen Messen.

Die Einführung des Christentums und die damit verbundenen Fastenregeln hatten einen lukrativen Markt für Fischprodukte eröffnet. Dieser Markt wurde teilweise durch Stockfischlieferungen aus Norwegen gesättigt, praktischer aber war der Handel mit Heringen, da dieser verbrauchsfertig beim Abnehmer in kleinen Portionen ankommen konnte.

Der Handel mit Heringen und Salz kam, wie oben beschrieben, schon im 9. Jahrhundert in Gang und intensivierte sich seit dem 12. Jahrhundert mit dem Umzug der Kaufleute nach Lübeck. Lübeck setzte zuerst auf den Export von Salz nach Rügen, um dort Heringe zu kaufen. Die Stadt konnte dabei die Schwäche der rügischen Fürsten nutzen, um für die Zeit der Fischerei auf der Insel zahlreiche weitreichende Privilegien zu erhalten.

Mit diesen Erfahrungen und Erfolgen im Gepäck »entdeckten« die Lübecker Ende des 12. Jahrhunderts, dass am Öresund nicht nur mehr Heringe zu fangen waren, sondern sich dort auch viele Skandinavier zum Heringsfang trafen, denen man lübische Produkte verkaufen konnte, und dass diese Stelle genau am Schnittpunkt zwischen dem Nordseemarkt von Norwegen bis Flandern und dem neu entstehenden Ostseemarkt lag. Die Lübecker konnten so auf der Halbinsel von Skanör, an den Orten Skanör und Falsterbo, einen Markt initiieren, der im Laufe des 13. Jahrhunderts immer mehr Kaufleute aus ganz Europa anlockte.

Die Schonischen Messen wurden bis zum Beginn des 14. Jahrhunderts der zentrale Herbstmarkt für ganz Nordeuropa.[12] Hier trafen sich zwischen Ende August und Anfang November nicht nur deutsche Kaufleute, sondern auch ihre Kollegen aus Skandinavien, England, Flandern und Holland, und zwar nicht nur um Fisch zu kaufen, sondern um alle möglichen Geschäfte an der Nahtstelle der beiden Handelssysteme abzuschließen. Die Messen wurden dadurch einer der bedeutendsten Salzmärkte und hatten auch eine starke Stellung im Wachs-, Pelz- und Tuchhandel. Gleichzeitig sorgten die Kaufleute auf den Messen durch ein ausgeklügeltes System dafür, dass die Qualität des schonischen Herings nicht nur hohe Standards erfüllte, sondern dass man selbst in den Alpen noch schlechten Fisch beim Erzeuger reklamieren konnte. Bis ins 14. Jahrhundert verdrängte daher schonischer Hering alle anderen Heringsarten auf dem Markt zwischen Norwegen und Norditalien, Russland und Irland. Die Fischerei in den anderen Fanggebieten, z. B. der Nordsee, wurde nahezu eingestellt.

Eine lange Schwächeperiode des dänischen Königtums führte dazu, dass die ausländischen Kaufleute zu Beginn des 14. Jahrhunderts umfangreiche Rechte auf den Messen erhielten. Verschiedene Thronprätendenten überschütteten die Kaufleute mit Rechten, um diese auf ihre Seite zu ziehen. Als Ergebnis konnten die Fremden erreichen, dass ihre Handelsgebiete auf den Messen für die Messezeit extraterritorial wurden.

Die Städte erwarben hinter den Stränden von Skanör, Falsterbo, Malmö und Dragör Landflächen, die sogenannten Vitten, auf denen die Stadtverwaltungen für die Zeit der Messen durch einen Vogt nach ihren eigenen Gesetzen regierten. Auf den Vitten erwarben die Kaufleute und Einrichtungen der Städte Grundstücke, Spatien, die wie zu Hause gekauft und verkauft oder vererbt werden konnten. Die Vitten glichen dabei für die Zeit der Messen Miniaturbildern ihrer Heimatstädte, es gab Kapellen und Klosterzellen, Friedhöfe, Amtshäuser für die Vögte, Schlachtereien, Bäckereien, Tavernen und Hurenhäuser und zahllose Verarbeitungsplätze für Hering und Buden der Kaufleute. Die Buden bestanden aus leichten Holzbauten. Sie wurden entweder zu Marktbeginn mitgebracht oder wie heutige Sommerhütten über das Jahr hin abgeschlossen und nur zur Messezeit genutzt.

Für die gesamten Messen hatte der dänische König ein allgemeines Regelwerk, die sogenannten Moten oder Motbücher, erlassen, um gewaltsame Auseinandersetzungen zwischen den einzelnen Gruppen der Kaufleute und Fischer zu verhindern. Auf den Vitten allerdings besaß er seit der Mitte des 14. Jahrhunderts keine Macht mehr, sie waren exemt. Im Gegenzug hatten die Fischer und Kaufleute dem König Zölle und Abgaben für den Handel und die Fischerei zu bezahlen, die im 14. Jahrhundert bis zu einem Drittel oder mehr der Staatseinnahmen ausmachen konnten. Die Messen waren so für beide Seiten ein gutes Geschäft.

Die politischen Turbulenzen in Skandinavien bis zur

Mitte des 14. Jahrhunderts trugen nicht nur zur Erweiterung der Privilegien bei, sie störten letzten Endes auch den Handel. Das war insbesondere der Fall, als der dänische König Waldemar Atterdag in den 1360er Jahren versuchte, nicht nur seine Einnahmen aus den Messen zu erhöhen, sondern auch noch die Durchfahrt durch den Öresund behinderte, Visby eroberte und es Dänemark einverleibte. Waldemar schaffte es, 1367/68 nicht nur die wendischen, sondern auch die preußischen und westfälischen Städte gegen sich aufzubringen, die sich daraufhin in der Kölner Konföderation zusammenschlossen und die Burgen und Märkte entlang des Öresundes eroberten und in ihre Gewalt brachten. Waldemar wurde im Frieden von Stralsund 1370 gezwungen, die Verwaltung und Teile der Einnahmen aus den Messeorten für 15 Jahre den Städten der Koalition zu überlassen.

Der Sieg der Koalitionsmächte hatte für die Messen fatale Folgen. Die wendischen Städte nutzten ihre Machtposition ab 1370 dazu, unliebsame Konkurrenten, vor allem Engländer und Flamen, aber auch Holländer, von den Messen zu vertreiben. Man wollte sich damit den Zwischenhandel zwischen Ost- und Nordseeraum sichern. Die Vertriebenen reagierten aber auf ihre Weise. Zum einen intensivierten und verbesserten sie ihre eigene Fischerei, vor allem auf der Doggerbank, und zum anderen fuhren die englischen und holländischen Kaufleute seitdem immer häufiger an Skanör vorbei direkt in den Ostseeraum. Die wendischen Städte hatten sich auf lange Sicht durch ihr Verhalten ins Abseits manövriert.

Im 15. Jahrhundert sanken die Messen immer mehr zu reinen Fisch- und Salzmessen herab, die zudem am Ende des 15. Jahrhunderts der starken Konkurrenz holländischen Herings ausgesetzt waren. Gleichzeitig versuchten die dänischen Könige, die Privilegien der ausländischen Kaufleute auszuhöhlen oder zumindest ihre Einnahmen aus den Messen zu verbessern. Als das nicht gelang, führten die Könige 1429 als Ersatz für ihren Haushalt den Öresundzoll ein, der bis 1857 erhoben wurde.

Da auf Schonen nur noch Hering gefangen und verarbeitet wurde, sank das allgemeine Interesse der Kaufleute kontinuierlich ab. Bis zur Mitte des 16. Jahrhunderts fuhren die Kaufleute noch regelmäßig nach Schonen, hatten aber mit dem verstärkten Widerstand der Könige zu rechnen, die gern alle Vorrechte abgeschafft hätten. Fanden sich im 14. Jahrhundert wohl um die 40 000 Fischerboote zum Fischfang ein, waren es 1530 nur noch gut 7 500 und am Ende des 16. Jahrhunderts nur noch gut eine Handvoll. Der Fischfang war »gahr verplichen«, wie eine Quelle sagt. König Christian IV. konnte daraufhin um 1600 ohne größeren Widerstand die Privilegien der Städte einschlafen lassen. Einzig die Stadt Lübeck schickte bis 1674 noch jedes Jahr einen Vogt nach Schonen, um nachzusehen, ob der Hering noch da sei, aber ihm folgte kein Kaufmann mehr nach.[13]

Die Deutsche Hanse: Ein Staat im Staate?

In den vorangegangenen Abschnitten sollten zwei Dinge gezeigt werden. Erstens sollte deutlich geworden sein, dass die Hanse eigentlich nur aus der Idee eines gemeinsamen Besten heraus existierte. Die Städte kamen freiwillig auf den Hansetag, alle Versuche, sie allein aus organisatorischen Gründen irgendwie dazu zu zwingen, scheiterten.

Man war hansisch und brauchte die Hanse, wenn es den eigenen Interessen entsprach. Es ist daher kein Wunder, dass neuere Untersuchungen gezeigt haben, wie wenig Hansisches man in der Überlieferung und den Selbstbeschreibungen der Hansestädte finden kann. Zu Hause war man das, was man war, eine Stadt in einem regionalen und überregionalen Umfeld, eine Stadt in einem Herrschaftsgefüge. Hansisch war und wurde man erst in dem Moment, wo man hansisch auftrat, d. h. in dem Moment, wo man zur Durchsetzung der eigenen Interessen auf die Solidarität und Mithilfe anderer Städte angewiesen war. Einige Städte, wie z. B. die wendischen und vor allem Lübeck, waren häufiger hansisch, da sie nicht nur viele verschiedene Interessen besaßen, sondern auch häufig versuchten, sich der Hanse aus verschiedensten Anlässen heraus zu bedienen. Andere Städte, wie z. B. die preußischen oder livländischen (Reval, Dorpat, Riga), waren zuerst in regionalen Bünden organisiert und erst dann in der Hanse. Andere Städte wiederum, wie Köln oder auch Bremen, haben ganz kühl das Für und Wider der Hanse kalkuliert und sich, wenn es ihnen günstiger erschien, gegen sie entschieden, mit wechselndem Erfolg.

Zweitens sollte gezeigt werden, dass die Kontore, vor allem Brügge und London, zwar wesentlich zur Entstehung der Organisation »Hanse« beigetragen hatten, sie aber nicht »die Hanse« waren. Jedes Kontor hatte seine eigene Geschichte, seine eigene Ausrichtung und vor allem seine eigenen Interessen. Die Verbindung der Interessen der Kontore mit denen der Hansetage hatte dabei für viele nicht immer den gewünschten Erfolg, für einige, wie London, hatte sie sogar schwerwiegende Folgen. Wir sprechen zwar von den »hansischen Kontoren«, und das ist richtig, da sie dem Hansetag unterstanden, das greift aber eigentlich auch etwas zu kurz, da die Kontore selbst vor allem die Interessen und Probleme ihrer Kaufleute widerspiegeln, nicht die der »Hanse«.

Die letzten Abschnitte sollten auch noch ein Drittes zeigen, nämlich dass die Hanse keine Gewaltmacht, kein Staat im Staate war. Die Hanse war nicht mit den Fürsten und anderen Herren zu vergleichen, die Macht um der Macht willen ausübten. Die Hanse agierte, wie sie selbst sagte, zum Schutze ihrer (Handels-)Interessen, und das ist durchaus wörtlich zu nehmen. Aufgrund des Freiwilligkeitsprinzips bedurfte es wirklich sehr großer Einschränkungen des Handels, um diese Gemeinschaft zum aktiven Handeln zu bewegen. Die Interessen sehr vieler Städte mussten betroffen sein, sollten sie sich bereitfinden, Geld, Zeit und vielleicht auch noch Menschen für einen Krieg zur Verfügung zu stellen. Alle diese Mittel konnte man sehr viel gewinnbringender einsetzen. Insofern ist das Bild der Hanse als kriegerische Macht, so wie es vor allem im 19. Jahrhundert vermittelt wurde, grundlegend falsch.

Was die Hanse durch ihre Hansetage allerdings konnte, war, den Zwischenhandel in Nordeuropa zu blockieren, wenn sich die Mitglieder des Tages einig waren. Durch diese Maßnahme konnten auch Teilgruppen innerhalb der Hanse ihren Willen durchsetzen und dieses mit dem Namen der gesamten Organisation ummänteln. Dieses Vorgehen konnte auch durch militärische Unternehmungen unterstützt werden, doch waren diese unproduktiv und unbeliebt. Sie blieben daher immer Aktionen einiger Regionalverbände innerhalb der Hanse, und selbst wenn sie als hansisch bezeichnet wurden, so gab es doch keine einzige militärische Aktion, die von Mitgliedern aus allen hansischen Regionen getragen und vor allem bezahlt wurde.

Wir werden in den folgenden Abschnitten einige dieser Ereignisse beleuchten. Das Etikett »hansisch« bedeutet daher nicht, dass alle Mitglieder der Hanse damit einverstanden waren. Einige Mitglieder konnten oder wollten, da sie nicht direkt von den Maßnahmen betroffen waren, nichts tun. Sie erschienen nicht auf dem Hansetag, nahmen die Dinge zur Kenntnis und wandten sich ihren eigenen Angelegenheiten zu. Andere konnten diesen Maßnahmen widersprechen, sie nicht umsetzen oder passiven Widerstand leisten. Sie waren dennoch hansisch, wenn sie hansisch sein wollten. Wiederum andere konnten aktive Fürsprecher eines aggressiveren Handelns sein, sie fanden aber eigentlich nie die Unterstützung aller Regionen, da nie die ökonomischen Interessen aller wesentlich berührt wurden.

Allein die Notwendigkeit der Konsensbildung auf Hansetagen erschwerte ein aktives und schnelles Handeln. Dass dieses dennoch gelang, zeugt davon, wie sehr die europäische Wirtschaft im Laufe des 13. Jahrhunderts zusammengewachsen war und wie sehr verschiedene Interessen miteinander verknüpft waren.

6 Die Entwicklung der Hanse

Von der Kaufmanns- zur Städtehanse

Wie oben gezeigt wurde, waren es zuerst die Kaufleute selbst, die einzelne »Hansen« bildeten, um ihre Sicherheit auf fremden Märkten zu festigen. Diese Kaufleute hatten sich an einigen Orten im Ausland zu Organisationen, den Kontoren, zusammengeschlossen. Es ist dabei wichtig festzuhalten, dass die Kaufleute in diesem Stadium immer noch selbst ihre Waren begleiteten. Das heißt, dass in Konfliktfällen nicht nur die Interessen der Kaufleute an fremden Orten tangiert wurden, sondern sie die Konflikte ganz hautnah zu spüren bekamen.

Das direkte Interesse der Kaufleute gab ihrem Handeln eine besondere Qualität. Die Kaufleute des 13. Jahrhunderts, die mit der englischen, norwegischen oder novgorodischen Krone verhandelten, waren auch diejenigen, die vor Ort ihre Waren verkauften. Ihr Interesse stimmte mit dem Interesse des Kontors überein, war persönlich und direkt. Es ist dabei zu beachten, dass diese Kaufleute des 13. und 14. Jahrhunderts durchaus auf Augenhöhe mit den Herrschern ihrer Zeit verhandeln konnten und auch in der Lage waren, ihren Willen zumindest zur Geltung zu bringen.

Durch die sogenannte »kommerzielle Revolution«,[1] d. h. die Veränderung der Handelsgewohnheiten der Kaufleute am Übergang vom 13. zum 14. Jahrhundert, wandelte sich die Situation. Die reichen Kaufleute vor allem der Hafenstädte blieben nun zu Hause und regierten ihre Geschäfte vom heimischen Büro aus, welches ebenfalls Kontor genannt wurde. Sie konnten dabei nicht nur an verschiedenen Orten gleichzeitig Handel treiben und waren somit an verschiedenen Konflikten gleichzeitig beteiligt, sondern sie hatten nun auch die Gelegenheit, ihre Interessen durch aktive Mitarbeit in der Stadtverwaltung, dem städtischen Rat, politisch zu vertreten. In den großen Fernhandelsstädten wuchsen dadurch die Interessen der Stadt mit denen ihrer Fernhandelskaufleute zusammen.

In der Folge waren es daher nicht mehr die Kaufleute, die etwas forderten, sondern es war der Rat der Stadt, der für seine Kaufleute eintrat. Hierdurch veränderte sich nicht nur die Qualität der Beziehungen, es kam auch zu einem immer stärker werdenden Abwägen von Interessen. Der Rat hatte auf der einen Seite natürlich größere Möglichkeiten, den Interessen seiner Kaufleute Nachdruck zu verleihen, er musste aber gleichzeitig auch auf die politischen und machtpolitischen Interessen aller Kaufleute in der Stadt und die Gegebenheiten des städtischen Umlandes Rücksicht nehmen. Hierdurch wurden die kaufmännischen Interessen der Kaufleute an einzelnen Orten Gesamtüberlegungen unterworfen. Man nennt dies in der Forschung den Übergang von der Kaufmanns- zur Städtehanse. Nach der oben beschriebenen Chronologie fand dieser Übergang allerdings schon vor der Entstehung der »deutschen Hanse« statt, deren Mitglieder allesamt Städte und nicht mehr einzelne Kaufleute waren.

Die an den Brennpunkten des Handels im Ausland entstandenen Kontore profitierten zuerst von der Städtehanse. So ordnete sich z.B. das Kontor in London nach 1370 durchaus freiwillig den Städten unter, da es durch diese größeren Druck auf die englische Krone ausüben konnte.

Langfristig gesehen hatte die Abhängigkeit von den Städten für die Kontore und Kaufleute im Ausland aber eher negative Folgen. Die regionalen Interessen der Kontore wurden mehr und mehr gesamtpolitischen Überlegungen untergeordnet. Zudem erschwerten die unterschiedlichen Interessen in der Gesamtheit der Hanse ein schnelles Agieren, da Lösungen erst in zahlreichen Verhandlungen zwischen den Städten ausgelotet werden mussten. Die Kontore wurden daher ihrer Flexibilität und Anpassungsfähigkeit beraubt, zumal da häufig der kleinste gemeinsame Nenner der Städte in der Bewahrung des Status quo bestand. Eine Anpassung der Kontore an neue Gegebenheiten erfolgte so zumeist mit einiger Verzögerung, wenn überhaupt, wie das Beispiel des Kontors von Brügge zeigt.

Die Hanse der Städte kann daher auf der einen Seite als ein deutlicher Machtfaktor bezeichnet werden, da die Städte zusammen eine nicht zu unterschätzende politische und wirtschaftliche Macht besaßen. Auf der anderen Seite machten der Aufbau und das gedankliche Fundament der Hanse ein rasches, zentralisiertes und einheitliches Handeln unmöglich.

»Hansekriege«? Die Kriege gegen Waldemar Atterdag von Dänemark als Beispiel

Dieses Bild der Hanse steht in einem fundamentalen Gegensatz zur Auffassung von der Hanse, wie sie vor allem im 19., aber auch am Anfang des 20. Jahrhunderts vertreten wurde, nämlich der Hanse als militärischer Seemacht. Es sollen daher am Beispiel des berühmtesten aller »Hansekriege«, des Krieges der Städte gegen Waldemar Atterdag von Dänemark in den Jahren 1362 bis 1370, die Mechanismen eines solchen Krieges und seiner Organisation gezeigt werden. Wie oben schon beschrieben, war der große Städtebund von Köln 1368, die sogenannte Kölner Konföderation, der den dänischen König besiegen sollte, ein wichtiger Meilenstein auf dem Wege zur Entstehung der deutschen Hanse. Und auch wenn der Krieg von 1362 bis 1370 wie gesagt kein »Hansekrieg« war, so zeigt er doch beispielhaft alle Strukturen, die auch alle späteren militärischen Unternehmungen, die mit dem Namen der Hanse bezeichnet wurden, ausmachten.

Den Hintergrund dieses Krieges, oder besser gesagt: der zwei Kriege gegen Dänemark, bildete der ökonomische und politische Rahmen in Nordeuropa. Ökonomisch war Dänemark in zweierlei Hinsicht von besonderem Interesse. Zum einen wurden im 14. Jahrhundert immer mehr Produkte auf dem Seeweg vom Ostseeraum in die Nordsee gebracht. Aufgrund der geographischen Position Dänemarks liegen alle Verbindungswege zwischen den Meeren, die Belte und vor allem der Öresund, im Herrschaftsgebiet des dänischen Königs. (Das heutige, schwedische Schonen war bis 1658 ein zentraler Teil Dänemarks.) Gerade für die Städte im östlichen Ostseeraum sowie für die Städte Hollands war es von allergrößtem Interesse, dass sie ihre Handelswaren ungehindert von einem Meer ins andere bringen konnten.

Zum anderen hatten sich die Schonischen Messen zu einem der bedeutendsten Umschlagplätze Europas entwickelt. Hier kauften nicht nur die meisten Städte ihren Hering ein, sondern die westfälischen Städte setzten hier z. B. einen Gutteil ihres Weines um und kauften Wachs und

Pelz. Auch wurden ein Großteil des nordeuropäischen Salzhandels, aber auch Teile des Tuch- und Warenhandels über diese Messen abgewickelt. Außerdem wurden hier generell Handelsgeschäfte aller Art abgeschlossen. Die Kaufleute waren also daran interessiert, auf diesen Messen und ihren Zu- und Anfahrtswegen eine relative Sicherheit zu genießen sowie in ihren Handelsgeschäften möglichst wenig gestört oder gar besteuert zu werden.

Politisch war das 14. Jahrhundert für die Kaufleute zuerst sehr günstig gewesen. Die dänischen Könige, durch zahllose Kriege hoch verschuldet, hatten ihr gesamtes Land verpfänden müssen, waren vertrieben und durch eine Adelsregierung ersetzt worden. Das Land Schonen, in dem die Messen stattfanden, hatte sich daraufhin freiwillig unter die Krone Schwedens begeben, die aber durch innere Unruhen geschwächt wurde. Im Endeffekt stritten sehr viele Parteien um die Macht in Dänemark und Schweden, und alle versuchten, die Kaufleute auf ihre Seite zu ziehen, indem sie ihnen immer mehr Freiheiten und Rechte zubilligten.

In dieser Situation versuchte ein jüngerer Sohn des vertriebenen dänischen Königs seit 1340, die Macht seiner Familie wiederherzustellen. Durch verschiedene Umstände begünstigt, gelang es Waldemar Atterdag, bis 1360 Dänemark größtenteils wieder unter seine Macht zu bringen. Im gleichen Jahr eroberte er auch Schonen durch einen militärischen Handstreich wieder zurück und warf 1361 die Insel Gotland und die alte Handelsstadt Visby militärisch nieder. Innerhalb von 20 Jahren hatte sich die Situation in diesem Raum wesentlich verändert. Profitierten die Kaufleute vorher von den Streitigkeiten, versuchte der neue Herrscher, durch verstärkte Kontrollen und erhöhte Abgaben, seine Einnahmen aus dem Handel zu erhöhen. So forderte er u. a. allein von den wendischen Städten 4000 Mark dafür, dass er ihre Freiheiten auf den Messen aufs neue bestätigte. Gleichzeitig konnte er sehr wirkungsvoll den Transitweg zwischen Nord- und Ostsee sperren und damit den Handel der Städte empfindlich treffen.

Im Laufe des Jahres 1361 waren sich die wendischen Städte nach einigem Zögern einig geworden, die geforderten 4000 Mark gemeinschaftlich aufzubringen. Doch die Eroberung Gotlands ließ die Städte daran zweifeln, dass das wirklich das Ende aller Forderungen sein würde.

Die wendischen Städte (*civitates maritimarum*) trafen sich daher am 7. September 1361 in Greifswald, um das weitere Vorgehen abzusprechen. Sie einigten sich darauf, einen Handelsboykott über Dänemark und Schonen zu verhängen sowie die Durchfahrt durch dänische Gewässer (und damit den Transitverkehr zwischen Ost und West) zu unterbinden. Gleichzeitig bestimmten sie, dass alle Städte, die in der Hanse der Deutschen sein wollten, nicht nur dafür Sorge tragen, dass dieses eingehalten werde, sondern auch eine Sondersteuer erheben, die für die Finanzierung eines Krieges aufgewendet würde.

Doch konnten die wendischen Städte das nicht allein bestimmen, daher schlossen sie am gleichen Tag einen Vertrag mit den Abgesandten der preußischen Städte, dass diese auch einen Boykott gegen Dänemark verhängen sollten. Die wendischen Städte appellierten zudem an die Allgemeinheit der Kaufleute in der Hanse der Deutschen und drohten, dass die Kaufleute auch all diejenigen boykottieren würden, die sich nicht an der Sondersteuer und dem Handelsboykott gegen Dänemark beteiligen wollten. Gleichzeitig versuchten die wendischen Städte, die Fürsten in Nordeuropa, die Waldemar gegenüber feindlich eingestellt waren, durch Versprechungen um sich zu scharen und zur Waffenhilfe zu bewegen.

Allerdings verlief die ganze Sache äußerst unglücklich. Ein Teil der verbündeten Fürsten erschien nicht oder leistete nur finanzielle Hilfe. Und auch die Kaufleute waren sich nicht einig. So fühlten sich die Nordseestädte nicht in ausreichendem Maße bedroht und unterliefen die Blockade, die damit wirkungslos wurde, wie auch die binnenländischen Städte in Sachsen und Westfalen sich nicht angesprochen fühlten und zum Krieg überhaupt nichts beitrugen. Es blieb also bei einem Krieg der wendischen Städte unter Beteiligung einiger preußischer, der dann noch in einer verheerenden Niederlage der wendischen Flotte vor Helsingborg mit einem schmählichen Waffenstillstand zwischen den wendischen Städten und Dänemark endete. Am Ende blieben die wendischen Städte auf den Kosten sitzen und mussten mit einem unbefriedigenden Waffenstillstand leben. Die preußischen Städte standen gar ohne Vorteile und Privilegien da.

In den folgenden Jahren versuchte jede der beteiligten Kaufleutegruppen, in Dänemark zu retten, was noch zu retten war, doch ohne großen Erfolg. Die wendischen Städte mussten den Waffenstillstand von 1364 bis 1368 verlängern, und die preußischen Kaufleute standen dem dänischen König schutzlos gegenüber, der immer mehr preußische Schiffe einfach konfiszieren ließ. Gleichzeitig kam es zu einem Bruch zwischen den wendischen Städten und den Preußen. In dieser Situation organisierte der Hochmeister des Deutschen Ordens, der Landesherr in Preußen, ein Bündnis zwischen den preußischen Städten und den holländischen, um die Sundpassage zu sichern. Gleichzeitig verbündete er sich mit den fürstlichen Gegnern Waldemar Atterdags. Diesem Bündnis schlossen sich allerdings die westfälischen Städte nicht an, deren Warenabsatz in Skandinavien durch Waldemar zwar gefährdet worden war, weitergehende Interessen aber nicht bestanden. Dortmund teilte z. B. den Städten mit, dass man an einem Seekrieg nicht interessiert sei. In dieser Situation blieb den wendischen Städten nichts anderes übrig, als sich ebenfalls der Allianz anzuschließen, wollte man nicht, wie vorher die Preußen, im Falle eines Sieges ohne Vorteile dastehen. Einzig vor diesem Hintergrund ist das Bündnis der 57 Städte zu sehen, welches im November 1367 in Köln geschlossen wurde und in der Forschung als Kölner Konföderation bezeichnet wird.

Die Motivation für die Teilnahme an der Konföderation war dabei äußerst verschieden. Die preußischen sowie die livländischen Städte wollten erreichen, dass ihre Schiffe sicher und ungehindert zwischen der Ost- und Nordsee verkehren konnten. Das gleiche galt für die Schiffe der holländischen Städte, die aber zudem ihre Privilegien auf den Schonischen Messen gesichert sehen wollten. Das war auch das Hauptmotiv der wendischen Städte, die vor allem am Handel in Dänemark und dann erst sekundär an der Sundpassage interessiert waren, da im Falle eines Durchfahrtsverbotes alle Handelswaren durch Lübeck und Hamburg geführt wurden, wovon beide Städte natürlich profitierten. Und die fürstlichen Allianzpartner wollten vor allem Landgewinne in Dänemark erzielen und wenn möglich das Land unter sich aufteilen.

Die Kölner Konföderation war also eine Zweckgemeinschaft, und das spiegelt sich im Kriegsverlauf und -ergebnis wider. Die Seestädte an der Ostsee rüsteten bis zum Frühjahr 1368 eine Flotte aus, die sehr schnell die Hoheit über den Öresund und die Sundregion erringen konnte. Das war vor allem deshalb möglich, weil nun alle beteiligten Regionen finanziell und durch Erhebung einer Extrasteuer auf Handelswaren, des Pfundzolls, zur Kriegsfinanzierung beitrugen.

Als im Spätsommer 1369 die Burg von Helsingborg als letzte wichtige Bastion des dänischen Königs am Öresund fiel, hatten die Städte ihr Ziel erreicht und ließen ihre fürstlichen Alliierten im Regen stehen. Im November 1369 schlossen die Städte in Stralsund ihren Frieden mit dem König von Dänemark und erhielten für 15 Jahre die Burgen und Messeplätze in Schonen als Pfand. Damit war nicht nur die Sundpassage gesichert, sondern die wendischen und holländischen Hansestädte konnten so ihre Privilegien auf den Schonischen Messen sichern. Die Fürsten allerdings gingen leer aus, und in der Folgezeit traten die verschiedenen Auffassungen zwischen den Preußen und den Wenden bei der Verwaltung der Pfandschaften wieder deutlich zutage.[2]

Betrachtet man die zugrundeliegenden Strukturen dieses Krieges, so lassen sich Grundzüge freilegen, die auch für alle späteren Kriege der »Deutschen Hanse« gelten.

Zum einen gab es niemals einen Anlass, der alle Hansestädte wirklich vereinigt hätte. Wurden aber die Interessen zweier oder mehrerer Regionalgruppen innerhalb der

Hanse tangiert, so konnte man versuchen, seinen Willen durch einen Boykott oder militärische Auseinandersetzungen durchzusetzen. Krieg war für die Kaufleute aber nur die allerletzte Ratio, da, wie ein Lübecker Bürgermeister es formulierte, es »einfach [sei], ein Kriegsbanner zu hissen, es aber teuer [sei], es wieder abzunehmen«.

Waren zwei oder mehrere Regionalgruppen willig, eine militärische Auseinandersetzung zu suchen, so versuchten sie, die anderen Städte durch Überzeugungsarbeit oder Boykottdrohungen zur Solidarität zu bewegen. Diese Solidarität konnte dabei verschiedene Formen annehmen, von der passiven Billigung, über eine mehr oder minder große finanzielle Beteiligung bis hin zu einer aktiven Mithilfe. Die Höhe der Beteiligung war dabei von dem Interesse der städtischen Kaufleute und ihrem politischen Umfeld abhängig. Dieses Interesse konnte dabei auch dazu führen, dass einzelne Städte oder Städtegruppen entgegengesetzte Ansichten vertraten und sich einem Krieg widersetzten oder sich auf der anderen Seite der Front wiederfanden. Das setzte die Gemeinschaft dann einer inneren Zerreißprobe aus.

War man sich einig, einen Kriegszug führen zu wollen, so wurde dieser vor allem durch Geldzahlungen organisiert. Die Hanse besaß dabei weder eigene Schiffe noch eigene Truppen. Für jedes eingesetzte Fahrzeug, für jeden Soldaten musste die Gemeinschaft letztlich einzeln aufkommen. Es gab daher verschiedene Wege zur Risikostreuung. Zu Lande versuchte man, Fürsten durch Lieferung von Kriegsmaterial oder Geld zur Erledigung solcher Aufgaben zu bewegen, da eigene Truppenwerbungen die städtischen Kassen meist sehr belasteten. Zur See konnte man erstens

Kaufleute aufrufen, selbst Kriegsschiffe auszurüsten, um ihre Interessen und die der Gemeinschaft durchzusetzen. Reichte dies nicht aus, so konnte man auf Kosten der Gemeinschaft sogenannte »Friedeschiffe« ausrüsten, deren Unkosten dann über lange Zeit durch Abgaben der Kaufleute finanziert wurden. Die Leitung dieser Kriegsaktionen oblag dabei städtischen Bürgermeistern oder Abgesandten, die dieses neben ihrem eigentlichen Beruf ausübten.

Wie der Krieg der Städte gegen Dänemark zeigen konnte, waren die sogenannten »Kriege der Hanse« regionale Auseinandersetzungen, die von der Hanse unterstützt und finanziert wurden. Die Hanse als Institution hatte dabei überhaupt keine einheitlichen politischen Interessen, abgesehen von der Freiheit der Kaufleute und des Handels an fremden Orten. Auch in der Hanse war des einen Leid des anderen Freud, kam eine Sperrung des Öresunds Lübeck-Hamburg zugute, wohingegen eine Ausweitung des Öresundverkehrs die wirtschaftliche Stellung Lübecks schwächte. Insofern traf jede militärische Auseinandersetzung, in die die »Hanse« verwickelt war, nicht nur den »Feind«, sondern stets auch Mitglieder in den eigenen Reihen. Es ist deshalb falsch, von der Hanse als Seemacht oder Kriegsmacht zu sprechen, wie man es noch vor hundert Jahren getan hat.

Die Hanse und Piraten

An dieser Stelle ist noch ein weiteres Konfliktfeld zu erwähnen, das ebenfalls häufig in Zusammenhang mit der Hanse und ihrer Kriegsmacht genannt wird: der Kampf der Benachteiligten gegen die Pfeffersäcke oder die Bekämpfung der Piraten als Feinde des rechtschaffenen Bürgers. Und wie in vielen anderen Bereichen der Hanse überlagern auch hier die Mythen und allgemeinen Ideen von der Vergangenheit die historische Realität.

Die zur See fahrenden Hansestädte hatten auf dem Meer nicht nur die größte Erfahrung und konnten dort direkt Stärke zeigen, sie waren auf See auch am ehesten angreifbar, da ein Schiff auf See leicht zu überfallen und zu plündern war. Allerdings wird unsere Vorstellung mittelalterlicher Piraten allzu leicht von Hollywoodklischees à la Jack Sparrow überlagert, die wenig mit mittelalterlicher Realität zu tun haben.

Das beginnt schon bei dem Begriff des »Piraten«. Im Mittelalter gab es keine ›Vollzeitpiraten‹, wie wir sie uns vorstellen. »Pirat« war ein propagandistischer Begriff, den geschädigte Kaufleute für Privatunternehmer benutzten, die ihren Lebensunterhalt mit Fehdeführung zu See bestritten. Das waren zumeist Söldnerführer, die ihre Dienste einer Partei zur Verfügung stellten, die aus dem einen oder anderen Anlass meinte, das Recht zu haben, einem Fremden zu schaden.[3] Die Gründe hierfür waren vielfältig: Einige führten eine »Fehde« gegen eine Stadt, andere waren selbst geschädigt worden, und ihnen hatte jemand das Recht eingeräumt, ihren Schaden durch Beraubung eines definierten Gegners auszugleichen. Andere wiederum wollten politischen Druck ausüben. Diese verschiedenen Sichtweisen drücken sich dann auch in den Quellen aus. Spricht die mittelalterliche hansische Propaganda durchgehend von »Piraten«, die die armen Kaufleute schädigten, zumindest immer dann, wenn die Gegenseite gemeint ist (natürlich niemals, wenn es um eigene Überfälle geht), so spricht die andere Seite immer von berechtigter Fehde, d.h. einem begründeten Kriegsakt. Piraterie ist einfach nur eine Sichtweise, kein Beruf.[4]

Zudem wäre Piraterie ohne Handel im Mittelalter gar nicht möglich gewesen. Nicht nur, dass zum Rauben natürlich Waren, die man rauben konnte, notwendig waren, sondern vor allem, weil die Piraten ohne Handel verhungert wären. So ist es natürlich eine romantische Vorstellung, dass ein Pirat nach erfolgreichem Überfall in mehr oder weniger netter Begleitung in Wein und Juwelen schwelgt, in Wirklichkeit aber wäre er verhungert, da man Wein weder essen noch mit ihm zerschlissene Leinen oder Segel an Bord ersetzen kann. Piraterie setzt immer eine vorhandene Infrastruktur an Land voraus. Insofern waren die »Piraten« am erfolgreichsten, die ihre Waren geregelt an Land absetzen konnten, und das nach Möglichkeit an hansische Kaufleute (denn die zahlten die besten Preise und hatten die besten Verbindungen zur Ersatzteilbeschaffung).

Schauen wir uns unter diesen Voraussetzungen die bekanntesten »Piraten« der Hansezeit an, so stechen als erstes mit Sicherheit die Vitalienbrüder heraus. Die Vitalienbrüder waren Seekrieger, die seit den 1370er Jahren dem König von Schweden helfen sollten, sein Land und die Stadt Stockholm gegen aufständische schwedische und dänische Truppen zu verteidigen.[5] Ihr Name leitet sich wohl von dem im englisch-französischen Bereich üblichen Begriff für die Fouragiere der Truppen ab (*vitailleurs*), die wie die Kaperfahrer im Hanseraum durch eine Beutebeteiligung entlohnt wurden. Dieser Begriff erscheint dabei schon vor 1389 und ist älter, als in der Forschung üblicherweise angegeben.[6] Sie kamen aus Mecklenburg, dessen Herrscher mit dem schwedischen König verwandt waren. Die Kaperer agierten zuerst von Rostock und Wismar aus. Bis heute hat man aber keine offiziellen Kaperbriefe finden können. Die Kaperer, sobald sie auf See waren, nutzten aber (natürlich) ihre Freiheit und plünderten auch »hansische« Schiffe, deren Waren in Rostock oder Wismar verkauft wurden. Das wiederum verärgerte die Kaufmannskollegen in der Hanse sehr, da man durchaus erkennen konnte, wem welche Ware vor dem Raub gehört hatte.

Die Vorgehensweise Mecklenburgs war natürlich ein starkes Irritationsmoment für den internationalen Handel und die Hansestädte. Die anderen zur See fahrenden Hansestädte waren selbstverständlich daran interessiert, ihr Risiko zu minimieren. Es blieb ihnen aber nicht viel mehr übrig, als 1392 den Seeverkehr nach Schonen für drei Jahre einzustellen, um so die »Piraten« auszutrocknen. Erst 1395 gelang es, den politischen Konflikt, der diese Kaperfahrt ausgelöst hatte, zu lösen. Die Vitalienbrüder hatten es aber nicht schwer, andere Auftraggeber zu finden. Die Hansestädte der Ostsee, zusammen mit dem Deutschen Orden, waren daher die nächsten fünf Jahre damit beschäftigt, auch die Piraten aufzuspüren und zu vertreiben. Ein Teil der alten Vitalienbrüder wechselte daraufhin das Betätigungsfeld und überfiel nun Schiffe auf der Nordsee (und baute sich im friesischen Raum neue Absatzmärkte auf). Die dem Reich der Legende zuzuordnende Hinrichtung Klaus Störtebekers auf dem Hamburger Grasbrook im Jahr 1401 (wie neueste Forschungen zeigen, lebte und ›arbeitete‹ er wohl noch bis mindestens 1413) beendete die Tätigkeiten der Kaperer nicht.[7] Sie waren andernorts weiterhin tätig. Kaperfahrt/Piraterie war vielfach nur eine Verlagerung des

Landkrieges auf See mit recht guten Erfolgsaussichten. Und die Erfahrung zeigte den mittelalterlichen Kaufleuten, dass einmal geraubte Waren so gut wie verloren waren. Das stachelte ihre Wut nur umso mehr an.

Aber auch die Hansestädte selbst konnten zur Kaperfahrt ausrüsten – und wurden damit selbst zu Piraten. Es konnte sich dabei um private Kaperfahrten, aber auch um städtisch organisierte Fahrten handeln. So versuchte z. B. Hamburg durch die Aussendung von Kaperern, andere Elbstädte daran zu hindern, Getreide aus ihren Häfen auszuführen, um den Handel in Hamburg zu konzentrieren. Die Städte konnten dabei sehr systematisch vorgehen. 1472 erließ die Stadt Lübeck eine offizielle Kaperordnung, die u. a. Fragen der Gegnerschaft, des Besitzes an der Beute sowie der Disziplin an Bord regelte. Je nach Sichtweise waren die Hansestädte damit sowohl Piratenjäger wie auch selbst Piraten.[8] Die Rollenverteilung war beileibe nicht eindeutig.

Einen permanenten Störfaktor aber gab es: die ostfriesischen Häuptlinge. Deren Gebiete lagen an der Hauptwasserstraße zwischen Hamburg und Antwerpen/Brügge, und sie versorgten sich in jeder Krise selbst, indem sie einige der an ihren Küsten vorbeisegelnden Kauffahrtsschiffe aufbrachten und die erbeuteten Waren entweder selbst verbrauchten oder verkauften. Auch diese Häuptlinge waren keine »wilden« Piraten, sondern sie handelten in einem eng gewebten Machtgeflecht innerhalb Frieslands und des angrenzenden Raums.[9]

Selbst wenn die Bekämpfung des Seeraubes eine der urhansischen Angelegenheiten hätte sein müssen, so waren hier die Haltungen der Hansestädte durchaus sehr unterschiedlich. Normalerweise waren es die am meisten geschädigten Städte, die die Initiative ergriffen und die anderen Hansemitglieder aufforderten, mit ihnen die Ausgaben zur Bekämpfung der Piraten zum allgemeinen Wohle zu teilen.[10] Doch reagierten in einem solchen Fall zumeist nur die betroffenen Seestädte. Wenn man Glück hatte, ließen sich diese, wie z.B. Hamburg und Lübeck 1480–85, dazu bewegen, eine allgemeine Umlage zu erheben, mit deren Gewinn man Schiffe zur Piratenjagd ausrüstete. Aber das war nicht immer sicher – und vor allem begannen alsbald die Klagen, dass diese Umlage Wettbewerbsnachteile mit sich brächte. So wurden z.B. seit 1480 alle hansischen Schiffe und Waren auf der Elbe mit einer Abgabe belegt[11] die holländischen Schiffe und Waren aber nicht, die dadurch natürlich billiger wurden. Klagen waren vorprogrammiert, und die Solidarität endete alsbald.

Auch in Fragen der Bekämpfung der Piraterie hatte die Hanse keine einheitliche Meinung. Es gab kein gesamthansisches Interesse an der Bekämpfung des einen oder anderen Piraten. Zwar wollten alle die Handelswege sichern, aber für entfernt gelegene Seewege Geld auszugeben, hätte im Binnenland nur Kopfschütteln verursacht.

Die Hanse als Machtfaktor?

Die Erkenntnis, dass die Hanse keine Seemacht war, soll aber nicht dazu verleiten, die »Hanse« als historische Größe gänzlich abzuschreiben. Selbstverständlich besitzt jede Organisation, die ökonomische Interessen erfolgreich vertritt, eine gewisse Macht, und die Hanse bildet hierin keine Ausnahme.

Schon in der Anfangszeit der Hanse war es offensichtlich, dass nur solidarisches Handeln zum Erfolg führen konnte, und diese Solidarität war vor allem ökonomisch begründet. Vor allem bei Handelswaren mit besonders hohem hansischen Handelsvolumen wie z. B. Wachs und Holz in England, Getreide in Flandern, den Niederlanden und in Norwegen oder Hering aus Schonen konnte ein gemeinsamer Boykott erhebliche Auswirkungen auf die Wirtschaft und die Steuereinnahmen ganzer Regionen haben.

Die Hanse und der Hansetag waren das Sprachrohr der regionalen Kaufleute. Hier konnte man Rückendeckung erhalten, und hier war eine Instanz, die aufgrund ihrer versammelten ökonomischen Macht durchaus in der Lage war, mit Königen und Fürsten zu verhandeln, wenn sie es denn wollte.

Insofern war die Hanse durchaus eine machtvolle Vertretung der niederdeutsch sprechenden Kaufleute und ihrer Interessen im In- und Ausland. Sie war eine ökonomische Macht, die auf politischem Wege versuchte, auf die ökonomischen Rahmenbedingungen des Handels ihrer Mitglieder einzuwirken und diese zu sichern. Zu den politischen Möglichkeiten gehörte als letztes Mittel auch der Einsatz militärischer Gewalt.

Allerdings muss auch bedacht werden, dass die Hanse aufgrund ihrer Struktur in ihrer Machtausübung sehr beschränkt war. Auch wenn vor allem die wendischen Städte immer wieder versuchten, die Hanse für ihre Zwecke einzuspannen, so waren sie letzten Endes immer auf die Solidarität der anderen Städtegruppen angewiesen.[12] Manche Anliegen und Interessen wurden zwar mit dem Etikett der

Hanse vorgetragen, setzten sich dann aber nur schwer durch, wenn die meisten Mitglieder uninteressiert oder anderer Meinung waren.

Die Hanse im Wandel: Wirtschaft und Politik im 15. Jahrhundert

Diese Diskrepanz zwischen Etikett und Inhalt ist das beherrschende Problem der Hanseforschung seit dem ausgehenden 19. Jahrhundert, die nicht nur von einer geschlossenen Hanse ausging, die gedanklich schon im 13. Jahrhundert fertig ausgebildet war, sondern die vor allem die Stadt Lübeck und deren Interessen mit der Hanse gleichsetzte. Dass sich dies nicht so verhielt, wurde oben schon gezeigt. Es hat aber auch Auswirkungen auf die Betrachtung der Hanse im 15. Jahrhundert.

Die Erfolge der Städte im Krieg gegen Waldemar Atterdag trugen mit Sicherheit dazu bei, den Kaufleuten die Vorteile einer umfassenden und solidarisch organisierten Gemeinschaft vor Augen zu führen. Allerdings verdeckten diese Erfolge nur die inneren Gegensätze und verschiedenen Interessenlagen der einzelnen Regionen, sie hoben sie nicht auf. Und so ist das eigentlich Bemerkenswerte an der Hanse, dass sie für fast ein Jahrhundert trotz sich verstärkender innerer Gegensätze sehr erfolgreich agiert hat.

Dabei sah es am Anfang des 15. Jahrhunderts gar nicht besonders günstig aus. Nachdem die Städte das gesamte 14. Jahrhundert relativ ungestört und fast unabhängig agieren konnten, hatten zahlreiche Baumaßnahmen und Kriege deren Budget an der Wende vom 14. zum 15. Jahrhundert an vielen Orten überanstrengt. Die regierenden Kaufleute in den großen Hansestädten schafften es nicht, die städtischen Haushalte zu sanieren, ohne die Steuern der Mitbürger zu erhöhen. Das führte regelmäßig zu Aufruhr von nicht an der Macht beteiligten Bürgern, so z.B. in Lübeck nach 1403 oder in Braunschweig. Die Einheit zwischen Kaufmannsinteressen und Stadtinteressen drohte zu zerbrechen und mit ihr die Solidarität innerhalb der Hanse, zumal mit dem Sieg der neuen Kräfte auch die Macht der Nichtkaufleute in den Städten wuchs.

Die Hanse selbst wurde von den Aufständischen als Forum genutzt, um ihre Interessen gegen das alte Stadtregiment durchzusetzen, das geschah insbesondere wenn die alten Ratsherren die Stadt verlassen hatten und nun von außerhalb gegen die neuen Verhältnisse klagten. Die gesamte neue Institution »Hanse« drohte gar zu scheitern, als der alte Rat von Lübeck vertrieben wurde und jetzt versuchte, im Kontor von Brügge Handelswaren der Kaufleute des neuen Rates beschlagnahmen zu lassen. Nicht nur, dass die Zentralstelle aller bisherigen Unternehmungen ausgefallen war, der innere Streit Lübecks drohte auch auf die gesamte Organisation überzugreifen.

Es ist daher nicht verwunderlich, dass die anderen Städte mit Drohungen und Diplomatie versuchten, die alte Ordnung in den Mitgliedsstädten wiederherzustellen, was ihnen auch nach ca. zehn Jahren gelang. Nachdem sich die Lage wieder beruhigt hatte, kamen die Ratssendboten im August 1418 zu einem großen Tag in Lübeck zusammen, um die Lehren aus dem Konflikt zu ziehen. In den 32 Artikeln des Abschlussrecesses wurde versucht, alle inneren und äußeren Angelegenheiten der Hanse neu zu ordnen. Unter anderem wurde bestimmt, dass die Hanse als Organisation bei inneren Unruhen in den Städten eingreifen solle. Auch sollten Ratssendboten aufrührerischer Städte nicht mehr zu den Tagen der Hanse zugelassen werden. Ebenso wurde jetzt von den Kaufleuten verlangt, dass sie einen Nachweis darüber erbringen sollten, dass sie einer Stadt angehörten, die die hansischen Privilegien genösse, ohne dass aber klargestellt wurde, wie das in der Praxis auszusehen habe. Gleichzeitig wurde der Stadt Lübeck und den wendischen Städten die Aufgabe übertragen, sich des »gemeinen Besten der Städte anzunehmen, von denen viele aufgrund ihrer abgelegenen Lage nicht an den Beratungen teilnehmen könnten«, wie es im Beschluss heißt. Das bedeutet, dass der Travestadt und ihren Nachbarstädten die Aufgabe eines ständigen Sekretärs zugeteilt wurde.

Aber die Lübecker wollten noch mehr. Sie wollten bei Gefahr im Namen der Hanse eingreifen können und schlugen deshalb einen Bündnisvertrag, eine sogenannte Tohopesate, vor, der die Aufstellung eines Heeres unter Leitung Lübecks mit klaren Befehlsstrukturen vorsah. Doch war diese Zentralisierung nicht im Sinne der Hansestädte, die diesen Teil nicht ratifizierten.

Nach 1418 sehen wir klare Tendenzen innerhalb der Hanse, regelnd in alle Bereiche des Handels, der Produktion und der Schifffahrt einzugreifen, um so die Belange des gemeinen Kaufmannes zu schützen. Es wurden gemeinsame Normen beschlossen, Haftungsfragen, z. B. an Bord von Schiffen, wurden zugunsten der Kaufleute vereinheitlicht, in Krisensituationen wurden gemeinsame Verbote und Gebote erlassen, und es wurde versucht, den Handel der hansischen Kaufleute durch alle tagespolitischen Probleme hindurch zu sichern und zu stärken.

Gleichzeitig wuchs Lübeck in seine nun offizielle Rolle als ständiger Sekretär der Hanse hinein, wobei die Stadt an der Trave ihre eigenen Angelegenheiten und die der Hanse gerne auch miteinander vermengte. Das war auch insofern legitim, als Lübeck für diese Aufgabe keine Erstattung von den anderen Städten erhielt, wohl aber die Kosten für Gesandtschaften an die Brennpunkte der europäischen Politik und für den Briefverkehr der Hanse zu tragen hatte. Im 15. Jahrhundert gab es somit eine Hanse unter Führung Lübecks, aber keine lübische Hanse.

Allerdings arbeitete die Zeit auch gegen die Hanse, und das aus verschiedenen Gründen. Erstens veränderten sich im Laufe des 15. Jahrhunderts die Machtstrukturen innerhalb Europas zuungunsten der Städte. Im Laufe des 13. und 14. Jahrhunderts hatten sich die Städte aufgrund ihres Reichtums eine relative Unabhängigkeit von ihrem Landesherrn erkaufen können. Einige Städte, wie z. B. Hamburg, waren nur noch nominell von ihrem Landesherrn abhängig, andere, wie Rostock, Braunschweig oder Berlin und Cölln an der Spree, befanden sich in einer rechtlichen Grauzone. Aufgrund ihrer Macht und der Solidarität der anderen Bündnisstädte konnten sie aber vor allem in Fragen des Auslandshandels relativ unabhängig agieren.

Doch konsolidierten die Landesherren im 15. Jahrhundert ihre Macht und ihre Einkünfte, und sie begannen systematisch an vielen Orten, die Städte wieder unter ihre Gewalt zu bringen oder deren Unabhängigkeit zu beschneiden. Berühmtestes Beispiel hierfür ist die Unterwerfung Cöllns und Berlins unter die Herrschaft der Hohenzollern im Jahr 1442, die die beiden Städte danach in einem symbolischen Akt dazu zwangen, aus der Hanse »auszutreten«.

In den Augen der Territorialfürsten des 15. Jahrhunderts konnten ihre Städte keine eigenständige Außenpolitik führen, auch nicht in Fragen des Handels. Sie hatten sich den Interessen des Fürsten und aller seiner Untertanen zu beugen. Damit schwand ein Teil der hansischen Legitimationsgrundlage, und hansische Außenpolitik wurde mehr und mehr von den großen Städten geführt, die ihre Unabhängigkeit bewahren konnten.

Zweitens veränderten sich die ökonomischen Strukturen Nordeuropas im 15. Jahrhundert erneut, was zu einer Zunahme der inneren Gegensätze innerhalb der Hanse führte. So hatte die Machtübernahme der Hansestädte auf den Schonischen Messen dazu geführt, dass diese ihre Konkurrenten aus Flandern, England und anderen Ländern von den Messen vertrieben hatten. In der Folge entwickelten die Holländer und Engländer nicht nur ihren eigenen Fischfang in der Nordsee, da sie ja nicht mehr direkt an den Ostseehering gelangen konnten, sondern begannen nun auch verstärkt, an den Schonischen Messen vorbei in den Ostseeraum zu segeln. Waren die Schonischen Messen vorher Dreh- und Angelpunkt im Ost-West-Verkehr gewesen, entwickelten sie sich nun zu regionalen Salz- und Heringsmessen zurück. Der verstärkte direkte Schiffsverkehr zwischen dem Nord- und dem Ostseeraum benachteiligte nun vor allem Lübeck und die wendischen Städte, die auf Dauer ihre Rolle als Vermittler zwischen Ost und West verloren. Die wendischen Städte kamen insofern nicht nur in einen Konflikt mit den nichthansischen, holländischen Städten, die sie bis in das 16. Jahrhundert gewaltsam aus dem Ostseeraum fernzuhalten versuchten, sondern auch in einen Interessenkonflikt mit den preußischen Städten, die die Holländer teilweise eher als Partner denn als Konkurrenten betrachteten.

Ähnliche Tendenzen zeichneten sich auch in England ab. Hier gab es bis zur Mitte des 15. Jahrhunderts eine klare und gut funktionierende Aufgabenverteilung. Ein Teil der englischen Kaufmannschaft und die Kölner hatten sich dort den Londoner Außenhandel in Partnerschaft untereinander aufgeteilt und profitierten gemeinsam davon, indem sie verschiedene Steuerschlupflöcher für ihren Handel ausnutzten. Andere hansische Kaufleute handelten mit England über die brabantischen Städte und Messen – unter Umgehung der Brügger Privilegien und Rechte. Auch diese Kaufleute arbeiteten teilweise eng mit englischen Kaufleuten zusammen.

Die wendischen Kaufleute allerdings betrieben ihre Geschäfte im Dreieckshandel Lübeck–Bergen–Boston und taten das eher unter Ausschluss der Engländer. Allerdings brach dieser Handel kurz nach 1460 aus politischen und wirtschaftlichen Gründen zusammen,[13] und die wendischen Städte wandten sich jetzt nach London. Hier störten sie mit ihrem Auftreten und ihren Forderungen erheblich die eingespielten Bahnen, zumal sie einen »englisch-hansischen« Konflikt schürten, der nicht den Kölner Interessen entsprach. Verstärkt wurden die Konflikte auch durch die Wirren und die Steuerlast des Hundertjährigen Krieges und die daraus resultierenden ökonomischen Veränderungen. Der hierdurch im letzten Drittel des 15. Jahrhunderts entstehende englisch-»hansische« (eigentlich englisch-wendisch-preußische) Konflikt (siehe unten) ließ nicht nur die Gegensätze zwischen Köln und der »wendischen« Hanse deutlich werden, sondern unterminierte auch die

Stellung des Londoner Kontors der Hanse. Letzten Endes führte er zur Aufhebung der kölnisch-englischen Zusammenarbeit und zu einer Profilierung der eigenständigen englischen Handelspolitik.

Drittens veränderten sich auch die ökonomischen Strukturen auf der Westseite des englischen Kanals, wo die flandrischen Städte aufgrund des Hundertjährigen Krieges langsam an Einfluss verloren und die holländischen Städte durch Anpassung an den Markt und durch ihre eigenen Produkte eine immer stärkere Stellung erlangten. Das führte dazu, dass die Privilegien Brügges von der Realität überholt wurden, da sich der Handel mehr und mehr in die brabantischen und holländischen Städte verlagerte. Die holländischen Städte verlangten zudem in immer weiter wachsendem Maße nach preußischem Holz und preußischem Getreide, was den direkten Verkehr zwischen diesen beiden Regionen – unter Umgehung Lübecks – intensivierte. Die Hanse als Organisation, deren Aufgabe ja auch in der Bewahrung der Privilegien und alten Strukturen bestand, hatte es schwer, sich den neuen Gegebenheiten flexibel anzupassen – nicht aber deren Kaufleute. Diese folgten den Marktströmen und gingen natürlich auch Geschäftspartnerschaften mit den neuen »Konkurrenten« ein, solange diese nur lukrativ waren. Die Hanse kam daher am Ende des 15. Jahrhunderts in einen immer deutlicher sichtbar werdenden wirtschaftlichen Gegensatz zu ihren eigenen Kaufleuten, der sich u. a. darin äußerte, dass man vergeblich versuchte, die Kaufleute nach Brügge zurückzuzwingen und Partnerschaften zwischen hansischen und nichthansischen Kaufleuten zu unterbinden. Diese Maßnahmen zeigen dabei nicht nur einen

Interessenkonflikt zwischen den verschiedenen Regionen, sondern auch generelle Unterschiede in den Auffassungen der binnenhansischen Kaufleute und derer, die an den Rändern der Hanse mit den Gebieten außerhalb Handel trieben.

Im 15. Jahrhundert findet also eine doppelte Entwicklung statt. Auf der einen Seite steht ein Ausgreifen der Hanse, die mit ihren Beschlüssen in weite Bereiche des Handels und Transports eingriff. Hier schuf die Hanse durch ihre Versammlungen einheitliche Regelungen, die die Kaufleute und ihre Waren schützen sollten und die gleichzeitig die Unkosten der hansischen Kaufleute reduzierten. Die Hanse versuchte zudem, durch einen gewissen Protektionismus die aus dem Ausgang des 14. Jahrhunderts stammenden Interessen ihrer Kaufleute zu sichern.

Gleichzeitig veränderten sich aber die Märkte in Europa und mit ihnen die Gewohnheiten der Kaufleute, die selbstverständlich dem Geld folgten. Diese Entwicklung führte bis zum Ende des 15. Jahrhunderts zu wachsenden Spannungen innerhalb der Organisation. Das geschah vor allem dann, wenn neue Kräfte in alte Märkte vordrangen, so wie die Holländer, Engländer, aber auch Schotten auf die Märkte im Ostseeraum oder die wendischen Städte auf den Markt von London, oder wenn Marktstrukturen sich grundsätzlich veränderten und nicht mehr der alten Privilegiensituation entsprachen.

Besonders deutlich werden diese Probleme und Gegensätze am Beispiel des Londoner Hansekontors oder besser gesagt: am Beispiel des Handels der hansischen Kaufleute von London auf dem Kontinent. Die Unterstellung des Londoner Kontors unter die Städte nach 1370 hatte zum einen dafür gesorgt, dass die hansischen Kaufleute in der Stadt, d.h. vor allem die Kölner, ihre Privilegien trotz der Wirren des Hundertjährigen Krieges und eines erhöhten Steuerdruckes einigermaßen bewahren konnten. Auf der anderen Seite hatte sich dieses Vorgehen als die Büchse der Pandora erwiesen. War das Kontor vorher eine englische Einrichtung auf englischem Boden gewesen, entdeckten die Engländer nun, dass hinter dem Kontor die Städte auf dem Kontinent standen. Das hatte zur Folge, dass sie nun mit den Städten über Dinge verhandelten, die über die eigentlichen Belange des Kontors hinausgingen. Einer der größten Streitpunkte war dabei die Gegensätzlichkeit der Privilegien, d.h. die Forderung, dass man die Freiheiten, die man den Mitgliedern der Kontore in London, Hull oder Boston einräumte, auch in den Hansestädten selbst genießen wolle. Nun war es allerdings so, dass die Nutznießer der Privilegien in London vor allem die Kölner waren, wohingegen die Engländer jedoch an Freiheiten in den preußischen Hafenstädten interessiert waren, aus denen sie die für sie wichtigsten Produkte bezogen. Die preußischen Kaufleute fuhren nun aber eher nach Hull als nach London. Die Einbindung der Hanse in die Belange des Kontors von London bedeutete daher für die preußischen Städte, dass sie Fremden in ihren Häfen Freiheiten einräumen sollten, für die sie in London keine Gegenleistungen erhielten, da dieser Ort nicht unbedingt der wichtigste für ihren Handel war. Gleichzeitig gerieten die Kölner Freiheiten in Gefahr, da deren Bestand von der preußischen Reaktion abhängig gemacht wurde, wobei die Preußen nicht in den Kölner Handel involviert waren. Die Hanse geriet damit in ein sehr gefährliches Fahrwasser.

Das zeigt sich dann auch in den sogenannten englisch-hansischen Auseinandersetzungen, die das 15. Jahrhundert dominierten. Die preußischen Städte reagierten die gesamte Zeit ablehnend auf die englischen Forderungen nach Gegenseitigkeit der Privilegien. Daraufhin kaperten die Engländer u. a. am 23. Mai 1449 eine hansische Handelsflotte, um ihren Forderungen Nachdruck zu verleihen. Damit trafen sie aber vor allem Lübeck, deren Kaufleute große Verluste erlitten und nun eine eigene Interessengruppe in diesem Konflikt bildeten. Währenddessen handelten aber die Kölner im Zusammenspiel mit ihren englischen Kollegen friedlich weiter und auch einige Binnenstädte, die keine Verluste erlitten hatten, setzten einfach ihren Handel fort und betrachteten wie Köln die »hansische«, d. h. die wendisch-preußische Politik, als Gefahr für ihre eigenen Interessen.

Diese Gegensätze traten dann am Ende der »hansisch«-englischen Auseinandersetzung deutlich nach außen. Im Jahr 1470 eskalierte der Konflikt zwischen den preußisch-wendischen Städten und den Engländern in einem Seekrieg, der für einige Zeit den Handel im Ärmelkanal erheblich störte. Für die Kölner bedeutete dieser Krieg eine solche Störung ihrer eigenen Interessen, dass sie sich den Beschlüssen des Hansetages widersetzten und als logische Konsequenz den Ausschluss aus den hansischen Privilegien in Kauf nahmen. Die Stadt wurde 1471 offiziell »verhanst« und suchte eine eigene diplomatische Lösung mit dem englischen König. Dieser entschied sich aber letzten Endes dafür, 1474 in Utrecht einen Frieden mit den wendischen und preußischen Städten abzuschließen, da er außenpolitisch Ruhe benötigte und zudem auf die Zufuhr preußischen Holzes und anderer Waren angewiesen war. Für die Kölner bedeutete der Friede von Utrecht ein vollständiges Desaster; nicht nur, dass der Krieg ihre Handelsstrukturen vollständig lahmgelegt hatte, ihre Konkurrenten aus den anderen Hansestädten bekamen 1474 nun auch noch bessere Privilegien, als sie sie selbst besaßen, und drangen zudem noch in ihre Handelsbereiche auf dem Londoner Markt ein. Die Kölner, die an dieser Auseinandersetzung die allergeringsten Interessen besessen hatten, standen zum Schluss als die großen Verlierer da und mussten 1475/76 beim Hansetag unter schmählichen Bedingungen um die Wiederaufnahme in die Hanse nachsuchen. Währenddessen hatten sich aber die Handelsstrukturen in London zuungunsten der Kölner verändert, die ihre alte Position nicht wieder erreichen sollten.

Die am Beispiel Londons gezeigten Probleme galten dabei in ähnlicher Form für alle »hansischen« Kontore. An keinem Kontor, nicht einmal in Brügge, hatten alle Regionen gleiche Interessen, und in vielen Kontoren versuchten regionale Interessengruppen, andere »Mithansen« aus dem Geschäft zu drängen. In Brügge standen die Westfalen, die gerne über Brabant und Holland handelten, den wendischen und preußischen Städten in ihren Auffassungen gegenüber, in Bergen erlangte Lübeck eine so dominierende Stellung, dass die Lübecker das Kontor quasi zu einer eigenen Einrichtung umformten, auf Schonen dominierten die wendischen Städte, wohingegen die Preußen kein Interesse an diesem Markt zeigten, und in Novgorod gab es Tendenzen, die Preußen durch indirekte Maßnahmen aus dem Russlandhandel auszuschließen und den Handel mehr bei den livländischen Städten zu konzentrieren.

Im gesamten 15. Jahrhundert gab es keinen Bereich, der für die Gesamthanse von Belang gewesen wäre. Bei vielen Entscheidungen verhielten sich die Hansemitglieder daher »passiv«, da die behandelten Gegenstände sie nicht interessierten. Die Frage ist daher, warum die Hanse im 15. Jahrhundert weiter existierte und warum sie, auch wenn sie in immer stärkerem Maße von den wendischen Städten dominiert wurde, immer wieder von anderen Städten gesucht wurde, wenn es ihrer Interessenlage entsprach.

Bisher kann auf diese Frage noch keine abschließende Antwort gegeben werden, da die Forschung vor allem zu den binnenländischen Hansestädten noch in ihren Anfängen steckt. Allerdings gab es, trotz aller Gegensätze, im 15. Jahrhundert auch einige Konstanten, die grundsätzlich die Funktionsfähigkeit der Hanse sicherstellten.

Erstens basierte der Handel im niederdeutschen Raum weiter auf dem Netzwerkprinzip. Das bedeutet, dass die vereinheitlichenden Regeln der Hanse der Stärkung und Funktionsfähigkeit des Netzwerkes entgegenkamen. Einheitliche Rechts- und Geschäftsnormen, genormte Maße, einheitliche Sicherheitsvorkehrungen und die Freiheit des gegenseitigen Handels, die durch die Hanse angeregt und gesichert wurden, erleichterten die Geschäfte über viele Stationen wesentlich. Das heißt, solange man sich des Netzes als Handelsform bediente, brauchte man auch eine Ausgleichsinstitution, die für vernünftige Rahmenbedingungen sorgte.

Zweitens erleichterte der Nachrichtenfluss, der über die Hanse, ihre Versammlungen und Quartiere gewährleistet wurde, das Wirtschaften in den binnenländischen Städten. Selbst kleinste Städte, die nicht an den großen Handelsstraßen lagen, waren durch die Hanse in einen Informationsstrom eingebunden, der ihren Belangen entsprach. Das heißt, sie konnten ohne große Kosten und Mühen politische und wirtschaftliche Informationen erhalten, ohne sich selbst politisch engagieren zu müssen. Gleichzeitig nutzten auch die kleinsten Städte die Freiheiten, die ihnen durch die Hanse gewährt wurden – und sei es auch nur im Handel mit dem nächsten Oberzentrum in einem anderen Territorium.

Drittens konnten die großen Handels- und vor allem Seestädte im 15. Jahrhundert ihre eigenen Positionen durch die Solidarität der Hanse stärken. Gerade Lübeck vermochte es, viele eigene Angelegenheiten, so z.B. im Verhältnis zu Dänemark oder Holstein, zu übergreifend hansischen zu machen und sich damit die Unterstützung und Solidarität anderer Städte zu sichern. Von dieser Warte aus war die Hanse ein politisches Instrument, das man wirkungsvoll in Verhandlungen einfließen lassen konnte.

Die Hanse war aber auch im 15. Jahrhundert immer nur das, wozu man sie machte. Sie war damit in ihrer äußeren Struktur uneinheitlich, ein Krokodil, wie die Engländer sagten, das kaum zu sehen war, das aber immer zubeißen konnte. Die Hanse war je nach Bedarf ein Instrument zur Verringerung von Handelskosten, ein politisches Drohszenario oder aber die Bewahrerin und Hüterin aller Rechte.

7 Die Hanse, ein Auslaufmodell?

Die politische Entwicklung im 16. und 17. Jahrhundert verstärkte die Probleme der Hanse weiter. Die Fürsten Europas konsolidierten nicht nur immer weiter ihre Macht, sie schufen auch die Grundlage für die Ausbildung späterer Territorialstaaten.[1] Gleichzeitig bildeten sich zunehmend größere Herrschaftsverbände heraus, wie das habsburgische Reich, das jetzt auch Flandern, die Niederlande, Spanien und Portugal umfasste, oder das schwedische Reich, zu dem auch Livland und zeitweise in Union Polen gehörte. Im Zuge dieser Entwicklung wurden immer mehr Städte den Fürsten unterworfen, ihre Handels- und Außenpolitik von den Herrschern abhängig gemacht. So unterlag z. B. die Außenpolitik der flandrischen und holländischen Städte den Überlegungen des Kaiserhofes in Wien oder Madrid, war also mehr von geostrategischen denn regionalen Interessen geprägt. Für eine eigenständige städtische Außen- und Handelspolitik der Städte gab es keinen Raum mehr. Zurück blieben die »großen« Handelsstädte, deren Rang von den Fürsten immer mehr in Abrede gestellt wurde. Hatten so die Städte im 13. Jahrhundert auf Augenhöhe mit dem englischen König verhandelt, wurde der Vertreter Stralsunds am Anfang des 16. Jahrhunderts nicht einmal mehr zur Audienz vorgelassen, da ein »einfacher Bürger« einer Stadt nicht mit dem König verhandeln könne.[2] Die politischen Rahmenbedingungen hatten sich so grundlegend verändert, dass der Handlungsspielraum der Hanse zusehends schwand.

Als weiteres erschwerendes Element für die Hanse kam die Glaubensspaltung in Deutschland und Europa zu

Beginn des 16. Jahrhunderts hinzu. Ließen sich die Bürger der meisten norddeutschen Hansestädte sehr frühzeitig von den protestantischen Ideen mitreißen und gerieten vielfach in einen Gegensatz zu ihrer katholischen Obrigkeit, verblieb z. B. Köln im päpstlichen Lager, wohingegen andere Städte, wie z. B. Münster, sehr bewegte Religionsauseinandersetzungen erlebten. Die Glaubensspaltung und die teilweise daraus folgenden Wirren und Kriege, die bis ins 17. Jahrhundert andauerten, belasteten die Rahmenbedingungen sowie die Einheit und Solidarität unter den Hansestädten erheblich. Darüber hinaus hatten die Religionswirren und -kriege viele Hansestädte in so hohe Haushaltsdefizite getrieben, dass die Regierung der Städte wieder in die Abhängigkeit von der Bürgerschaft geriet, wodurch kaufmännische Interessen in den Hintergrund traten.

Und auch die ökonomischen Rahmenbedingungen veränderten sich seit ca. 1500 grundlegend, die inneren wie die äußeren. Zu den grundlegenden äußeren Veränderungen gehört die Umstellung von der nordeuropäischen zur atlantischen Wirtschaft. Mit der Entdeckung Amerikas und der Seewege nach Indien verschoben sich die wirtschaftlichen Perspektiven Europas grundlegend. Die großen Gewinne und die wichtigsten Handelswaren kamen nun aus dem atlantischen Handel – und an diesem waren die alten Hansestädte nicht direkt beteiligt. Einige alte Handelszentren wie Amsterdam, London oder auch Antwerpen schafften es, beide Handelsgebiete auf eine neue Weise miteinander zu verbinden und daraus zu profitieren. Die Hansestädte waren für den Atlantikhandel aber erst einmal zu weit abgelegen. Das bedeutet nun nicht, dass der Handel auf den alten hansischen Handelsrouten eingestellt worden wäre. Ganz im Gegenteil, er lief beständig und in immer größerem Umfang weiter. Seine Bedeutung blieb aber hinter der des atlantischen Handels zurück.

Gleichzeitig führte der Aufstieg der holländischen Städte auch zu einer Veränderung innerhalb des hansischen Wirtschaftsgefüges. Viele alte große hansische Handelsstädte wurden durch neue Handelswege und -verbindungen in ihrer Entwicklung einfach von anderen überholt. Das wird am Beispiel Lübecks besonders deutlich. Die Travestadt erlebte in den folgenden Jahrhunderten keinen wirtschaftlichen Niedergang; in ihrer Wirtschaftsleistung wurde sie aber deutlich von Hamburg und Danzig überflügelt, deren Kaufleute nun die Verbindung zwischen dem alten Hanseraum und Holland sowie dem Atlantik übernahmen. Die alten Hansestädte wie Stralsund, Wismar, Demmin, Thorn, Reval, aber auch die vielen binnenländischen wie Dorpat, Lüneburg, Braunschweig, Salzwedel, Osnabrück oder Münster fanden sich seit dem 16. Jahrhundert in einer neuen wirtschaftlichen und politischen Situation wieder, die nicht mehr ihrem alten politischen und wirtschaftlichen Gewicht entsprach.

Mit den politischen Veränderungen in Europa gingen auch wirtschaftliche einher. So verloren Ende des 15. Jahrhunderts die alten Handelswege über Novgorod aufgrund der Ausdehnung des moskovitischen Reiches nach Norden an Bedeutung, ein Vorgang, der 1494 letztlich zur Schließung des Novgoroder Kontors führte. Die Wege der russischen Güter verlagerten sich nun weiter nach Norden, nach Archangelsk, und vor allem auf südliche Routen, wo Leipzig zum Haupthandelszentrum für russische Waren aufstieg. Hiermit verlor die Hanse ihre zentrale Stellung im Ost-West-Handel.

Auch der Handel mit Gewürzen und Luxusartikeln verlagerte sich aus dem hansischen Gebiet heraus auf die großen Seemärkte, zuerst war das in Spanien und Portugal und später in Holland der Fall. Hier gerieten viele hansische Zwischenhandelsstädte ins Abseits.

Eine ähnliche Entwicklung traf dann noch besonders die wendischen Städte, die immer mehr ins wirtschaftliche Lee gerieten. Der atlantische Verkehr endete im Hanseraum vor allem in Hamburg, das eine immer größere Bedeutung als »Tor zur Welt« zu entwickeln begann. Der Verkehr in und aus dem Ostseeraum lief immer öfter in einer direkten Linie Amsterdam – Helsingør – Danzig. Von dieser Linie aus gesehen, lagen die wendischen Städte in einer geographischen Randlage, sie verloren mehr und mehr ihre Bedeutung als Umschlagplatz zwischen Ost und West.

Diese Tendenz wurde dadurch verstärkt, dass die großen Seemächte England und Holland zum Bau ihrer Flotte auf preußisches Holz angewiesen waren, so wie deren große Nordseestädte verstärkt mit baltischem Getreide versorgt wurden. Es entstand dadurch ein direkter Handelsaustausch zwischen dem östlichen Ostsee- und dem Nordseeraum, zu dem die wendischen Städte nur wenig beitragen konnten.

Mit den äußeren Rahmenbedingungen veränderten sich auch die inneren ökonomischen Strukturen im Hanseraum, oder ganz konkret: Die Netzwerkstrukturen wurden von den Kaufleuten des 16. Jahrhunderts zusehends aufgegeben. Die Erfahrungen aus dem Überseehandel zu Beginn des 16. Jahrhunderts hatten gezeigt, dass man Entfernungen auch durch andere wirtschaftliche Mittel als das Netzwerk überbrücken konnte. Gleichzeitig stieg die Risikobereitschaft der Kaufleute, die durch die Netzwerkstrukturen und die darin kohärenten Mechanismen und Verhaltenskodizes im Hanseraum gezügelt worden waren. Seit den 1520er und 1530er Jahren lässt sich zeigen, dass vereinzelte Kaufleute begannen, eigenständig und auf eigenes Risiko direkt zwischen zwei Orten, so z. B. zwischen Reval und Amsterdam, zu handeln.[3] Das ermöglichte ihnen, Gewinne selbst zu behalten und durch strategische Entscheidungen zu maximieren. Sie wurden ganz einfach reicher als ihre Kollegen, was natürlich zur Nachahmung anregte. Auf der anderen Seite trugen sie aber auch das gesamte Risiko und konnten bei Verlusten sehr schnell ruiniert werden.

Der Direkthandel ermöglichte es den Kaufleuten nun auch, Geschäftsgeheimnisse zu bewahren, da sie ja niemandem mehr mitteilen mussten, was genau sie machen wollten. Diese Geheimhaltungsstrategie führte aber andererseits dazu, dass der Informationsfluss zwischen den Kaufleuten zum Erliegen kam. Gleichzeitig konnten die Kaufleute kein Geld mehr transferieren, da sie ja keine Partner mehr hatten, die das ohne Gebühren für sie regelten. Aus dieser Notlage heraus entstanden parallel zu den Veränderungen in der Geschäftsstruktur zwei neue Institutionen, die sich bis heute erhalten haben. Zur Lösung der Geldkrise entstanden nun im Hanseraum Banken, die einerseits Geldtransfers erledigten und die andererseits auch Liquiditätsengpässe überbrücken konnten.[4] Diese wurden zur Geheimhaltung von Geschäftsgeheimnissen verpflichtet. Zur Lösung der Informationskrise entstanden ebenfalls zu dieser Zeit Börsen und kurze Zeit später Zeitungen, die

die Kaufleute mit Informationen aller Art versorgten. Hierdurch wurden zwei wesentliche Aufgaben des Netzwerkes durch andere Institutionen abgelöst. Gleichzeitig verschwand ein wesentlicher Anreiz für gemeinsames, solidarisches Handeln.

Die Hanse reagierte auf ihre ganz eigene Weise auf die Veränderungen. So versuchte schon der Hansetag von 1518 eine Neuordnung der Hansewelt. Unter seinen Beschlüssen findet sich die Einteilung der Hansestädte in drei Klassen. Zur ersten Klasse gehörten die Hansestädte, die nicht nur die Privilegien nutzen, sondern auch den Hansetag besenden durften. Zur zweiten Klasse zählte man die kleineren Hansestädte, die zwar die Privilegien nutzen, den Hansetag aber nicht mehr besenden durften, da sie die im geheimen besprochenen Angelegenheiten der Hanse vor ihrem fürstlichen Landesherrn nicht verheimlichen könnten. Zu dieser Gruppe gehörten u.a. Braunsberg, Stettin, Uelzen, Lippstadt, Stavoren, Unna oder Bielefeld. Und dann gab es noch die dritte Gruppe der Hansestädte, die so vollständig der Herrschaft der Fürsten unterworfen waren, dass eine Beteiligung an der Hanse nicht mehr wünschenswert war, diese wurden nun aus der Hanse ausgeschlossen. Zu dieser Gruppe gehörten u.a. Berlin, Stendal, Salzwedel, Halberstadt, Quedlinburg, Breslau oder Frankfurt a. O.[5]

Daneben passte sich die Hanse auch den Veränderungen des atlantischen Handels an und verlegte ihr Kontor von Brügge nach Antwerpen, wo sie ein neues, prächtiges Haus errichten ließ. Allerdings lief der Hansetag mit dieser Entscheidung den Entwicklungen hinterher, und auch das Ergebnis stellte sich als ein typisch hansischer Kompromiss dar. Zwar verlegte man das Kontor in die neue Handelsmetropole, wollte aber gleichzeitig die Kaufleute zwingen, im Kontor zu wohnen und sich überwachen zu lassen – und das war nun ganz und gar nicht im Sinne der neuen Risikobereitschaft und der Entwicklung des Geschäftsgebarens.

Dieser Kompromiss war typisch für die Hanse im 16. Jahrhundert, die vor allem versuchte, durch Bewahrung des Erprobten und alter Ansprüche die Zukunft zu sichern. So sandte Lübeck noch bis weit ins 17. Jahrhundert hinein regelmäßig einen Vertreter auf die verwaisten Schonischen Messen, nur um die Ansprüche der Hansestädte kundzutun; die lübischen Kaufleute allerdings kamen nicht. Sie waren an anderen Geschäften interessiert. Anders ausgedrückt kann man sagen, dass die Angelegenheiten der Hanse sich im 16. Jahrhundert nun vollends von kaufmännischen zu konservativen, städtischen Interessen hin gewandelt hatten. Die Stadt Lübeck investierte Geld, um ihre und die hansischen Ansprüche auf Schonen oder in Antwerpen zu sichern, selbst wenn ihre eigenen Kaufleute nur sehr begrenzt davon Gebrauch machten.

Gleichzeitig litt die Hanse unter einem deutlichen Machtverlust, da die Anzahl ihrer Mitglieder ebenso wie deren Freiheiten rapide schwand. Die verbleibenden Hansestädte erkannten dieses Problem, und die Suche nach möglichen Bündnispartnern wird zum beherrschenden Thema der folgenden zwei Jahrhunderte. Um mit den neuen, stärker zentralisierten Strukturen mithalten zu können, begann auch die Hanse selbst, sich zu reformieren. Auf dem Hansetag von 1557 konnten sich die vier großen Städte Braunschweig, Lübeck, Danzig und Köln, die sich als Vertreter weiterer 63 Hansestädte verstanden, auf ein hansisches Grundstatut, ein Konföderationsnotel, einigen.[6]

Zum ersten Mal in ihrer Geschichte besaß die Hanse damit ein strukturiertes und durchgehend schriftlich fixiertes Statut, das die Aufgaben und Rechte jeder Hansestadt genau fixierte. Gleichzeitig mit dem Statut wurden die Hansemitglieder verpflichtet, eine jährliche Abgabe zur Finanzierung der hansischen Aufgaben zu zahlen, wodurch das Freiwilligkeitsprinzip aufgegeben wurde – und man dazu übergehen musste, genaue Mitgliederlisten der Hansestädte zu führen. Mit den eingeplanten (in Wirklichkeit aber nicht gezahlten) Geldern stellte die Hanse zum ersten Mal einen eigenen Beamten ein, der die Hanse nach außen vertreten sollte. Der Kölner Heinrich Sudermann wurde 1557 zum Syndikus der Hanse ernannt und sollte dieses Amt 35 Jahre lang ausüben.

Mit dem Statut von 1557 und Sudermann als Syndikus hatte die Hanse den Schritt hin zu einer vollwertigen Organisation vollzogen. Sie unterschied sich nun aber vollends von ihrer Selbstbeschreibung, die sie noch 1449 dem englischen König gegeben hatte. Nun war sie eine Gesellschaft (*societas*), eine feste Einrichtung (*universitas*), sie besaß gemeinsame Angelegenheiten (*res communes*), eine gemeinsame Kasse, einen gemeinsamen Syndikus, gemeinsame Angestellte in den Kontoren und eine eigene Verhandlungsposition. Die Hanse war nun ein festgefügtes Bündnis (*confoederatio*) aus vier Städten und anderen von den ersteren vertretenen Quartiersstädten. Damit hatte sie nach über einhundert Jahren einen wesentlichen organisatorischen Schritt vollzogen.

Dieser Schritt, der in der Theorie die Hanse stärken sollte, passte allerdings kaum mehr in die politische Realität jener Zeit, die, wie gesagt, den Städten nur noch wenig

Handlungsspielraum übrigließ. So erkannten erstens nur wenige Städte überhaupt die Notwendigkeit der Reorganisation der Hanse an, und noch weniger waren bereit, dafür regelmäßig zu zahlen. Wie immer, wenn ein bisher freier Dienst kostenpflichtig wird, so wurde auch nach 1557 jede Aufforderung zur Zahlung des Mitgliederbeitrages zu einer Feuerprobe, der sich mehr und mehr Städte entzogen. So kam der Stadt Coesfeld die undankbare Aufgabe zu, im Auftrag Münsters im sogenannten Bramquartier die Mitgliedsbeiträge einzusammeln. Daraufhin stapelten sich beim Stadtrat die Austrittserklärungen. Bocholt ließ so 1577 mitteilen, dass man nur unter Vorspiegelung eines angeblichen Nutzens erst kürzlich der Hanse beigetreten sei, von ihr aber »gar keinen Vorteil, statt dessen aber große Beschwer und Schaden erfahren habe«.[7] Und 1580 teilten auch Haltern, Borken, Vreden und Dülmen der Stadt Coesfeld mit, dass sie lieber aus der Hanse austreten wollten, als einen Beitrag zu entrichten, da sie aus »derselben weiniger als nichtz erfreuet« hätten, wie es Dülmen ausdrückte, und sie zudem mit Landessteuern viel zu hoch belastet seien.[8] (Noch 1611 versuchte Münster verzweifelt, ausstehende Beiträge von diesen Städten sowie von Werne und Telgte einzufordern – natürlich vergebens.[9]) Selbst die Stadt Köln, die Heimatstadt des neuen Syndikus, weigerte sich, ihren Anteil an seinem Gehalt zu zahlen.

Zweitens war die legitimistische Machtgrundlage der Städte begrenzt, da viele ihrer Mitglieder in andere Machtsphären eingegliedert waren. Nur wenige Hansestädte wie Lübeck oder Mühlhausen/Th. waren freie Reichsstädte, andere wie Hamburg und Bremen wurden gerade in dieser Zeit von ihrem Landesherrn bedrängt und mussten um ihre Freiheit kämpfen. Das Fundament der Hanse stand damit auf tönernen Füßen.

Und drittens klafften die Interessen der Hanse, die in der Wahrung des Erreichten und der hansischen Privilegien lagen, und die der Kaufleute in den Hansestädten immer weiter auseinander, wie es z. B. die Stadt Bocholt deutlich formulierte, als sie auf die Interessen ihrer Kaufleute in Antwerpen als einen Grund des Austritts aus der Hanse hinwies.[10] So gerieten z. B. selbst Hamburg und Stade aufgrund der Zusammenarbeit ihrer Kaufleute mit englischen Kollegen ins Visier des Hansetages, der 1601 Stade aus der Hanse ausschloss. Doch hatte der Ausschluss nicht länger wirtschaftliche Konsequenzen, die der Stadt wirklich hätten schaden können. Damit verschwand eine der wichtigsten Triebfedern für einen Zusammenhalt der Städte.

Der Dreißigjährige Krieg veränderte dann die politische Struktur im Hanseraum grundlegend. So wurde z. B. nach Abschluss des Krieges die Kerngruppe der wendischen Städte aufgespalten. Stade, Wismar und Stralsund wurden schwedisch, nur Hamburg, Lübeck und Bremen konnten ihre Unabhängigkeit bewahren. Damit war die seit dem Mittelalter bestehende Einheit in der Kerngruppe der Hanse aufgehoben worden.

Während des Krieges machten die beteiligten Großmächte der Hanse, die nun vor allem als seefahrende Hanse verstanden wurde, ihre Avancen. Die kaiserliche Seite z. B. wollte die Hansestädte als Flottenbasis im Norden nutzen. Doch lehnten die verbleibenden Hansestädte alle Versuche der Parteinahme ab. Die kriegerischen Auseinandersetzungen und der rege diplomatische Verkehr machten aber die

Notwendigkeit deutlich, im Notfall schneller als bisher reagieren zu können, und bewiesen, dass das alte Tagfahrtssystem den Verhältnissen nicht angemessen war. So beauftragte der Hansetag von 1629 die Städte Hamburg, Lübeck und Bremen mit der permanenten Außenvertretung der Hanse. Dieses Terzett beschloss daraufhin 1630, sich zu einem besonderen politischen und militärischen Bündnis zusammenzuschließen, um die Interessen der Hanse und der (drei) Hansestädte zu wahren. Dieses Bündnis ist die Grundlage der Hanse in den folgenden Jahrzehnten und sollte den späteren hanseatischen Gedanken bis zum Jahr 1871 und darüber hinaus weitertragen.

Nach 1630 bestand die Hanse in ihrem Kern nur noch aus drei Städten, die sich als Hüter und Bewahrer der hansischen Privilegien im Ausland, ihrer Kontore und ihrer (alten) Stellung verstanden. Gleichzeitig erfuhr die Hanse aber auch ihre erste, richtige völkerrechtliche Anerkennung. Durch geschicktes Verhandeln der drei Städte gelang es, die Hanse im Westfälischen Frieden ausdrücklich als Organisation zu verankern. Es ist ein Paradoxon der Geschichte, dass die Hanse erst kurz vor ihrem endgültigen Verfall ihre endgültige Anerkennung fand.

Nach dem Westfälischen Frieden gab es immer wieder Versuche, die Hanse und vor allem den Hansetag als Versammlung der Städte neu zu beleben. Doch die anberaumten Tage von 1651, 1657 und 1662 kamen nicht zustande. Als dann 1666 der Stalhof im großen Londoner Stadtbrand zerstört wurde und die Stadt London auf raschen Wiederaufbau drängte, war die nächste Gelegenheit gekommen, noch einmal die Städte zusammenzurufen. Doch war die Haltung der Städte desinteressiert. Die Stadt Wismar drückte es in ihrem Absageschreiben so aus, dass in der Hanse »mehr umbra als res ipsa« (›mehr Schatten als Substanz‹) übrig sei und im übrigen die Privilegien ihres jetzigen Landesherrn, des schwedischen Königs, bessere Vorteile versprächen als die der Hanse.[11] So erschienen zum letzten Hansetag im Jahr 1669 neben Hamburg, Lübeck und Bremen nur noch Danzig, Braunschweig und Köln. Rostock, Osnabrück und Hildesheim hatten Vollmachten geschickt, die anderen Städte erschienen nicht. (Der Wiederaufbau des Kontorgebäudes in London wurde übrigens wegen Uneinigkeit der versammelten Hansestädte, Danzig wollte nichts zum Wiederaufbau beitragen,[12] nicht von den Städten, sondern aus der Tasche des Bruders des Stalhofmeisters bezahlt.)

Der Tag von 1669 wurde abgehalten wie jeder andere auch. Ihm folgten aber keine anderen mehr nach. Es ergab sich keine weitere Gelegenheit. Die Hanse schlief so, wie viele andere mittelalterliche Institutionen auch, einfach ein, da sich die Grundvoraussetzungen für ihre Existenz geändert hatten. Zwar forderte Leibniz 1670, die Hanse wieder zu errichten,[13] und bat Kaiser Leopold I. 1684 Lübeck, einen neuen Hansetag einzuberufen, um eine gemeinsame Türkensteuer der Hansestädte eintreiben zu können, doch blieb dies (natürlich) ohne Erfolg.

Die Hanse zerplatzte also nicht in einem großen Knall, sie ging, wie sie gekommen war, als Folge einer allgemeinen politischen und vor allem wirtschaftlichen Entwicklung. Sie war ein Kind der Privilegienpolitik des 13. und 14. Jahrhunderts, sie kämpfte sich durch das 15. und den Beginn des 16. Jahrhunderts, um dann am Ende des 16. und im 17. Jahrhundert nicht mehr den wirtschaftlichen und politischen Umständen zu entsprechen. Sie war am Anfang ein Produkt kaufmännischen Handelns und Interesses im Ausland; im 14. Jahrhundert wurde die Interessenvertretung durch die Städte übernommen, und die Hanse als Institution verteidigte die Kaufleute und ihre Interessen im Ausland und schuf einheitliche Regeln im Binnenland. Die Städte kooperierten zuerst eng mit ihren Kaufleuten, verloren aufgrund der divergierenden Interessen innerhalb der Hanse aber im 15. Jahrhundert ihre Anpassungsfähigkeit an die Marktentwicklung im Ausland. Die Hanse wurde zu einem Bewahrer altbewährter Privilegien und Vorrechte, konnte aber parallel ihre regulierende Kraft für den Handel innerhalb der Hanse ausbauen.

Die Dokumente hansischer Diplomatie des 16. Jahrhunderts wiederholen dann in geradezu gebetsmühlenartiger Weise immer nur noch das gleiche: ›Wir haben einst ein Privileg erhalten und das verteidigen wir. Eine Anpassung wird es mit uns nicht geben.‹ Mit dieser Haltung entfernte sich die Hanse im 16. Jahrhundert nicht nur von den Möglichkeiten der Politik, sondern auch von ihren eigenen Kaufleuten, denn diese reagierten selbstverständlich äußerst flexibel auf die Entwicklung der Märkte – anders wären sie sehr schnell vom Markt verdrängt worden. Und auch bei den Herrschern selbst stieß diese starre Haltung auf wenig Gegenliebe, oder wie es die Leiterin einer dänischen Verhandlungsdelegation gegenüber Danzig schon am Anfang des 16. Jahrhunderts ausdrückte: Die Hanse solle endlich mit dem Gebrabbel (der brabbelye) von den alten Privilegien aufhören![14]

Die Hanse des 17. Jahrhunderts war nur noch ein Schatten ihrer selbst. Sie hatte ihre praktisch-politische Funktion nahezu verloren und versprach ihren Mitgliedern auch keine Vorteile mehr. Sie hatte sich von einer konservativen, konservierenden Organisation zu einer Tradition weiterentwickelt.

8 Nicht mehr hansisch, dafür hanseatisch: Das Weiterleben alter Traditionen in neuem Gewand in Lübeck, Hamburg und Bremen

Auch wenn die Hanse in ihrer praktischen Funktion keine Relevanz mehr besaß, bei den Hütern ihres Schattens, den Städten Hamburg, Lübeck und Bremen, lebte das Bewusstsein der Hanse und ihrer Tradition fort. In der Forschung unterscheidet man daher zwischen dem Adjektiv ›hansisch‹ für die Zeit bis 1669 und ›hanseatisch‹ für die Zeit danach – und hanseatisch waren nur noch drei: Hamburg, Lübeck und Bremen.

Für diese drei Städte bedeutete die Hanse im 17. und 18. Jahrhundert erst einmal nur eine Last, da sie zu Sachverwaltern der hansischen Kontore, deren Schulden und ihrer Gebäude geworden waren – und deren Unterhalt kostete Geld, das die sparsamen hanseatischen Honoratioren eigentlich nicht aufbringen wollten. Und auch mit dem politischen Zusammenhalt zwischen den verbleibenden drei Hansestädten war es nicht mehr weit her. In Gefahrensituationen hatte man zumeist nur gute Worte füreinander übrig, konkrete Hilfe konnte man von dem Hansebündnis nicht mehr erwarten.

Nur die erzwungene Zusammenarbeit bei der Verwaltung der Kontore und einige Handelsverträge, die man in der Folge des Westfälischen Friedens abgeschlossen hatte und die nur gemeinsam erneuert werden konnten, hielten das Bündnis am Leben.

Die politischen Entwicklungen des 18. Jahrhunderts verhalfen dem Hansebegriff dann zu einer neuen, mehr hanseatischen Bedeutung. War Lübeck schon seit 1226 eine freie Reichsstadt gewesen, so erhielten Bremen im Jahr 1741 und Hamburg 1768 ihre Unabhängigkeit von ihrem Landesherrn. Gleichzeitig waren alle drei Städte am Seehandel im Ausland interessiert, und so investierten sie seit dem 17. Jahrhundert gemeinsam in ihre Außenvertretung:[1] Sie errichteten hanseatische Konsulate u.a. in London, Paris, Madrid, auf der Iberischen Halbinsel, im Mittelmeerraum[2] sowie in St. Petersburg.[3] Diese Konsulate waren die Anlaufstellen für die städtischen Kaufleute im Ausland; sie hatten mit der mittelalterlichen Hanse und ihren Kontoren aber nichts mehr zu tun. Allerdings erhielt sich so der Hansebegriff als Oberbegriff für die drei großen, freien Seestädte Nordwestdeutschlands. Diese drei Städte grenzten sich dabei bewusst auch von anderen »Hansestädten« ab. So forderten sie z.B. die Stadt Danzig auf, deren Konsul nicht als »hansischen« zu bezeichnen, da diese Stadt nichts mehr zur Hanse beigetragen habe, diese sei ausschließlich durch die drei Städte weitergeführt worden.[4] Die »Kontinuität« der Hanse wurde bewusst und ausdrücklich nur von Hamburg, Lübeck und Bremen fortgeführt.

Eine erneute Wiederbelebung erhielt die Idee der Hanse dann Ende 1805, als der Erfolg der französischen Expansion abzusehen war. Napoleon Bonaparte bot den drei Städten einen unabhängigen Status an, wenn sie sich zu einem »Hanseatischen Bund« unter dem Schutz Frankreichs zusammenschlössen.[5] Die Regierungen der drei Städte konnten sich aber nicht einigen, und so wurden die Städte erobert und dem Departement der *Bouches de l'Elbe* zugeteilt. Hiermit war für alle drei Städte eine lange und glorreiche Tradition abgeschlossen, die rechtlich und traditionell noch tief mit dem Mittelalter verbunden war. Mit dem Ende der Selbständigkeit der drei Städte endete auch die erste Phase der hanseatischen Epoche.

Schon kurz nach der ersten Befreiung Hamburgs von den napoleonischen Truppen wurde 1813 eine »Hanseatische Legion« ausgehoben, die militärisch eingreifen sollte. Es entstand auch die Idee eines neuen, unabhängigen Hansebundes als Bündnis zwischen den Städten, die alle gleichermaßen unter Napoleon gelitten hatten. Das ließ sich nicht verwirklichen. Die drei Städte wurden aber gemeinsam Mitglied des Deutschen Bundes und erhielten zusammen die 17. Stimme in der Bundesversammlung, wodurch ihre Zusammenarbeit wieder gefestigt wurde.

Aus den Wirren der napoleonischen Zeit hatten die drei Städte nicht nur ihre Sonderstellung retten können, sondern auch das eigentliche Erbe der Hanse: die letzten Kontorbauten in London und Antwerpen. Verstanden sich die Städte vor 1800 nur als Treuhänder der Kontore, sahen sie sich nun als Eigentümer an. Und so wären die Senate der Städte die Gebäude gern losgeworden, doch scheiterten sie immer wieder an besonderen Umständen, die einen Verkauf gerade zu dieser oder jener Zeit unmöglich machten. Erst in den 1850er und 1860er Jahren gelang es ihnen, die alten Kontore zu verkaufen. Damit hatten sich die Hansestädte zur Mitte des 19. Jahrhunderts, kurz vor Aufblühen des nationalromantischen Hansegedankens, endgültig von ihrem hansischen Erbe getrennt.[6]

Auch wenn sich die Städte von den hansischen Kontoren getrennt hatten, so setzten sie bei ihren Außenvertretungen auch weiterhin auf eine gemeinsame Karte. So kam es schon 1825 zu einem ersten hanseatisch-englischen

Handelsvertrag, und in der weiteren Folge schlossen die Hansestädte gemeinsam Wirtschaftsverträge mit ausländischen Mächten ab und eröffneten gemeinsame Konsulate im Ausland. Bis zum Jahr 1866 war die Zahl gemeinsamer, hanseatischer Konsulate auf 132 weltweit angestiegen und entsprach in ihrer geographischen Verteilung den Handelsinteressen der drei Hansestädte.[7] Diese Konsulate bestanden bis zur Gründung des Deutschen Reiches 1871 und wurden dann in die Außenverwaltung des Reiches integriert.

Mit der Integration der drei freien Städte in das Deutsche Reich 1871 endete auch diese zweite hanseatische Phase. In der Folgezeit trafen sich die Bürgermeister der drei Städte zwar seit 1897 zu regelmäßigen Treffen, aber die drei Städte, »die so nahe liegen«, standen sich doch »so fern« (Alfred Lichtwark). Nach 1871 war die Hanse ein nationalromantischer, aber kein realpolitischer Gedanke mehr. Zwar gab es noch 1919 und kurzzeitig auch um 1945 die Idee, Hamburg und Lübeck zu einem Hansischen Städtebund innerhalb des Reiches zu vereinigen, doch blieb es bei der Idee. Die Zeit der selbständigen und unabhängigen Städtebünde in Deutschland war endgültig vorbei.

9 Die Hanse: Versuch einer Bilanz

Was war nun die Hanse? Kann man diese berechtigte Frage bündig beantworten? Wahrscheinlich nicht ganz, aber man kann sich heute sehr viel besser als noch vor einhundert Jahren dem Kern und der Funktionsweise der Hanse nähern.

In den vorangegangenen Kapiteln sollte gezeigt werden, dass die Hanse aus einer ganz bestimmten wirtschaftlichen und politischen Situation heraus entstand und nach ca. 150 Jahren aus ebenso politischen wie wirtschaftlichen Gründen wieder verschwand. Ihr Entstehen hatte nichts mit »nationalen« oder gar deutschen Interessen zu tun. Die Hanse entstand als spezifische Lösung für die Entwicklungen und Probleme, die der Handel im 13. und 14. Jahrhundert aufgeworfen hatte.

Die Entstehung der »Deutschen Hanse« beruhte auf fünf Grundkonstanten:

1. Der Entstehung eines nordeuropäischen Wirtschaftsraumes durch das Zusammenwachsen des Ostseeraumes mit Mittel- und Westeuropa nach 1100: In diesem geschlossenen Wirtschaftsraum, der vom Ural bis England und von Island bis zu den Alpen reichte, lagen die wichtigsten Förder- und Produktionsstätten jeweils an den äußeren Rändern. Die Hansestädte dagegen waren in dessen Mitte plaziert und fungierten als Umwälzpumpe wie auch als Riegel zwischen den einzelnen Gebieten.
2. Der wirtschaftlichen Stärke der norddeutschen Städte:

Diese sowie die gleichzeitige Schwächung der Territorialmächte des 12., 13. und 14. Jahrhunderts führten zu einer relativen Unabhängigkeit der städtischen Politik, die sich mit den Interessen der Kaufleute verband. Die Stadtregierungen verstanden es als ihre Aufgabe, die Interessen der Kaufleute, die Handelswege und Handelsprivilegien zu schützen, da mit dem Reichtum der Kaufleute auch die Macht der Stadt gestärkt wurde. Zur Stärkung ihrer Möglichkeiten verbanden sich die Städte zu regionalen Bündnissen, die ihrerseits handelspolitische Fragen behandeln konnten.

3. Der Überwindung des Raumes: Zur Überwindung der Entfernungen zwischen den Produktions- und Verkaufsstätten entwickelten die Kaufleute Norddeutschlands die Form des Handelsnetzwerkes. Dieses war eine maßgeschneiderte Antwort auf die Probleme, die sich aus den weiten Entfernungen und den langen Transportzeiten ergaben. Das nötige Grundvertrauen, das die Existenz eines solchen Netzwerkes überhaupt möglich machte, setzte gleiche Lösungsansätze und eine gleiche Sprache voraus. Aus diesem Grund begrenzte sich das Netzwerk auf den Bereich der niederdeutsch sprechenden Kaufleute mit gleichen Traditionen. Diese Sprachbarriere verstärkte den Zusammenhalt unter den Kaufleuten. Weiterhin schuf das Netzwerk ein gemeinsames Interesse an innerer Vereinheitlichung und Anpassung der Handelsnormen und anderer Faktoren des Handels.
4. Dem Zusammenwachsen der Kaufleute an ausländischen Kontoren: Die Privilegiensituation an den wichtigsten Märkten im Ausland zwang die norddeutschen Städte seit dem 13. Jahrhundert, an einigen Orten eng

zusammenzuarbeiten. Dieser Zwang zur Zusammenarbeit, um gemeinsam erworbene Privilegien verteidigen zu können, trug wesentlich zur Ausgestaltung eines Gemeinschaftsgedankens bei.

5. Den Interessen der binnenländischen Städte an den Möglichkeiten des internationalen Handelsnetzes und den hieraus zu gewinnenden Informationen: Die binnenländischen Städte innerhalb des niederdeutschen Sprachraumes, die nicht nur am Zwischen- und Endhandel mit Produkten interessiert waren, sondern auch selbst mit ihren Produkten zum Handel beitrugen, erhielten durch die bündische Organisation und den überregionalen Zusammenschluss der Hanse Zugang zu Absatzmärkten und Einkaufsmöglichkeiten, vor allem aber auch kostengünstig Informationen, die für ihre eigene Wirtschaft von Belang waren. Auch diese Städte waren in natürlicher Weise in das Kaufmannsnetzwerk eingebunden.

Diese fünf Variablen trugen zum Entstehen der Hanse bei wie auch zu ihrem Einschlafen. Das Zusammenwachsen der kaufmännischen Privilegien in London, Brügge oder Novgorod zwang die regionalen Bündnisse in Norddeutschland im 13. und 14. Jahrhundert zu immer häufigeren Konsultationen. Sie entdeckten, dass ein gemeinsames Vorgehen bessere ökonomische Gewinne versprach. Der Gedanke eines gemeinsamen Interesses zum Besten aller wurde mit dem Begriff der »Hanse der Deutschen« umschrieben, ein Begriff, der in dieser Form zuerst Mitte des 14. Jahrhunderts erscheint. Möglich wurde dieses gemeinsame Handeln durch die relative Unabhängigkeit der

Städte, die sich gezwungen sahen, selbst und eigenständig ihre Kaufleute und deren Interessen zu schützen.

Das Zusammenwachsen der regionalen Bündnistage, vor allem der der wendischen Städte, zu einem allgemeinen Tag der Städte um 1379 markiert den Entstehungszeitraum der Organisation der »Deutschen Hanse«.

Diese Organisation basiert vor allem auf dem Prinzip der Freiheit und Freiwilligkeit. Man war »Hanse«, wenn man in der »Hanse« sein wollte, d. h., wenn die eigenen Interessen und die anderer Städte oder Regionen kompatibel waren. Dabei sind zwei Hauptbereiche zu unterscheiden. Zum einen wirkte die Hanse nach innen. Durch Regulierung von Normen und das Sichern der Handelswege und -möglichkeiten verstärkte und verbesserte die Hanse die Wirtschaftssituation im Inneren, und zwar für alle Städte, die kleinen binnenländischen wie die großen Seestädte. In diesem Bereich trug die Hanse im 15. Jahrhundert wesentlich zur Vereinheitlichung des Wirtschaftsverkehres in Nordeuropa bei. Zum anderen wirkte die Hanse nach außen. Hierbei ging es immer um die Sicherung der Verkehrswege und der Privilegien der eigenen Kaufleute im Ausland. Allerdings hatten die verschiedenen Regionen durchaus divergierende Interessen an den jeweiligen ausländischen Handelsplätzen, so dass die auswärtige Politik der Hanse keinesfalls als einheitlich bezeichnet werden kann.

Zur Bestimmung der eigenen Position und möglicher Handlungen war die Hanse auf den Konsens aller Mitglieder angewiesen. Dieser Konsens musste auf den Hansetagen hergestellt werden. In der Regel waren aber nie alle Mitglieder mit den Beschlüssen einverstanden. Aufgrund des Konsensprinzips und der grundsätzlichen Freiwilligkeit, die auch für die Befolgung der Beschlüsse galt, vertrat die Hanse nach außen zumeist nur Regionalinteressen, die von den anderen Hansemitgliedern geduldet wurden. Ein gesamthansisches Interesse gab es nicht.

Im Laufe des 15. Jahrhunderts traten die unterschiedlichen außenpolitischen Interessen der Hansestädte zunehmend in den Vordergrund. Einige Städte, so Köln, entschlossen sich zeitweilig, die Hanse zu verlassen, da ihnen andere Wege, ihre Wirtschaft zu fördern, günstiger erschienen.

Die Hanse im 15. Jahrhundert war also zweierlei: eine normgebende Kraft nach innen, die gleichzeitig auch für einen konstanten Informationsfluss sorgte, und eine außenpolitische Kraft, die die Interessen einzelner Handelsregionen vertrat, aber mit inneren Gegensätzen zu kämpfen hatte. Diese Gegensätze wurden durch verschiedene Handelsrichtungen und -auffassungen der Hansemitglieder verursacht.

Allerdings war die Rolle der Hanse nach innen im 15. Jahrhundert unangefochten, da sie durch ihre Normgebung maßgeblich zur Stärkung der Kaufmannsnetzwerke beitrug.

Anfang des 16. Jahrhunderts begannen sich die fünf Grundkonstanten der Hanse zu ändern. Der nordeuropäische Wirtschaftsraum wurde erstens jetzt zu einem kleineren Teilraum des atlantischen Wirtschaftsraumes. Hierdurch sank die relative Bedeutung des hansischen Zwischenhandels im Vergleich zum atlantischen. Zudem veränderten sich die Wirtschaftswege; alte Handelszentren wie Lübeck verloren relativ an Bedeutung, andere stiegen auf. Gleichzeitig erstarkten zweitens die Territorialmächte, die begannen, die Handlungsspielräume der Städte zu beschneiden und sie letztendlich wieder ihrer Macht zu unterwerfen. Hierdurch verringerte sich sowohl die faktische Anzahl möglicher Hansestädte als auch deren reale Macht. Eine aktive Außenpolitik der Städte wurde undenkbar.

Drittens veränderten sich die Handelsgewohnheiten der Kaufleute. Das Handelsnetzwerk als solches wurde zusehends als bedrückend und einschränkend empfunden und andere Wege zur Überbrückung der Entfernungen wurden gesucht. Mit dem Zusammenbruch des Netzwerksystems verlor die Hanse einen ihrer wesentlichen Eckpfeiler.

Dies hatte viertens auch Einwirkungen auf das Bestehen und die Zukunft der Kontore. Deren Erhalt geschah nun mehr aus traditionellen denn aus praktischen Erwägungen. Die Politik der Hanse entwickelte sich dabei in eine Richtung, die den Interessen der Kaufleute nicht mehr entsprach. Hierdurch erlahmte auch das Interesse der Städte, die Aufwendungen für die Hanse nicht mehr mit wirtschaftlicher Notwendigkeit begründen konnten.

Fünftens unterbrach die Festigung der territorialen Herrschaft auch den überregionalen Warenverkehr im Binnenland und schuf neue Verkehrswege. Der konstante Informationsfluss, der durch die Hanse gewährleistet worden war, wurde jetzt durch herrschaftliche Anordnungen und Korrespondenz ersetzt. Der Verkehr der binnenländischen Städte wurde durch andere Faktoren gesteuert.

In dieser Situation versuchte die Hanse, durch Zentralisierung und Strukturmaßnahmen neue Kraft zu gewinnen. Mit der neuen Hanseordnung von 1557 gab die Hanse das Freiwilligkeitsprinzip auf und wurde zu einer festgefügten Organisation. Allerdings kam diese Maßnahme zu spät. Die äußeren wirtschaftlichen wie politischen Faktoren verlangten nach anderen Lösungen, die Hanse blieb eine Organisation zur Bewahrung erprobter Traditionen. Sie verlor zusehends ihre wirtschaftliche Relevanz.

Das wurde dann im 17. Jahrhundert besonders deutlich. Zwar erhielt die Hanse im Westfälischen Frieden ihre völkerrechtliche Anerkennung, andererseits schlief sie nach 1669 ein; sie war nur noch ein Schatten ihrer selbst. Hamburg, Lübeck und Bremen wurden zu den unwilligen Sachverwaltern ihres Erbes, und diese Städte entwickelten die Hanse weiter zum Hanseatischen.

In dieser Bilanz ist es schwer, in der Hanse die große deutsche Seemacht des Mittelalters zu erkennen, die als Mythos gern propagiert wurde. Natürlich konnte die Hanse die Zähne zeigen, besonders wenn es um das Interesse von mehr als einer Teilregion im Ausland ging. Und diese Zähne konnten auch beißen. Aber von den Staatsvisionen und Seemachtsträumen des 19. Jahrhunderts war die Hanse weit entfernt.

Die Hanse war zuallererst ein Zusammenschluss von Regionen und deren Städten in einer bestimmten wirtschaftlichen Situation am Ende des 14. Jahrhunderts. Sie war, und wir sollten ihren Worten selbst Glauben schenken, »ein fest-gefügtes Bündnis aus vielen Marktstädten, Städten und Einrichtungen, die Verbindungen zu Wasser und zu Lande zu ihrem Wohle unterhielten, um Piraten, Räuber und andere Gefahren zu Lande und zu Wasser abzuwehren, so dass ihre Kaufleute und deren Waren nicht geschädigt würden«.[1]

Bleiben wir in diesem Rahmen, so war die Hanse eine logische Folge der wirtschaftlichen Entwicklung. Verwirrend wurde und wird die Sache erst, betrachtete und betrachtet man sie mit einer staatsrechtlichen Brille. Aufgrund des Freiwilligkeitsprinzips war sie bis ins 16. Jahrhundert hinein keine Gesellschaft, sie war auch keine feste Einrichtung, da sie im Unterschied zu anderen Einrichtungen weder dem weltlichen noch dem kirchlichen Recht entsprach, noch über gemeinsame Angelegenheiten, noch eine gemeinsame Kasse, ein gemeinsames Siegel, einen gemeinsamen Syndikus, gemeinsame Angestellte oder eigene Verhandlungspositionen verfügte.

Auch am Ende dieses Bandes ist es also um ein Vielfaches einfacher zu sagen, was sie nicht war. Aber sie wollte auch nichts anderes sein, ihre Mitglieder wollten und konnten ihr keine andere Funktion geben. Das sollte und konnte erst kommen, als der Mitgliederbestand sich in Auflösung befand, und selbst dann war eine Umwandlung der Hanse in etwas anderes, das einer Gesellschaft ähnelte, im Grunde genommen undenkbar. – Und so blieben ihre Mitglieder einfach weg.

Anhang

Anmerkungen

1 Einleitung

1 Thomas Hill, »Vom öffentlichen Gebrauch der Hansegeschichte und Hanseforschung im 19. und 20. Jahrhundert«, in: *Ausklang und Nachklang der Hanse im 19. und 20. Jahrhundert*, hrsg. von Antjekathrin Graßmann, Trier 2001 (Hansische Studien, 12) S. 67–88.

2 Angelo Pichierri, *Die Hanse – Staat der Städte. Ein ökonomisches Modell der Städtevernetzung*, Opladen 2000 (Stadt, Raum, Gesellschaft, Bd. 10).

2 Die Anfänge der Hanse

1 Carsten Jahnke, »Handelsstrukturen im Ostseeraum im 12. und beginnenden 13. Jahrhundert. Ansätze einer Neubewertung«, in: *Hansische Geschichtsblätter* 126 (2008) S. 135–175.

2 Vita des Hl. St. Thomas von Canterbury. R. Pauli, »Aus den Mirakeln des heiligen Thomas von Canterbury«, in: *Hansische Geschichtsblätter* 5 (1875) S. 125 ff. Christian Radtke, »Schleswig und Soest. Einige Beobachtungen aus Schleswiger Sicht«, in: *Soester Zeitschrift* 92/93 (1981) S. 433–478. Zugleich: *Soest. Stadt – Territorium – Reich, Festschrift zum 100jährigen Bestehen des Vereins für Geschichte und Heimatpflege Soest*, hier S. 444 f.

3 Erich Hoffmann, »Lübeck im Hoch- und Spätmittelalter: Die große Zeit Lübecks«, in: *Lübeckische Geschichte*, hrsg. von Antjekathrin Graßmann, Lübeck [4]2008, S. 81–339, hier S. 117 ff.

4 Joseph P. Huffmann, *Family, commerce and religion in London and Cologne. Anglo-German emigrants, c. 1000 – c. 1300*, Cambridge 1998, hier S. 16 f.

5 Carsten Jahnke, »›Homines imperii‹ und ›osterlinge‹. Selbst- und Fremdbezeichnungen hansischer Kaufleute im Ausland am Beispiel Englands, Flanderns und des Ostseeraumes im 12. und

13. Jahrhundert«, in: *Hansische Geschichtsblätter* 129 (2011) S. 1–57, hier S. 32–36.

6 Carsten Jahnke, »›Homines imperii‹« (wie Anm. 5) S. 29–47.

7 Christian Müller, »Lübeck und der Rheinische Städtebund 1254–1256. Formen und Möglichkeiten städtischer Politik an der Wende zum Spätmittelalter«, in: *Zeitschrift des Vereins für Lübeckische Geschichte und Altertumskunde* 80 (2000) S. 165–184.

8 Carsten Jahnke, »Die Hanse. Überlegungen zur Entwicklung des Hansebegriffes und der Hanse als Institution resp. Organisation«, in: *Hansische Geschichtsblätter* 131 (2013) S. 1–32.

3 Die Waren der Hanse

1 Carsten Jahnke, »Der Ostseeraum und seine Produktivität«, in: *Der Ostseeraum bis 1400*, hrsg. von Thomas Riis, Kiel [in Vorbereitung]. Karl-Otto Ahnsehl, *Thorns Seehandel und Kaufmannschaft um 1370*, Marburg 1961 (Wissenschaftliche Beiträge zur Geschichte und Landeskunde Ost-Mitteleuropas, 53) S. 21–25. Walter Stark, *Lübeck und Danzig in der zweiten Hälfte des 15. Jahrhunderts. Untersuchungen zum Verhältnis der wendischen und preußischen Hansestädte in der Zeit des Niedergangs der Hanse*, Weimar 1973 (Abhandlungen zur Wirtschafts- und Sozialgeschichte, 11) S. 118–125. Marian Biskup, »Z problematyki handlu polsko-gdańskiego drugiej połowy Xv wieku«, in: *Przegląd Historzcyny* 45 (1954), S. 390–407, hier S. 393 ff.

2 Philippe Dollinger, *Die Hanse*, Stuttgart [4]1989, S. 82 f.

3 Robert Delort, *Le commerce des fourrures en occident à la fin du moyen age (vers 1300 – vers 1450)*, 2 Vols., Paris 1978. Janet Martin, *Treasure of the Darkness. The fur trade and its significance for medieval Russia*, Cambridge 1986.

4 Robert Delort, *Le commerce des fourrures* (wie Anm. 3) S. 1042 f.

5 Janet Martin, *Treasure of the Darkness* (wie Anm. 3) S. 81–85.

6 Artur Attman, *Den ryska marknaden i 1500-talets baltiska politik*, Lund 1944, S. 58 f. Jorma Ahvenainen, »Some contribution to the question of Dutch traders in Lapland and Russia at the end of the

sixteenth century«, in: *Acta Lapponica Fenniae* 6 (1967) S. 5–53. Jan Willem Veluwenkamp, *Archangel: Nederlandse ondernemers in Rusland 1550–1785*, Amsterdam 2000.

7 Herbert Eiden, »Die Hanse, die Leipziger Messen und die ostmitteleuropäische Wirtschaft«, in: *Hansische Geschichtsblätter* 120 (2002) S. 73–95. Manfred Unger, »Die Leipziger Messe und die Niederlande im 16. und 18. Jahrhundert«, in: *Hansische Geschichtsblätter* 81 (1963) S. 20–38.

8 Gunnar Mickwitz, »Die Hansakaufleute in Wiborg 1558/1559«, in: *Historiallinen Arkisto, Toimittanut Suomen Historiallinen Seura* 45 (1939) S. 107–193.

9 Wendy R. Childs, »Timber for Cloth: Changing commodities in Anglo-Baltic trade in the fourteenth century«, in: *Cogs, Cargoes, and Commerce. Maritime Bulk Trade in Northern Europe, 1150–1400*, hrsg. von Lars Berggren / Nils Hybel / Annette Landen, Toronto 2000 (Papers in Medieval Studies, 15) S. 181–211.

10 Carsten Jahnke, »The Baltic Trade«, in: *Handbook of Hanseatic History*, hrsg. von Don Harrald, Leiden (The Northern World) [in Vorbereitung].

11 Wolfgang Frontzek, *Das städtische Braugewerbe und seine Bauten vom Mittelalter bis zur frühen Neuzeit*, Neumünster 2005 (Häuser und Höfe in Lübeck, 7) S. 20.

12 Kåre Lunden, »Hanseatane og norsk økonomi i seinmellomalderen. Nokre merknader«, in: *Norsk Historisk Tidsskrift* 46 (1967) S. 97–129.

13 Milja van Tielhof, *The mother of all trades. The Baltic grain trade in Amsterdam from the late 16th to the early 19th century*, Leiden 2002 (The Northern World, 3) S. 6 f.

14 Artur Attman, *Den ryska marknaden* (wie Anm. 6) Beilage 1.

15 Gunnar Mickwitz, *Aus Revaler Handelsbüchern*, Helsingfors 1938, S. 74 ff.

16 Carsten Jahnke, *Netzwerke in Handel und Kommunikation an der Wende vom 15. zum 16. Jahrhundert am Beispiel zweier Revaler Kaufleute*, Habil., Kiel 2004, S. 204–221.

17 Stuart Jenks, *Das Danziger Pfundzollbuch von 1409 und 1411*, Köln 2012 (Quellen und Darstellungen zur Hansischen Geschichte, 63).

18 Artur Attman, *Den Ryska Marknaden* (wie Anm. 6) Beilage 7.

19 Wilhelm Stieda, »Kabelgarn und Steine, zwei Revaler Ausfuhrartikel«, in: *Beiträge zur Kunde Ehst-, Liv- und Kurlands* 7 (1910) S. 153–208.

20 Carsten Jahnke, »›do eten de sustere unde brodere to hope‹, Die Koste der St. Antonius-Bruderschaft zur Burg in Lübeck. Zur Durchführung mittelalterlicher Feste in der Stadt Lübeck«, in: *Das Gedächtnis der Hansestadt Lübeck. Festschrift für Antjekathrin Graßmann zum 65. Geburtstag*, hrsg. von Rolf Hammel Kiesow / Michael Hundt, Lübeck 2005, S. 97–111, hier S. 104.

21 George Thomas, »Sprachliche Belege für die im Mittelalter nach Russland eingeführten Gewürze«, in: *Hansische Geschichtsblätter* 89 (1971) S. 92–103.

22 Fritz Renken, *Der Handel der Königsberger Großschäfferei des Deutschen Ordens mit Flandern um 1400*, Weimar 1937, S. 42 f.

23 Carsten Jahnke, »Der Ostseeraum« (wie Anm. 1) [in Vorbereitung]. Karl-Otto Ahnsehl, *Thorns Seehandel* (wie Anm. 1) S. 51.

24 Peter Ratkoš, »Das Kupferwesen in der Slowakei vor der Entstehung der Thurzo-Fuggerschen Handelsgesellschaft«, in: *Der Außenhandel Ostmitteleuropas, 1450–1650. Die ostmitteleuropäischen Volkswirtschaften in ihren Beziehungen zu Mitteleuropa*, hrsg. von Ingomar Bog, Köln 1971, S. 584–599, hier S. 588 ff.

25 Tom Söderberg, *Stora Kopperberget under Medeltiden och Gustav Vasa*, Stockholm 1932, S. 135–138, vor allem S. 137 f.

26 Karl Heinrich Kaufhold: »Neuere Forschungen zur Wirtschaftsgeschichte des Berg- und Hüttenwesens im westlichen Harz in der vorindustriellen Zeit. Ein Überblick unter besonderer Berücksichtigung der wirtschaftlichen Wechsellagen, in: *Konjunkturen im europäischen Bergbau in vorindustrieller Zeit. Festschrift für Ekkehard Westermann zum 60. Geburtstag*, hrsg.

von Christoph Bartels / Markus A. Denzel, Stuttgart 2000 (VSWG, Beihefte 155) S. 37–72, hier S. 41. Andreas Bingener, »Mittelalterlicher Metallhandel im Harz. Märkte und Transportwege«, in: *Scripta Mercaturae* 32 (1998) Heft 2, S. 20–43, hier S. 26 ff.

27 Wilhelm Koppe, *Lübeck-Stockholmer Handelsgeschichte im 14. Jahrhundert*, Neumünster 1933, S. 31. Karl-Otto Ahnsehl, *Thorns Seehandel* (wie Anm. 1) S. 236, Anm. 150.

28 Josef Vozár, »Die Eisenproduktion und der Eisenhandel in den Städten der Slowakei«, in: *Stadt und Eisen*, hrsg. von Ferdinand Opll, Linz a. d. Donau 1992 (Beiträge zur Geschichte der Städte Mitteleuropas, 11), S. 97–109, hier S. 106 f.

29 Johan Johansson, *Om Norraskog. Äldre och nyere Anteckningar*, Tl. 1, Stockholm 1875, Tl. 2, Stockholm 1881/82, hier Tl. 2, S. 73 f.

30 Wilhelm Koppe, *Lübeck-Stockholmer Handelsgeschichte* (wie Anm. 27) S. 32 f.

31 Carsten Jahnke, *»Das Silber des Meeres«. Fang und Vertrieb von Ostseehering zwischen Norwegen und Italien vom 12. bis zum 16. Jahrhundert*, Köln 2000 (Quellen und Darstellungen zur Hansischen Geschichte, 49).

32 Carsten Jahnke, »Die Malmöer Schonenzolliste des Jahres 1375«, in: *Hansische Geschichtsblätter* 155 (1997) S. 1–107.

33 Philippe Dollinger, *Die Hanse* (wie Anm. 2) S. 317.

34 Mike Burkhardt, *Der hansische Bergenhandel im Spätmittelalter. Handel – Kaufleute – Netzwerke*, Köln 2009 (Quellen und Darstellungen zur Hansischen Geschichte 60) S. 170–178.

35 Simone Abraham-Thisse, »Der Tuchhandel der Hanse am Ende des Mittelalters (14.–15. Jahrhundert)«, in: *Vergleichende Ansätze in der hansischen Geschichtsforschung*, hrsg. von Rolf Hammel-Kiesow, Trier 2002 (Hansische Studien 13) S. 183–207.

36 Mike Burkhardt, *Der hansische Bergenhandel* (wie Anm. 34) S. 170 f.

37 Caroline Barron, *London in the later Middle Ages, government and people 1200–1500*, Oxford 2004, Abb. 5.6.

38 Simone Abraham-Thisse, »Der Tuchhandel der Hanse« (wie Anm. 35) S. 184 ff.

39 Carsten Jahnke, *Netzwerke in Handel und Kommunikation* (wie Anm. 16) S. 282, sowie Beilage Nr. 12, Gesellschaft Selhorst-Sandow, Umsätze, Gewinne und Verluste 1531–1533.

40 Dennis Hormuth [u. a.], *Die Hamburgisch-Lübischen Pfundgeldlisten 1485–1486*, Hamburg 2006 (Veröffentlichungen aus dem Staatsarchiv der Freien und Hansestadt Hamburg, 21).

41 Tallinna Linnaarchiv (Archiv der Hansestadt Reval), Handelsbücher Veckinghusen, A.f.6, fol. 119v.

42 Tallinna Linnaarchiv (wie Anm. 41) A.f.6, fol. 11r.

43 Eliyahu Ashtor, »The Volume of medieval Spice Trade«, in: *The Journal of European Economic History* 9 (1980), S. 753–763.

44 Franz Irsigler, *Die wirtschaftliche Stellung der Stadt Köln im 14. und 15. Jahrhundert. Strukturanalyse einer spätmittelalterlichen Exportgewerbe- u. Fernhandelsstadt*, Wiesbaden 1979 (Vierteljahrsschrift für Sozial- und Wirtschaftsgeschichte, Beihefte 65) S. 241–270. Klaus Militzer, »Handel und Vertrieb rheinischer und elsässischer Weine über Köln im Spätmittelalter«, in: *Weinbau, Weinhandel und Weinkultur. Sechstes Alzeyer Kolloquium*, hrsg. von Alois Gerlich, Stuttgart 1993 (Geschichtliche Landeskunde, 40) S. 165–185.

45 Klaus Militzer, »Handel und Vertrieb« (wie Anm. 44) S. 173.

46 Wilhelm Schönfelder, *Die wirtschaftliche Entwicklung Kölns von 1370–1513*, Köln 1970, S. 46. Franz Irsigler, *Die wirtschaftliche Stellung der Stadt Köln* (wie Anm. 44) S. 271–282.

47 Antje Sander, »Städtische Weinkeller in Norddeutschland im Spätmittelalter«, in: *Weinproduktion und Weinkonsum im Mittelalter*, hrsg. von Michael Matheus, Stuttgart 2004 (Geschichtliche Landeskunde, 51) S. 101–118.

48 Stuart Jenks, »Der hansische Salzhandel im 15. Jahrhundert im Spiegel des Danziger Pfundzollbuchs von 1409«, in: *»Vom rechten Maß der Dinge« Beiträge zur Wirtschafts- und Sozialgeschichte. Festschrift für Harald Witthöft zum 65. Geburtstag*, hrsg. von Rainer S. Elkar [u. a.], St. Katharinen 1996, Tl. 1, S. 257–284.

49 Stuart Jenks, »Salzhandel« (wie Anm. 48) S. 262. Zahlen in kg. Netto (d.h. ohne Verpackung), die Last Salz zu 1632,96 kg.

50 Harald Witthöft, »Der Export Lüneburger Salzes in den Ostseeraum während der Hansezeit«, in: *Die Hanse und der deutsche Osten*, hrsg. von Norbert Angermann, Lüneburg 1990, S. 41–65, hier S. 44; und vor allem H. W., »Struktur und Kapazität der Lüneburger Saline seit dem 12. Jahrhundert«, in: *Vierteljahrsschrift für Sozial- und Wirtschaftsgeschichte* 63 (1976), S. 1–117, hier S. 51–95 und S. 105–112.

51 Walter Fellmann, »Die Salzproduktion im Hanseraum«, in: *Hansische Studien. Heinrich Sproemberg zum 70. Geburtstag*, hrsg. von Gerhard Heitz / Manfred Unger, Berlin (Ost) 1961, S. 56–71.

52 Peter Tepp, *Untersuchungen zur Sozial- und Wirtschaftsgeschichte der Hanse- und Salzstadt Kolberg im Spätmittelalter*, Diss., Hamburg, 1980, S. 37–42. Dietrich Kausche, »Das Kolberger Salz und sein Absatz im Mittelalter als Forschungsproblem«, in: *Baltische Studien, N.F.* 64 (1978), S. 7–20.

53 Wolfgang Frontzek, *Das städtische Braugewerbe* (wie Anm. 11) S. 11 f. http://de.statista.com/statistik/daten/studie/176721/umfrage/bierkonsum-pro-kopf-in-europa-nach-laendern/ (Abfrage: 14.12.2012).

54 Christine v. Blanckenburg, *Die Hanse und ihr Bier. Brauwesen und Bierhandel im hansischen Verkehrsgebiet*, Köln 2001 (Quellen und Darstellungen zur Hansischen Geschichte, 55) S. 230–244.

55 Wolfgang Frontzek, *Das städtische Braugewerbe* (wie Anm. 11) S. 64 f.

56 Zu Rostock und Wismar siehe Christine v. Blanckenburg, *Die Hanse und ihr Bier* (wie Anm. 54) S. 90–96 sowie S. 109 f. Für Wismar berechnet Christine v. Blanckenburg für die Mitte des 14. Jahrhunderts die etwas unwahrscheinliche Braumenge von 346 000 hl. Bier p. a., C. v. Blanckenburg (wie Anm. 54) Tabelle 9, S. 208.

4 Wie funktionierte der hansische Handel?

1 Carsten Jahnke, *Netzwerke in Handel und Kommunikation* (s. Kap. 3, Anm. 16) S. 162–171.

2 Carsten Jahnke, *Netzwerke in Handel und Kommunikation* (s. Kap. 3, Anm. 16) S. 162–171.

3 Albrecht Cordes, *Wie verdiente der Kaufmann sein Geld? Hansische Handelsgesellschaften im Spätmittelalter*, Lübeck 2000 (Handel, Geld und Politik, Bd. 2).

5 Die Hanse als Institution und Organisation

1 Carsten Jahnke, »Die Hanse, Überlegungen« (s. Kap. 2, Anm. 8).

2 Johannes Ludwig Schipmann, *Politische Kommunikation in der Hanse (1550–1621), Hansetage und westfälische Städte*, Köln 2004 (Quellen und Darstellungen zur Hansischen Geschichte, 55).

3 *Hansisches Urkundenbuch*, Bd. 9, Nr. 584, § 2, S. 463 f.

4 Wladysław Duczko, *Viking Rus, Studies on the presence of Scandinavians in Eastern Europe*, Brill 2004 (The Northern World, 12).

5 Siehe zum Kontor allgemein Norbert Angermann, »Nowgorod – das Kontor im Osten«, in: *Die Hanse. Lebenswirklichkeit und Mythos*, hrsg. von Jörgen Bracke / Volker Henn / Rainer Postel, Lübeck ^{4}2006, S. 82–86.

6 Carsten Jahnke, »Homines imperii« (s. Kap. 2, Anm. 5) S. 29–47.

7 Sofia Gustafsson, *Svenska städer i medeltidens Europa. En komparativ studie av stadsorganisation och politisk kultur*, Stockholm 2006, S. 24–31.

8 Nils Jörn, *»With money and bloode«. Der Londoner Stalhof im Spannungsfeld der englisch-hansischen Beziehungen im 15. und 16. Jahrhundert*, Köln 2000 (Quellen und Darstellungen zur Hansischen Geschichte, 50).

9 Zum Haus der Osterlinge siehe einleitend Volker Henn, »Das Brügger Kontor«, in: *Die Hanse. Lebenswirklichkeit und Mythos*, hrsg. von Jörgen Bracker / Volker Henn / Rainer Postel, Lübeck ^{4}2006, S. 216–223.

10 Mike Burkhardt, *Der hansische Bergenhandel* (s. Kap. 3, Anm. 34).
11 Justyna Wubs-Mrozewicz, *Traders, Ties and Tensions. The interaction of Lübeckers, Overijsslers and Hollanders in Late Medieval Bergen*, Hilversum 2008 (Groninger Hanze Studies, 3).
12 Carsten Jahnke, *Das Silber des Meeres* (s. Kap. 3, Anm. 31).
13 Carsten Jahnke, *Das Silber des Meeres* (s. Kap. 3, Anm. 31) S. 117–119.

6 Die Entwicklung der Hanse

1 Rolf Hammel-Kiesow, *Die Hanse*, München [4]2008, S. 51 ff.
2 Mikael Kristian Hansen, »Die Rolle des Deutschen Ordens im Ostseeraum, 1360–1375«, in: *Hansische Geschichtsblätter* 126 (2008) S. 187–220. Carsten Jahnke, »Die Malmöer Schonenzolliste« (s. Kap. 3, Anm. 32) S. 1–21.
3 Gregor Rohmann, »Der Kaperfahrer Johann Störtebeker aus Danzig«, in: *Hansische Geschichtsblätter* 125 (2007) S. 77–119.
4 Ulrich Andermann, »Spätmittelalterlicher Seeraub als Kriminaldelikt und seine Bestrafung«, in: *Störtebeker – 600 Jahre nach seinem Tod*, hrsg. von Wilfried Ehbrecht, Trier 2005 (Hansische Studien, 15) S. 23–36.
5 Matthias Puhle, »Die Vitalienbrüder – Söldner, Seeräuber?«, in: *Störtebeker – 600 Jahre nach seinem Tod*, hrsg. von Wilfried Ehbrecht, Trier 2005 (Hansische Studien, 15) S. 15–22.
6 Hans Christian Cordsen, *Beiträge zur Geschichte der Vitalienbrüder*, Halle 1907.
7 Rohmann, »Kaperfahrer« (wie Anm. 3), S. 96–108.
8 Andreas Kammler, *Up Eventur. Untersuchungen zur Kaperschiffahrt 1471–1512, vornehmlich nach Hamburger und Lübecker Quellen*, St. Katharinen 2005.
9 Carsten Jahnke, »Piraten und Politik. Die Auseinandersetzung Lübecks und Hamburgs mit Gerhard von Oldenburg und Edo Wymeken zu Jever, 1480 bis 1487«, in: *Störtebeker – 600 Jahre nach seinem Tod*, hrsg. von W. Ehbrecht, Trier 2005 (Hansische Studien, 15) S. 181–209.

10 Rudolf Holbach, »Hanse und Seeraub. Wirtschaftliche Aspekte«, in: *Störtebeker – 600 Jahre nach seinem Tod*, hrsg. von Wilfried Ehbrecht, Trier 2005 (Hansische Studien, 15) S. 131–151.
11 Dennis Hormuth, »Die Hanse in Fehde – Seeraub und Diplomatie«, in: *Die Hamburg-Lübischen Pfundgeldlisten*, hrsg. von D. H. (s. Kap. 3, Anm. 40) S. 13–42.
12 Dirk Seifert, *Kompagnons und Konkurrenten, Holländer und die Hanse im Späten Mittelalter*, Köln 1997 (Quellen und Darstellungen zur Hansischen Geschichte, 43) S. 415.
13 Mike Burkhardt, *Der hansische Bergenhandel* (s. Kap. 3, Anm. 34) S. 170–178.

7 Die Hanse, ein Auslaufmodell?

1 Maria Seier, »Die Hanse auf dem Weg zum Städtebund: Hansische Reorganisationsbestrebungen an der Wende vom 15. zum 16. Jahrhundert«, in: *Hansische Geschichtsblätter* 130 (2012) S. 93–125, hier S. 101 ff. Heinz Duchhardt, »Die Hanse und das europäische Mächtesystem des frühen 17. Jahrhunderts«, in: *Niedergang oder Übergang, zur Spätzeit der Hanse im 16. und 17. Jahrhundert*, hrsg. von Antjekathrin Graßmann, Köln 1998 (Quellen und Darstellungen zur Hansischen Geschichte, 44) S. 11–24.
2 T. H. Lloyd, *England and the German Hanse 1157–1611. A study of their trade and commercial diplomacy*, Cambridge 1991, S. 253.
3 Carsten Jahnke, *Netzwerke in Handel und Kommunikation* (s. Kap. 3, Anm. 16) S. 304–311.
4 Carsten Jahnke, »Lübeck, der Bankenplatz des Nordens? – Lübecker Banken des 15. Jahrhunderts als Indikatoren eines neuen Kommunikationsmodells und eines sich ausweitenden Handelsraumes«, in: *Scripta Mercaturae* 40 (2006), S. 149–168.
5 Maria Seier, »Die Hanse auf dem Weg zum Städtebund« (wie Anm. 1) S. 102 f.
6 Joseph Niesert, *Münstersche Urkundensammlung, Dritter Band, Urkunden über Städtegründung, Stadtrechte, das Gildewesen und*

die Hanse, Coesfeld 1829, hier Abteilung V, »Ueber das Verhältniß der Städte Münsterlandes zum Hansebund«, Nr. 7–9, S. 393–423.

7 Jospeh Niesert, *Münstersche Urkundensammlung* (wie Anm. 6) »Hansebund«, Nr. 12, S. 437–441.

8 Joseph Niesert, *Münstersche Urkundensammlung* (wie Anm. 6) »Hansebund«, Nr. 19, A–E, S. 458–466, hier E, S. 464–466.

9 Joseph Niesert, *Münstersche Urkundensammlung* (wie Anm. 6) »Hansebund«, Nr. 33–34, S. 523–535.

10 Jospeh Niesert, *Münstersche Urkundensammlung* (wie Anm. 6) »Hansebund«, Nr. 12, S. 437–441.

11 Rainer Postel, »Der Niedergang der Hanse«, in: *Die Hanse, Lebenswirklichkeit und Mythos*, hrsg. von Jörgen Bracker / Volker Henn / Rainer Postel, Lübeck [4]2006, S. 165–193, hier S. 192.

12 Magnus Ressel, »Von der Hanse zur Hanseatischen Gemeinschaft. Die Entstehung der Konsulatsgemeinschaft von Bremen, Hamburg und Lübeck«, in: *Hansische Geschichtsblätter* 130 (2012) S. 127–174, hier. S. 132.

13 Magnus Ressel, »Von der Hanse« (wie Anm. 12) S. 133.

14 *Recesse der Hansetage*, III.7, Nr. 429, S. 761–782, hier § 72, S. 781.

8 Nicht mehr hansisch, dafür hanseatisch

1 Siehe zu diesem Vorgang nun Magnus Ressel, »Von der Hanse« (s. Kap. 7, Anm. 12) S. 145–159, S. 163–171.

2 Eva Susanne Fiebig, »Hanseaten am Bosporus? Die Levantekonsulate der Hansestädte Lübeck, Bremen und Hamburg«, in: *Zeitschrift des Vereins für Lübeckische Geschichte und Altertumskunde* 87 (2007), S. 119–134.

3 Antjekathrin Graßmann, »Hanse weltweit? Zu den Konsulaten Lübecks, Bremens und Hamburgs im 19. Jahrhundert«, in: *Ausklang und Nachklang der Hanse im 19. und 20. Jahrhundert*, hrsg. von A. G., Trier 2001 (Hansische Studien, 12) S. 43–65.

4 Magnus Ressel, »Von der Hanse« (s. Kap. 7, Anm. 12) S. 168 f.

5 Michael Hundt, »Von der ›halbvergessene[n] Antiquität‹ zum modernen Staatenbund?«, in: *Ausklang und Nachklang*

der Hanse im 19. und 20. Jahrhundert, hrsg. von Antjekathrin Graßmann, Trier 2001 (Hansische Studien, 12) S. 1–30, hier S. 15 ff.

6 Hans-Dieter Loose, »Nutzbares Erbe oder belastende Relikte einer glorreichen Vergangenheit? Der hanseatische Umgang mit dem Londoner Stalhof und dem Antwerpener Haus der Osterlinge in der ersten Hälfte des 19. Jahrhunderts«, in: *Ausklang und Nachklang der Hanse im 19. und 20. Jahrhundert*, hrsg. von Antjekathrin Graßmann, Trier 2001 (Hansische Studien 12) S. 31–42.

7 Antjekathrin Graßmann, »Hanse weltweit?« (wie Anm. 3) S. 47.

9 Die Hanse: Versuch einer Bilanz

1 *Hansisches Urkundenbuch*, Bd. 9, Nr. 584, § 2, S. 463 f.

Literaturhinweise

Quellen

Die vorliegenden Quellen geben nur eine sehr kleine Auswahl wieder. Die heutige Forschung stützt sich auf wesentlich mehr Quellenmaterial, als im Hansischen Urkundenbuch und in den Hanserecessen veröffentlicht. Zu den einzelnen Ländern, Regionen und Städten liegen vielfach regionale oder städtische Urkundenbücher vor, die an dieser Stelle nicht erwähnt werden können.

Das Hansische Urkundenbuch, die Hanserecesse, das Danziger Inventar sowie einige andere Quellen liegen heute online vor.

Danziger Inventar. 1531–1591. Mit einem Akten-Anhang. Hrsg. von Paul Simson. München 1913. (Die Inventare Hansischer Archive des sechszehnten Jahrhunderts. Bd. 3.)

Goetz, Karl Leopold (Hrsg.): Deutsch-Russische Handelsverträge des Mittelalters. Hamburg 1916. (Abhandlungen des Hamburgischen Kolonialinstituts. 37.)

Hanserecesse. Auf Veranlassung und mit Unterstützung seiner Majestät des Königs von Bayern Maximilian II. hrsg. durch die Historische Commission bei der Königl. Academie der Wissenschaften. Die Recesse und andere Akten der Hansetage. Leipzig 1870–1970.

Hansisches Urkundenbuch. Hrsg. vom Verein für Hansische Geschichte. Bde. 1–11. Halle 1876–1939.

Hormuth, Dennis [u. a.] (Hrsg.): Die Hamburgisch-Lübischen Pfundgeldlisten 1485–1486. Hamburg 2006. (Veröffentlichungen aus dem Staatsarchiv der Freien und Hansestadt Hamburg. 21.)

Jahnke, Carsten (Hrsg.): Die Malmöer Schonenzolliste des Jahres 1375. In: Hansische Geschichtsblätter 115 (1997) S. 1–107.

Jenks, Stuart (Hrsg.): Das Danziger Pfundzollbuch von 1409 und 1411. Köln 2012. (Quellen und Darstellungen zur hansischen Geschichte. 63.)

Jenks, Stuart (Hrsg.): Die mittelalterlichen Schraen des hansischen Kontors in Nowgorod. CD-Ausgabe. In: Das Gedächtnis der Hansestadt Lübeck. Festschrift für Antjekathrin Graßmann zum 65. Geburtstag. Hrsg. von Rolf Hammel-Kiesow / Michael Hundt. Lübeck 2005.

Jenks, Stuart (Hrsg.): The Enrolled Customs Accounts (TNA: PRO E 356, E 372, E 364) 1279/89–1508/09 (1523/1534). Part 1. Kew 2004.

Kuske, Bruno (Hrsg.): Quellen zur Geschichte des Kölner Handels und Verkehrs im Mittelalter. Bonn 1917–1923. (Publikationen der Gesellschaft für rheinische Geschichtskunde. 33. Nr. 1–4.)

Lechner, Georg (Hrsg.): Die hansischen Pfundzollisten des Jahres 1368. Lübeck 1935. (Quellen und Darstellungen zur Hansischen Geschichte. N. F. 10.)

Lesnikov, Michail P. (Hrsg.): Die Handelsbücher des hansischen Kaufmannes Veckinchusen. Berlin 1973.

Lesnikov, Michail P. / Stark Walter (Hrsg.): Die Handelsbücher des Hildebrand Veckinchusen. Köln 2013. (Quellen und Darstellungen zur hansischen Geschichte. 67).

Mollwo, Carl (Hrsg.): Das Handlungsbuch von Hermann und Johann Wittenborg. Leipzig 1901.

Nirrnheim, Hans (Hrsg.): Das Hamburgische Pfundzollbuch von 1369. Hamburg 1910. (Veröffentlichungen aus dem Staatsarchiv der Freien und Hansestadt Hamburg. 1.)

Poelman, H. A. (Hrsg.): Bronnen tot de geschiedenis van den Oostzeehandel, 's-Gravenhage 1917. (Rijks geschiedkundige Publicatiën. 35, 36.)

Sattler, Carl (Hrsg.): Handelsrechnungen des Deutschen Ordens. Leipzig 1887.

Stieda, Wilhelm (Hrsg.): Hildebrand Veckinchusen. Briefwechsel eines deutschen Kaufmanns im 15. Jahrhundert. Leipzig 1921.

Urkundenbuch der Stadt Lübeck. Codex diplomaticus Lubecensis. 1. Abtheilung: Urkundenbuch der Stadt Lübeck. 11 Bde. Lübeck 1848–1932.

Darstellungen

Die Forschung zur Hanse verteilt sich über viele einzelne Beiträge, mehr als an dieser Stelle aufgeführt werden können.

Grundlegende Publikationen zur hansischen Geschichte

Die meisten Artikel zur hansischen Geschichte werden in den seit 1871 jährlich erscheinenden Hansischen Geschichtsblättern veröffentlicht. Digitalisierungen und Inhaltsangaben der Hansischen Geschichtsblätter finden sich unter: http://www.hansischergeschichts verein.de/geschichtsbll.htm und http://www.fordham.edu/mvst/magazinestacks/hgbll.html.

Daneben gibt es in Deutschland drei Publikationsreihen ausschließlich hansischen Inhaltes. Zum einen die von 1875 bis 1927 erschienenen *Hansischen Geschichtsquellen*, die seit 1961 erscheinenden *Hansischen Studien* sowie die seit 1970 erscheinenden *Quellen und Darstellungen zur Hansischen Geschichte*. Die in allen drei Reihen veröffentlichten Artikel und Beiträge dienen der grundlegenden Hanseforschung in Deutschland. Darüber hinaus gibt es in den Niederlanden die seit 2005 erscheinenden *Groninger Hanze Studies* mit englischsprachigen Beiträgen.

Viele der einzelnen ehemaligen Hansestädte haben zudem eine eigene historische Zeitschrift, die sich auch mit Fragen des Verhältnisses der Hanse zur jeweiligen Stadt auseinandersetzen kann.

Allgemeine und vertiefende Darstellungen zur Geschichte der Hanse (in Auswahl)

Bracker, Jörgen / Henn, Volker / Postel, Rainer: Die Hanse. Lebenswirklichkeit und Mythos. Lübeck [4]2008.
Dollinger, Philippe: Die Hanse. Stuttgart [4]1989.
Graichen, Gisela / Hammel-Kiesow, Rolf: Die deutsche Hanse. Hamburg 2011.
Hammel-Kiesow, Rolf: Die Hanse. München [4]2008.
Hammel-Kiesow, Rolf / Puhle, Matthias / Wittenburg, Siegfried: Die Hanse. Darmstadt 2009.

Selzer, Stephan: Die mittelalterliche Hanse. Darmstadt 2010.
Stoob, Heinz: Die Hanse. Graz 1995.

Zu Kapitel 1 (Einleitung)

Hammel-Kiesow, Rolf: Europäische Union, Globalisierung und Hanse. Überlegungen zur aktuellen Vereinnahmung eines historischen Phänomens. In: Hansische Geschichtsblätter 125 (2007) S. 1–44.
Hill, Thomas: Vom öffentlichen Gebrauch der Hansegeschichte und Hanseforschung im 19. und 20. Jahrhundert. In: Ausklang und Nachklang der Hanse im 19. und 20. Jahrhundert. Hrsg. von Antjekathrin Graßmann. Trier 2001. (Hansische Studien. 12.) S. 67–88.
Jenks, Stuart: Transaktionskostentheorie und die mittelalterliche Hanse. In: Hansische Geschichtsblätter 123 (2005) S. 31–42.
North, C. Douglass: Transaction Costs in History. In: Journal of European Economic History 14 (1985) S. 557–576.
Pichierri, Angelo: Die Hanse – Staat der Städte. Ein ökonomisches Modell der Städtevernetzung. Opladen 2000. (Stadt, Raum, Gesellschaft. 10.)

Zu Kapitel 2

Huffmann, Joseph P.: Family, commerce and religion in London and Cologne. Anglo-German emigrants, c. 1000–c. 1300. Cambridge 1998.
Jahnke, Carsten: Die Hanse. Überlegungen zur Entwicklung des Hansebegriffes und der Hanse als Institution resp. Organisation. In: Hansische Geschichtsblätter 131 (2013) S. 1–32.
Jahnke, Carsten: »Homines imperii« und »osterlinge«. Selbst- und Fremdbezeichnungen hansischer Kaufleute im Ausland am Beispiel Englands, Flanderns und des Ostseeraumes im 12. und 13. Jahrhundert. In: Hansische Geschichtsblätter 129 (2011) S. 1–57.
Jahnke, Carsten: Handelsstrukturen im Ostseeraum im 12. und beginnenden 13. Jahrhundert. Ansätze einer Neubewertung. In: Hansische Geschichtsblätter 126 (2008) S. 135–175.
Lopez, Robert S.: Du marché temporaire à la colonie permanent:

la politique commerciale au moyen age. In: Annales ESC 4 (1949) S. 389–405.
Middleton, Neil: Early medieval port customs, tolls and controls on foreign trade. In: Early Medieval Europe 13 (2005) S. 313–358.
Müller, Christian: Lübeck und der Rheinische Städtebund 1254–1256. Formen und Möglichkeiten städtischer Politik an der Wende zum Spätmittelalter. In: Zeitschrift des Vereins für Lübeckische Geschichte und Altertumskunde 80 (2000) S. 165–184.

Zu Kapitel 3

Abraham-Thisse, Simone: Der Tuchhandel der Hanse am Ende des Mittelalters (14.–15. Jahrhundert). In: Vergleichende Ansätze in der hansischen Geschichtsforschung. Hrsg. von Rolf Hammel-Kiesow. Trier 2002. (Hansische Studien. 13) S. 183–207.
Ahnsehl, Karl-Otto: Thorns Seehandel und Kaufmannschaft um 1370. Marburg 1961. (Wissenschaftliche Beiträge zur Geschichte und Landeskunde Ost-Mitteleuropas. Nr. 53.)
Ashtor, Eliyahu: The Volume of medieval Spice Trade. In: The Journal of European Economic History 9 (1980) S. 753–763.
Attman, Artur: Den ryska marknaden i 1500-talets baltiska politik. Lund 1944.
Barron, Caroline: London in the later Middle Ages, government and people 1200–1500. Oxford 2004.
Bingener, Andreas: Mittelalterlicher Metallhandel im Harz. Märkte und Transportwege. In: Scripta Mercaturae 32 (1998) Heft 2. S. 20–43.
Blanckenburg, Christine von: Die Hanse und ihr Bier. Brauwesen und Bierhandel im hansischen Verkehrsgebiet. Köln 2001. (Quellen und Darstellungen zur Hansischen Geschichte. 55.)
Burkhardt, Mike: Der hansische Bergenhandel im Spätmittelalter. Handel – Kaufleute – Netzwerke. Köln 2009. (Quellen und Darstellungen zur Hansischen Geschichte. 60.)
Childs, Wendy R.: Timber for Cloth: Changing commodities in Anglo-Baltic trade in the fourteenth century. In: Cogs, Cargoes, and Commerce. Maritime Bulk Trade in Northern Europe,

1150–1400. Hrsg. von Lars Berggren / Nils Hybel / Annette Landen. Toronto 2000. (Papers in Medieval Studies. 15.) S. 181–211.
Delort, Robert: Le commerce des fourrures en occident à la fin du moyen age (vers 1300 – vers 1450). 2 Vols. Paris 1978.
Eiden, Herbert: Die Hanse, die Leipziger Messen und die ostmitteleuropäische Wirtschaft. In: Hansische Geschichtsblätter 120 (2002) S. 73–95.
Fellmann, Walter: Die Salzproduktion im Hanseraum. In: Hansische Studien. Heinrich Sproemberg zum 70. Geburtstag. Hrsg. von Gerhard Heitz / Manfred Unger. Berlin (Ost) 1961. S. 56–71.
Frontzek, Wolfgang: Das städtische Braugewerbe und seine Bauten vom Mittelalter bis zur frühen Neuzeit. Neumünster 2005. (Häuser und Höfe in Lübeck. 7.)
Jahnke, Carsten: Der Ostseeraum und seine Produktivität. In: Der Ostseeraum bis 1400. Hrsg. von Thomas Riis. Kiel. [In Vorbereitung.]
Jahnke, Carsten: The Baltic Trade. In: Handbook of Hanseatic History. Hrsg. von Don Harrald. Leiden. (The Northern World.) [In Vorbereitung.]
Jahnke, Carsten: Netzwerke in Handel und Kommunikation an der Wende vom 15. zum 16. Jahrhundert am Beispiel zweier Revaler Kaufleute. Habil. Kiel 2004.
Jahnke, Carsten: »Das Silber des Meeres«. Fang und Vertrieb von Ostseehering zwischen Norwegen und Italien vom 12. bis zum 16. Jahrhundert. Köln 2000. (Quellen und Darstellungen zur Hansischen Geschichte. 49.)
Jenks, Stuart: Der hansische Salzhandel im 15. Jahrhundert im Spiegel des Danziger Pfundzollbuchs von 1409. In: »Vom rechten Maß der Dinge«. Beiträge zur Wirtschafts- und Sozialgeschichte. Festschrift für Harald Witthöft zum 65. Geburtstag. Hrsg. von Rainer S. Elkar [u. a.]. St. Katharinen 1996. Tl. 1. S. 257–284.
Kaufhold, Karl Heinrich: Neuere Forschungen zur Wirtschaftsgeschichte des Berg- und Hüttenwesens im westlichen Harz in der vorindustriellen Zeit. Ein Überblick unter besonderer Berücksichtigung der wirtschaftlichen Wechsellagen. In: Konjunkturen im

europäischen Bergbau in vorindustrieller Zeit. Hrsg. von Christoph Bartels / Markus A. Denzel. Festschrift für Ekkehard Westermann zum 60. Geburtstag. Stuttgart 2000. (VSWG. Beihefte. 155.) S. 37–72.

Kausche, Dietrich: Das Kolberger Salz und sein Absatz im Mittelalter als Forschungsproblem. In: Baltische Studien. N. F. 64 (1978) S. 7–20.

Koppe, Wilhelm: Lübeck-Stockholmer Handelsgeschichte im 14. Jahrhundert. Neumünster 1933.

Lunden, Kåre: Hanseatane og norsk økonomi i seinmellomalderen. Nokre merknader. In: Norsk Historisk Tidsskrift 46 (1967) S. 97–129.

Martin, Janet: Treasure of the Darkness. The fur trade and its significance for medieval Russia. Cambridge 1986.

Mickwitz, Gunnar: Aus Revaler Handelsbüchern. Helsingfors 1938.

Militzer, Klaus: Handel und Vertrieb rheinischer und elsässischer Weine über Köln im Spätmittelalter. In: Weinbau, Weinhandel und Weinkultur. Sechstes Alzeyer Kolloquium. Hrsg. von Alois Gerlich. Stuttgart 1993. (Geschichtliche Landeskunde. 40.) S. 165–185.

Ratkoš, Peter: Das Kupferwesen in der Slowakei vor der Entstehung der Thurzo-Fuggerschen Handelsgesellschaft. In: Der Außenhandel Ostmitteleuropas, 1450–1650. Die ostmitteleuropäischen Volkswirtschaften in ihren Beziehungen zu Mitteleuropa. Hrsg. von Ingomar Bog. Köln 1971. S. 584–599.

Renken, Fritz: Der Handel der Königsberger Großschäfferei des Deutschen Ordens mit Flandern um 1400. Weimar 1937.

Sander, Antje: Städtische Weinkeller in Norddeutschland im Spätmittelalter. In: Weinproduktion und Weinkonsum im Mittelalter. Hrsg. von Michael Matheus. Stuttgart 2004. (Geschichtliche Landeskunde. 51.) S. 101–118.

Schönfelder, Wilhelm: Die wirtschaftliche Entwicklung Kölns von 1370–1513. Köln 1970.

Söderberg, Tom: Stora Kopperberget under Medeltiden och Gustav Vasa. Stockholm 1932.

Stark, Walter: Lübeck und Danzig in der zweiten Hälfte des 15. Jahrhunderts. Untersuchungen zum Verhältnis der wendischen und preußischen Hansestädte in der Zeit des Niedergangs der Hanse. Weimar 1973. (Abhandlungen zur Wirtschafts- und Sozialgeschichte. 11.)
Stieda, Wilhelm: Kabelgarn und Steine, zwei Revaler Ausfuhrartikel. In: Beiträge zur Kunde Ehst-, Liv- und Kurlands 7 (1910) S. 153–208.
Tepp, Peter: Untersuchungen zur Sozial- und Wirtschaftsgeschichte der Hanse- und Salzstadt Kolberg im Spätmittelalter. Diss. Hamburg 1980. S. 37–42.
Thomas, George: Sprachliche Belege für die im Mittelalter nach Russland eingeführten Gewürze. In: Hansische Geschichtsblätter 89 (1971) S. 92–103.
Tielhof, Milja van: The mother of all trades. The Baltic grain trade in Amsterdam from the late 16th to the early 19th century. Leiden 2002. (The Northern World. Vol. 3.)
Unger, Manfred: Die Leipziger Messe und die Niederlande im 16. und 18. Jahrhundert. In: Hansische Geschichtsblätter 81 (1963) S. 20–38.
Unger, Richard W.: Beer in the Middle Ages and the Renaissance. Philadelphia 2004.
Veluwenkamp, Jan Willem: Archangel. Nederlandse ondernemers in Rusland 1550–1785. Amsterdam 2000.
Vozár, Josef: Die Eisenproduktion und der Eisenhandel in den Städten der Slowakei. In: Stadt und Eisen. Hrsg. von Ferdinand Opll. Linz a. d. Donau 1992. (Beiträge zur Geschichte der Städte Mitteleuropas. 11.) S. 97–109.
Witthöft, Harald: Der Export Lüneburger Salzes in den Ostseeraum während der Hansezeit. In: Die Hanse und der deutsche Osten. Hrsg. von Norbert Angermann. Lüneburg 1990. S. 41–65.
Witthöft, Harald: Struktur und Kapazität der Lüneburger Saline seit dem 12. Jahrhundert. In: Vierteljahrsschrift für Sozial- und Wirtschaftsgeschichte (63) 1976. S. 1–117.

Zu Kapitel 4

Cordes, Albrecht: Wie verdiente der Kaufmann sein Geld? Hansische Handelsgesellschaften im Spätmittelalter. Lübeck 2000. (Handel, Geld und Politik. Bd. 2.)

Ewert, Uwe / Selzer, Stephan: Verhandeln und Verkaufen, Vernetzen und Vertrauen. Über die Netzwerkstruktur des hansischen Handels. In: Hansische Geschichtsblätter 119 (2001) S. 135–162.

Jahnke, Carsten: Zu Ehren Gottes und zum Wohle der Kasse. Religiöse und soziale Netzwerke in den spätmittelalterlichen Hansestädten und deren Funktion. In: Raumbildung durch Netzwerke? Der Ostseeraum zwischen Wikingerzeit und Spätmittelalter aus archäologischer und geschichtswissenschaftlicher Perspektive. Hrsg. von Sunhild Kleingärtner / Gabriel Zeilinger. Bonn 2012. (Zeitschrift für Archäologie des Mittelalters. Beiheft 23.) S. 165–182.

Jahnke, Carsten: Handelsnetze im Ostseeraum. In: Netzwerke im europäischen Handel des Mittelalters. Hrsg. von Gerhard Fouquet / Hans-Jörg Gilomen. Ostfildern 2010. (Vorträge und Forschungen. 57.) S. 189–212.

Jahnke, Carsten: Geld, Geschäfte, Informationen. Der Aufbau hansischer Handelsgesellschaften und ihre Verdienstmöglichkeiten. Lübeck 2007. (Handel, Geld und Politik. Bd. 9.)

Jahnke, Carsten: Netzwerke in Handel und Kommunikation an der Wende vom 15. zum 16. Jahrhundert am Beispiel zweier Revaler Kaufleute. Habil. Kiel 2004.

Zu Kapitel 5

Angermann, Norbert: Nowgorod – das Kontor im Osten. In: Die Hanse. Lebenswirklichkeit und Mythos. Hrsg. von Jörgen Bracker / Volker Henn / Rainer Postel. Lübeck [4]2006, S. 82–86.

Burkhardt, Mike: Der hansische Bergenhandel im Spätmittelalter. Handel – Kaufleute – Netzwerke. Köln 2009. (Quellen und Darstellungen zur Hansischen Geschichte. 60.)

Henn, Volker: Das Brügger Kontor. In: Die Hanse. Lebenswirklichkeit und Mythos: Hrsg. von Jörgen Bracker / Volker Henn / Rainer Postel. Lübeck [4]2006. S. 216–223.

Jahnke, Carsten: Die Hanse. Überlegungen zur Entwicklung des Hansebegriffes und der Hanse als Institution resp. Organisation. In: Hansische Geschichtsblätter 131 (2013) S. 1–32.
Jahnke, Carsten: »Homines imperii« und »osterlinge«. Selbst- und Fremdbezeichnungen hansischer Kaufleute im Ausland am Beispiel Englands, Flanderns und des Ostseeraumes im 12. und 13. Jahrhundert. In: Hansische Geschichtsblätter 129 (2011) S. 1–57.
Jörn, Nils: »With money and bloode«. Der Londoner Stalhof im Spannungsfeld der englisch-hansischen Beziehungen im 15. und 16. Jahrhundert. Köln 2000. (Quellen und Darstellungen zur Hansischen Geschichte. 50.)
Pitz, Ernst: Bürgereinung und Städteeinung. Studien zur Verfassungsgeschichte der Hansestädte und der deutschen Hanse. Köln 2001. (Quellen und Darstellungen zur Hansischen Geschichte. 52.)
Poeck, Dietrich W.: Die Herren der Hanse, Delegierte und Netzwerke. Frankfurt a. M. 2010. (Kieler Werkstücke. Reihe E. 8.)
Schipmann, Johannes Ludwig: Politische Kommunikation in der Hanse (1550–1621). Hansetage und westfälische Städte. Köln 2004. (Quellen und Darstellungen zur Hansischen Geschichte. 55.)
Wubs-Mrozewicz, Justyna: Traders, Ties and Tensions. The interaction of Lübeckers, Overijsslers and Hollanders in Late Medieval Bergen. Hilversum 2008. (Groninger Hanze Studies. 3.)

Zu Kapitel 6

Cordsen, Hans Christian: Beiträge zur Geschichte der Vitalienbrüder. Halle 1907.
Ehbrecht, Wilfried (Hrsg.): Störtebeker – 600 Jahre nach seinem Tod. Trier 2005. (Hansische Studien. 15.)
Hansen, Mikael Kristian: Die Rolle des Deutschen Ordens im Ostseeraum, 1360–1375. In: Hansische Geschichtsblätter 126 (2008) S. 187–220.
Hormuth, Dennis: Die Hanse in Fehde – Seeraub und Diplomatie. In: Die Hamburgisch-Lübischen Pfundgeldlisten 1485–1486. Hrsg. von D. H. Hamburg 2006. (Veröffentlichungen aus dem Staatsarchiv der Freien und Hansestadt Hamburg. 21.) S. 13–42.

Kammler, Andreas: Up Eventur. Untersuchungen zur Kaperschiffahrt 1471–1512, vornehmlich nach Hamburger und Lübecker Quellen. St. Katharinen 2005.

Rohmann, Gregor: Der Kaperführer Johann Störtebeker aus Danzig. In: Hansische Geschichtsblätter 125 (2007) S. 77–119.

Seifert, Dirk: Kompagnons und Konkurrenten. Holländer und die Hanse im Späten Mittelalter. Köln 1997. (Quellen und Darstellungen zur Hansischen Geschichte. 43.)

Zu Kapitel 7

Fiebig, Eva Susanne: Hanseaten am Bosporus? Die Levantekonsulate der Hansestädte Lübeck, Bremen und Hamburg. In: Zeitschrift des Vereins für Lübeckische Geschichte und Altertumskunde 87 (2007) S. 119–134.

Graßmann, Antjekathrin (Hrsg.): Niedergang oder Übergang? Zur Spätzeit der Hanse im 16. und 17. Jahrhundert. Köln 1998. (Quellen und Darstellungen zur Hansischen Geschichte. 44.)

Jahnke, Carsten: Lübeck, der Bankenplatz des Nordens? Lübecker Banken des 15. Jahrhunderts als Indikatoren eines neuen Kommunikationsmodells und eines sich ausweitenden Handelsraumes. In: Scripta Mercaturae 40 (2006) S. 149–168.

Jahnke, Carsten: Netzwerke in Handel und Kommunikation an der Wende vom 15. zum 16. Jahrhundert am Beispiel zweier Revaler Kaufleute. Habil. Kiel 2004.

Postel, Rainer: Der Niedergang der Hanse. In: Die Hanse. Lebenswirklichkeit und Mythos. Hrsg. von Jörgen Bracker / Volker Henn / R. P. Lübeck ^{4}2006. S. 165–193.

Ressel, Magnus: Von der Hanse zur hanseatischen Gemeinschaft. Die Entstehung der Konsulatsgemeinschaft von Bremen/Hamburg/Lübeck. In: Hansische Geschichtsblätter 130 (2012) S. 127–174.